GÉNÉRAL PALAT
(Pierre Lehautcourt)

LA GRANDE GUERRE SUR LE FRONT OCCIDENTAL

I

Les Éléments du conflit

LIBRAIRIE CHAPELOT
1917

Prix : 5 fr.

LA GRANDE GUERRE

SUR LE FRONT OCCIDENTAL

OUVRAGES DU MÊME AUTEUR

L'alliance franco-allemande ou la guerre. — Réponse à M. Sembat. 1914. 1 vol. in-16 .... **3** fr. »

Les probabilités d'une guerre franco-allemande. 1913. Brochure in-8° .... **0** fr. **60**

Une grande question d'histoire et de psychologie. **Bazaine et nos désastres en 1870.** — Tome I. *Le Mexique - Les batailles sous Metz.* — Tome II. *Le blocus de Metz. - La capitulation.* 1913. Chaque volume in-8° .... **7** fr. **50**

Quelques enseignements de la guerre russo-japonaise. — 1915. Brochure in-8° .... **0** fr. **75**

Général PALAT
(Pierre Lehautcourt)

LA GRANDE GUERRE SUR LE FRONT OCCIDENTAL

I

Les Éléments du conflit

LIBRAIRIE CHAPELOT
1917

INTRODUCTION

Le temps n'est pas venu d'entreprendre une histoire approfondie de la guerre de 1914-1917. Outre que le recul indispensable fait défaut pour embrasser l'ensemble des événements, trop de données manquent encore, surtout au sujet des opérations militaires proprement dites. Mais il a paru possible de décrire dans une série d'études partielles les principaux épisodes du conflit le plus gigantesque de tous les temps. On va voir ci-après la première de ces monographies. Elle est consacrée aux causes profondes et occasionnelles de la guerre, à la comparaison morale et matérielle des adversaires en présence et, finalement, à l'examen des doctrines qu'ils allaient appliquer.

L'extrême complexité du sujet a conduit à limiter cette série d'études à ce qui touche le front occidental, c'est-à-dire aux opérations en Belgique, en France et en Alsace-Lorraine, ainsi qu'à celles auxquelles nos troupes ont pris part dans les pays balkaniques ou en Orient. Bien que nous ayons cherché à réunir ou à consulter les documents les plus sérieux, nous serions très reconnaissants à tous ceux qui voudraient bien, par leurs communications, nous permettre de compléter ou de rectifier certains points de notre travail.

Saint-Lien, Nantes-Doulon, le 8 mars 1917.

LA GRANDE GUERRE

SUR LE FRONT OCCIDENTAL

CHAPITRE I

LES CAUSES PROFONDES DE LA GUERRE

Comment s'est fondée l'unité allemande. — Principaux traits du caractère national : la barbarie native, l'infatuation, la mégalomanie, la religion allemande, la haine, le patriotisme, le sens de l'organisation et de la discipline. — Les sophistes allemands. — Le mysticisme. — Le Darwinisme et le Gobinisme. — La *Kultur*. — Le pangermanisme.

I

Au centre de l'Europe, l'Allemagne, que l'on devrait plutôt nommer la Germanie, est un pays sans limites précises, dont les frontières sont artificielles, quand elles ne sont pas constituées par la mer (1). Au temps de Jules César, elle était limitée au sud-ouest par le Rhin, mais les peuplades celtiques débordaient couramment au delà du fleuve, dans le sud et le centre de cette contrée, et y fondaient des établissements durables. Les *Commentaires* citent notamment les Boïens de la Norique et les Volces-Tectosages (2), tous fixés sur la rive droite du Rhin. La

(1) G. Hanotaux, *L'Allemagne et l'Europe*, *Revue hebd.*, 10 avril 1915, p. 145 et suiv.
(2) Lib. I, cap. V et Lib. VI, cap. XXIV.

réciproque était encore plus vraie, car le même ouvrage mentionne fréquemment des Germains établis dans les Gaules, surtout en Belgique.

Après l'écroulement du monde romain, ce furent les Slaves qui envahirent, à maintes reprises, la Germanie. La plupart se fondirent peu à peu dans la population germanique ou parmi les restes des autochtones; quelques-uns constituent encore aujourd'hui, comme en Silésie, des îlots slaves au milieu des Germains, sans parler des contrées habitées en majorité par des Slaves, comme les débris allemands de l'ancienne Pologne.

Le passé de la Germanie est aussi confus que sa géographie est indéterminée. Au moyen âge, l'empire romain germanique est un énorme assemblage d'Etats, petits et grands, de villes libres, de principautés ecclésiastiques ou autres (1). Sa constitution intérieure le rend sans consistance aucune. Il est distinct de l'Allemagne, bien que celle-ci en forme la base. Quand le pouvoir suprême échoit à l'ambitieuse lignée des Habsbourg, le centre de la puissance impériale est à Vienne, c'est-à-dire en un point excentrique, non loin des limites orientales de la race germanique. L'empire est resté à la fois fédératif par sa constitution et militaire par les tendances de ses empereurs. Entre ceux-ci et les membres du « Corps germanique », la lutte est incessante; les premiers visent à augmenter leur pouvoir, les vassaux de Habsbourg entendent conserver ce qui leur reste d'indépendance. L'Europe entière a le sentiment qu'une Allemagne centralisée serait un im-

---

(1) En 1802, avant les sécularisations pratiquées sous le contrôle du Premier Consul, il y avait encore sur la rive droite du Rhin treize archevêchés ou évêchés ayant des possessions territoriales, indépendamment des débris des cinq évêchés de la rive gauche, et 49 villes libres.

mense danger pour elle. C'est ainsi qu'au temps du Congrès de Westphalie, nos plénipotentiaires posent en principe que la Maison d'Autriche tend à la domination générale en prenant le Saint-Empire pour base (1).

On sait comment, jointe à la Suède, la France garantit les libertés germaniques contre le péril d'une extension des pouvoirs impériaux. Ce fut l'un des objets principaux des traités d'Osnabrück et de Munster.

Depuis le milieu du XVIIe siècle, la puissance de la Maison d'Autriche a été constamment s'affaiblissant, malgré des périodes de succès temporaires. C'est à une autre famille princière qu'il était réservé de lui succéder à la tête de l'Allemagne.

Le Brandebourg est le pays des Semnons, que mentionne Tacite comme les plus anciens et les plus nobles des Suèves. Le centre de leur vie nationale était alors une forêt, là même où Berlin s'est élevé depuis. Leur religion portait que la nation y avait pris son origine et que leur Dieu y résidait. C'est à lui qu'ils faisaient des sacrifices humains. Ils l'adoraient sous le nom de Tuiston, Tott ou Teutsch. C'est l'ancêtre en ligne directe de ce qu'ils nomment aujourd'hui leur « vieux Dieu allemand », ou « notre Dieu » (2).

Le pays des Semmons, longtemps disputé par les Slaves aux Germains et par ceux-ci aux Slaves, est l'une des dernières contrées européennes conquises au christianisme. Au Xe siècle, les premiers empereurs de la Maison de Saxe constituent, sur l'Elbe moyen, une « Marche » dont le centre est Magdebourg. C'est l'Altmark qui, gagnant au nord vers le milieu du XIIe siècle, s'étend dans le pays slave

---

(1) G. Hanotaux, *loc. cit.*
(2) G. Hanotaux, *op. cit.*, p. 150.

de Branibor et en fait le Brandebourg. Mais l'existence politique de la Prusse est de date beaucoup plus récente. En 1525 seulement, Albert de Brandebourg, souverain héréditaire de la Marche et grand-maître de l'Ordre Teutonique, sécularise les domaines de ce dernier et devient souverain héréditaire du duché de Prusse, pays encore à demi slave, à demi vassal de la Pologne. L'idée directrice du nouveau duc fut de s'appuyer sur les Allemands pour refouler les Slaves. On voit que la lutte pour la germanisation de la Pologne ne date pas d'hier.

Les guerres de la Réforme survinrent, appauvrissant encore la masse de l'Allemagne; la famille franconienne des Hohenzollern succéda aux Brandebourg et ne tarda pas à conduire la Prusse dans une voie d'accroissement continu. Le Grand Electeur Frédéric-Guillaume, mort en 1688, battait à Fehrbellin (1675) les Suédois, qui passaient jusqu'alors pour les meilleures troupes de l'Europe; il étendait son territoire et son influence aux dépens de tous ses voisins. Les traités de Westphalie, ceux de Labiau et d'Oliva marquaient les progrès du Brandebourg sur les autres Etats allemands et sur les Polonais (1). En 1700, Frédéric III prenait le titre de roi et la Prusse commençait de compter en Europe. Le roi-sergent, Frédéric-Guillaume (1713-1740), faisait de son armée un outil redoutable. Déjà son royaume était devenu une puissance essentiellement militaire. C'était une armée qui avait un pays et non un pays ayant une armée, ainsi qu'on l'a souvent répété.

Un homme de génie, Frédéric II, eut à mettre en œuvre l'outil forgé par son père. Chacun sait comment il triompha successivement de tous ses voisins et même d'une coalition des trois plus grandes puissances militaires de

(1) G. Hanotaux, p. 153 et suiv.

l'Europe, la France, la Russie et l'Autriche. Quand il mourut, la Prusse ne comptait pas encore six millions d'habitants, mais sa force réelle et son influence morale excédaient de beaucoup ce qu'on eût attendu de ces chiffres. Bien que Frédéric eût battu les Russes et les Autrichiens, il savait regagner leur confiance au point d'être le véritable initiateur du partage de la Pologne, c'est-à-dire de l'épisode le plus marquant jusqu'à nos jours de l'interminable lutte entre les Allemands et les Slaves.

Les successeurs immédiats de Frédéric II ne le remplacèrent en aucune façon. Iéna parut un instant devoir mettre fin à l'existence de la Prusse. Elle vécut uniquement en devenant l'humble satellite de son prestigieux vainqueur. La campagne de Russie la sauva, bien qu'elle l'eût commencée dans nos rangs, et l'ancien électorat de Brandebourg, ce pays longtemps slave, sut incarner les ambitions et les colères de l'Allemagne. Celle-ci formait encore une masse amorphe, battue par les influences rivales des trois grandes puissances voisines. Dans ce milieu sans cohésion, la Prusse constituait le seul point résistant. C'est autour d'elle que l'Allemagne allait se cristalliser peu à peu, suivant une image chère à Stendhal.

Les guerres de 1813, 1814, 1815 accrurent son prestige. Si Waterloo fut assurément le triomphe de la *bull dog tenacity* des Anglais, ce fut aussi une victoire de la haine prussienne contre la France et contre Napoléon.

Après les néfastes traités de Vienne, la Prusse s'étendit désormais de Memel à Sarrelouis, bien qu'avec des lacunes. En lui attribuant une grande partie des contrées arrachées à la France sur la rive gauche du Rhin, la coalition avait évidemment visé à nous interdire pour toujours d'y pénétrer.

Tout le reste du XIXe siècle est consacré en Allemagne à la marche parallèle de l'unification allemande et de l'hégémonie prussienne. C'est le résultat de la réaction contre le despotisme de Napoléon et aussi contre l'influence, naguère si grande, de la France. L'Allemagne ne peut oublier le rôle politique et militaire de la Prusse dans sa libération. Ce pays, beaucoup moins étendu et moins peuplé que l'Autriche, a montré, de 1812 à 1815, autant de persévérance et d'énergie que sa rivale trahissait d'hésitation et de faiblesse. De ce moment date en Germanie « la confusion entre le patriotisme libérateur et le militarisme dominateur » (1). Le sentiment de la patrie allemande tend constamment à faire disparaître les idées particularistes, si longtemps toutes puissantes à l'est du Rhin.

C'est à Bismarck qu'il était réservé de réaliser l'unité longuement désirée. On sait trop comment trois guerres survenues en six ans lui permirent d'étendre les frontières de la Prusse au détriment du Danemark et de ses voisins allemands, d'expulser l'Autriche de l'Allemagne, tout en ménageant avec elle une réconciliation qui, dès 1866, était dans ses vues, et enfin de mettre fin à la suprématie militaire de la France en reportant notre frontière dans un dangereux voisinage de Paris. L'unité allemande, cimentée sur les champs de bataille français, fut proclamée à Versailles, dans le palais du Grand Roi, le 18 janvier 1871. Mais Bismarck n'obtint pas ce résultat suprême sans luttes. Il n'eut pas trop de toute sa persévérance, de toute son habileté pour triompher à la fois des répugnances du roi Guillaume, qui ne voyait guère la grandeur du résultat à obtenir, et des petits Etats allemands, qui, la Bavière surtout, répugnaient à une centralisation

(1) G. Hanotaux, p. 156 et suiv.

dommageable pour leur autonomie. C'est l'orgueil des victoires allemandes qui avait fait l'unité germanique. C'est ce même orgueil, devenu la plus frénétique des mégalomanies, qui a entraîné l'Allemagne à la politique mondiale et finalement à la guerre monstrueuse que nous avons vue se dérouler depuis août 1914.

La Germanie entière en est venue à prôner comme les plus rares vertus « des ambitions lourdement étalées, des combinaisons obscures, un particularisme vulgaire, l'habitude du mensonge et de la dissimulation », pourvu que le tout s'applique aux relations internationales. Pour elle, la violence et la perfidie sont justifiées, à la seule condition qu'elles aient réussi. Elle entend conquérir sa place au soleil, sans le moindre souci des faibles. Dès 1876, un Allemand écrit : « L'Allemagne est vraiment le cœur de l'Europe ». Sa mission est « de rajeunir, par la diffusion du sang germanique, les membres épuisés d'une région vieillie » (1). Nous allons voir comment les Allemands en sont venus à cette sorte de folie mystique.

II

Ce n'est pas d'hier que l'on reproche aux Germains leur barbarie et leur férocité natives. Dans ses *Commentaires* (2), César les dépeint comme s'appliquant surtout à la chasse et à la guerre. Pour leurs peuplades, le plus

(1) G. Hanotaux, p. 318 et suiv.

(2) Lib. VI, cap. XXI à XXIII. En 1911, O. R. Tannenberg écrivait comme épigraphe à son livre *Gross Deutschland* les vers ci-après : « Thor jeta sa hache, la lourde hache de bataille. Aussi loin que tombera la hache sifflante, à moi sont la terre et les mers ! Depuis lors, c'est le droit intrépide des Germains de gagner des terres avec le glaive. Nous sommes la hache du Dieu de la Guerre et nous vou-

beau titre de gloire est d'être environnées de pays ravagés et de vastes déserts. Elles regardent comme une marque éclatante de valeur d'expulser les peuples voisins et ne permettent à personne de s'établir auprès d'elles. Aux yeux des Germains, le vol n'a rien de honteux, s'il est commis hors des limites de la peuplade : c'est un moyen d'exercer la jeunesse et de bannir l'oisiveté.

Ces traits généraux se retrouvent dans les détails que donne César, concernant son adversaire Arioviste et le rôle qu'il joua un instant dans les Gaules (1). Tacite écrit des Germains : « Pour eux, c'est paresse et lâcheté que d'obtenir par la sueur ce qui peut être conquis par le sang ». Strabon insiste sur leur perfidie et cette observation se retrouve dans maint auteur ancien, au point qu'on a pu écrire : « Le Germain est l'exemplaire achevé de la perfidie » (2). De même, nos vieux chroniqueurs, tels que Grégoire de Tours, signalent fréquemment la rage de destruction dont étaient animés les envahisseurs de race germanique. Notons encore qu'Attila est pour l'Allemagne actuelle un héros d'épopée; l'un des fils de Guillaume II, Eitel, porte même son nom germanisé (3). Au xe siècle, les empereurs commencent contre l'Italie une guerre de pillages et de massacres qui dure trois siècles, y affichant une fureur sanguinaire, un complet mépris de toutes les lois divines et humaines (4). De même pour les

---

lons conquérir son empire universel ». Le fond des idées est le même que celui du discours d'Arioviste reproduit par César dans les *Commentaires*.

(1) Lib. I, cap. XXXI et suiv.

(2) E. Babelon, *Le Rhin dans l'histoire*, p. 320.

(3) Ch. de La Roncière, *Le Rhin dans l'histoire*, *Revue hebd.*, 10 mars 1917, p. 243.

(4) *La guerre allemande contre le christianisme*, par C. M. Savarit, *Revue hebd.*, 4 septembre 1915.

interminables guerres du Brandebourg et de l'Ordre Teutonique contre les Slaves et les Lithuaniens. En 1674, en Alsace, un témoin écrit : « Les Allemands ont ruiné le pays de fond en comble et l'on n'a vu rien de pareil dans les guerres du passé ». Au XVIIIe siècle, le duc de Broglie relate ainsi l'invasion des troupes prussiennes en Moravie : « Depuis les Goths, on n'avait jamais vu faire la guerre dans ce goût-là ». Est-il nécessaire de rappeler les invasions prussiennes en 1792, en 1814 et en 1915, ou les souvenirs encore vibrants de celle de 1870-71 ?

De tout temps, le Germain s'est révélé sans pitié pour le faible et pour le vaincu; mais jamais, peut-être, cette cruauté naturelle n'avait atteint de pareilles proportions qu'aujourd'hui. L'interminable liste des *atrocités allemandes* en Belgique, en France, en Pologne, en Roumanie montre que la férocité de l'Allemand est faite de la joie perverse du mal accompli, d'avidité sordide et aussi de peur, une peur abominable qui affole à tout instant le soldat de cette nation, quand il opère en pays ennemi, surtout inconnu (1).

D'ailleurs, cette cruauté envers la population, les prisonniers et même les blessés est voulue, raisonnée. Elle tient à un système parfaitement arrêté, qui fait de l'intimidation d'êtres inoffensifs un procédé normal de guerre. Les preuves qu'on en pourrait citer sont en nombre immense. Nous nous bornerons à quelques-unes, très significatives.

Dans un ouvrage paru en 1911, *Gross Deutschland* (La Grande Allemagne), M. O. R. Tannenberg écrit : « La politique du sentiment est une sottise. Rêveries humani-

---

(1) *Les atrocités allemandes*, *Débats* du 14 mars 1917.

taires, stupidité! Le partage des bienfaits doit commencer par les compatriotes. La politique est une affaire. La justice et l'injustice sont des notions qui ne sont nécessaires que dans la vie civile.

« Le peuple allemand a toujours raison, parce qu'il est le peuple allemand et qu'il compte 87 millions (*sic*) de nationaux... (1). On voit que ce raisonnement est la simplicité même : *Ego nominor leo !*

Un professeur de Bonn envoie à un collègue de Grenoble, jadis connu de lui en Allemagne, une lettre qui met à nu l'âme d'un universitaire allemand. Tout indique, d'ailleurs, qu'elle n'a pas été écrite sans l'agrément des autorités supérieures, dans un but très visible d'intimidation : « ...Un monde d'ennemis, qu'anime une aveugle fureur, s'est conjuré depuis des années contre le germanisme. Nous avons subi l'agression d'une bande d'assassins... » Mais « les nobles fils de la Gaule » perdent leur temps à tenter d'ébranler le colosse allemand : « Même si vous allez quérir, pour les joindre à vos Africains, tous les gorilles du Jardin d'acclimatation, vos crânes seront tous réduits en miettes par les poings allemands... Vous éprouvez à présent tout ce que peut le *furor teutonicus* dont vous avez si souvent souri et plaisanté. Nous continuerons de vous rosser tous de telle sorte que vous ne vous releviez plus pour nous troubler, dans notre mission universelle. L'Allemagne est le médecin qui guérira le genre humain... La guerre universelle continuera jusqu'à ce que nous, les Allemands, alliés à l'Autriche-Hongrie et à la Turquie, nous ayons définitive-

---

(1) G. Hanotaux, *Guerre mondiale et défaite mondiale*, *Revue hebd.*, 8 janvier 1916, p. 158.

ment remporté la victoire. Nous vaincrons parce que nous ne pouvons pas ne pas vaincre, car nous combattons les mains pures, la conscience pure!... » (1).

On voit que la même idée revient constamment dans ces élucubrations outrecuidantes : « Nous vaincrons, parce que nous ne pouvons pas ne pas vaincre ». C'est une affirmation, sans plus, et elle n'a que la valeur qui s'attache à des mots groupés ensemble, mais elle suffit aux Allemands, parce qu'ils manquent à un point surprenant de tout esprit critique, lorsque leurs intérêts nationaux sont en jeu. Tous les voyageurs qui ont traversé l'Allemagne, fût-ce en passant, ont pu se rendre compte du respect instinctif de l'Allemand pour les moindres actes, pour les moindres agents de l'autorité. Toutes les défenses sont obéies, et Dieu sait si elles sont nombreuses! Du régiment, il semble que l'Allemand garde toute sa vie le respect de la consigne. C'est évidemment, dans certains cas, un principe de force, qui assure la coordination des efforts et l'unité de direction. Mais cet avantage est largement compensé par la crédulité moutonnière d'un peuple qui accepte, sans risquer la moindre critique, toutes les affirmations de ses dirigeants, fussent-elles dénuées de sens, comme tant de celles qu'on a vues se produire depuis août 1914.

Un publiciste italien, M. Luigi Ambrosini, dans la *Stampa*, a su faire ressortir ce côté du caractère germanique : « Dans le fond, l'Allemand est un simple et un simpliste. La discipline allemande est l'effet naturel du

(1) Reproduite par M. Barrès, *Croquemitaine*, *Echo de Paris* du 6 mai 1915. Un homme de la valeur de Bernhardi ose écrire : « Nous avons reconnu en nous un facteur aussi puissant que nécessaire du développement de l'humanité » (*La guerre d'aujourd'hui*, traduction Etard, p. XVIII).

manque d'esprit critique ». C'est ainsi que l'Allemagne a constamment vécu d'illusions depuis le début de la guerre et M. Ambrosini en dresse la liste instructive (1). Elle tolère ainsi des affirmations creuses, presque aussitôt démenties par l'événement, sans que sa naïve confiance en soit le moins du monde ébranlée. Cette confiance est une grande force en des temps critiques, mais encore faut-il que l'on n'en abuse pas.

Un neutre, M. Maurice Muret, a patiemment étudié l'infatuation allemande et ses conséquences. On ne peut que souscrire à ses conclusions : « Egarée par ses guides et ses chefs, l'Allemagne a fini par sacrifier à une vraie manie collective... Cette frénésie participe du délire des grandeurs et du délire de persécution. L'Allemagne se tenait pour le Juste bafoué et honni en raison de sa vertu même. Ses mérites, ses talents la mettaient au-dessus de tous les autres peuples. Et voici que les peuples se liguaient pour la tenir à l'écart. Tous les Allemands, à la veille de la guerre, ont communié dans cette conviction » (2).

L'une des prétentions les moins admissibles des Allemands est celle qu'ils affichent en toute occasion d'être le peuple élu : « Comme les Juifs, nous sommes le peuple choisi de Dieu pour former et purifier notre caractère religieux dans les luttes et les guerres continuelles.... Le peuple allemand... est le cœur du monde.... Nous autres Allemands, mieux que tout autre peuple, nous nous sommes assimilés la foi au Dieu vivant et, à la maison comme à l'école, la Bible est notre livre prin-

(1) R. Moulin, *L'opinion à l'étranger*, *Revue hebd.*, 1er mai 1915, p. 105 et suiv.

(2) M. Muret, *L'orgueil allemand*, cité par M. G. Hanotaux, *Guerre mondiale et défaite mondiale*, *Revue hebd.*, 8 janvier 1916, p. 158 et suiv. *Cf.* Paul Verrier, *La Folie allemande*, Berger-Levrault.

cipal.... Dans tous les domaines de la culture, de la science, de l'art, comme dans ceux de la religion et de la foi, la Providence a multiplié pour nous les héros, à tel point que nulle autre nation ne possède un trésor pareil... » (1).

Il est bon de rappeler, à ce sujet, que le Brandebourg et la Prusse furent parmi les pays allemands les plus tard conquis au christianisme. Tout le moyen âge a retenti des luttes de l'Empereur et du Pape. Peu s'en fallait que le premier ne visât à la divinité. N'est-ce pas l'un des fidèles de l'empereur Henri IV, l'évêque d'Albe Bengo, qui disait de ces souverains qu'ils sont maîtres sur terre comme Dieu l'est au ciel, parce que Dieu les a faits à son image pour être, parmi les hommes, comme un second créateur (2)?

L'Allemand prétend volontiers modeler la Divinité à sa propre image; il lui prête ses passions nationales et en fait un auxiliaire de ses armées. Il en arrive ainsi à des affirmations dont l'odieux égale le ridicule. Dans un sermon prononcé à Berlin, lors de la préparation aux fêtes de Noël en 1915, un pasteur osait dire : « La mission divine de l'Allemagne est de crucifier l'Humanité... Nous faisons une œuvre d'amour en tuant nos ennemis, en les faisant souffrir, en brûlant leurs maisons, en envahissant leurs territoires ». Visiblement, l'Allemand éprouve une satisfaction particulière à infliger des souffrances à autrui. Il a même pour cela une expression particulière, qui ne peut être traduite que par une périphrase : *Schaden-*

---

(1) Karl Dunkmann, *Der Weltkrieg im Licht der Bibel*, cité dans *Quelques exemples de propagande allemande*, *Revue hebd.*, 28 octobre 1916.

(2) C. M. Savarit, *La guerre allemande contre le christianisme*, *Revue hebd.*, 4 septembre 1915, p. 88 et suiv.

freude, la joie du dommage infligé. Un diplomate espagnol disait, il y a un demi-siècle, à Madrid, ce qu'un diplomate français répétait à Londres au courant de 1915 : « Le peuple allemand éprouve une joie perverse dans l'accomplissement du mal et le dessein poursuivi de dominer le monde par la terreur » (1).

Le christianisme allemand n'a jamais été, en thèse générale, qu'un masque pour ses fidèles. L'Allemand n'est pas un sectateur de l'Evangile. Son Dieu n'est pas Jésus, miséricordieux pour les faibles, pour les femmes, les enfants, les infirmes. C'est plutôt le Jéhovah des Hébreux, le Dieu des Armées qui confie à son peuple la destruction de l'infidèle. L'Allemand ne voit dans la Bible que les massacres dont elle est pleine. Ses ennemis sont pour lui autant d'Amalécites et de Philistins.

D'ailleurs une forte proportion d'Allemands a même renoncé à toute apparence de christianisme. On peut dire que, dans certaines régions, l'indifférence religieuse est si grande qu'elle confine à une complète incrédulité.

Le nombre est grand de ceux qui ont du christianisme la plus vague idée et dont les pensées sont dominées, de plus en plus, par la matière (2). Mirabeau avait déjà remarqué, en 1785, dans sa *Monarchie prussienne*, que les Berlinois étaient plus que tièdes en matière religieuse. Ce scepticisme n'a fait que s'accroître depuis le développement économique pris par l'Allemagne. Un pasteur protestant déclarait naguère que, dans le royaume de Saxe, il n'y a pas plus d'un dixième de la population ouvrière

(1) G. de Grandmaison, *L'Allemagne et les Alliés devant la conscience chrétienne*, *Revue hebd.*, 5 février 1916, p. 96 et suiv.

(2) Georges Blondel, *Le peuple allemand est le soldat de Dieu !*, *Echo Pontoisien* du 25 janvier 1917.

faisant dans sa vie une place appréciable à la religion. En août 1910, M. Marx, président du Congrès catholique d'Augsbourg, se plaignait, dans son discours d'ouverture, de l'incrédulité croissante. A l'en croire, on considère comme arriéré celui qui prête une importance plus grande à la foi en Dieu qu'à la foi en la « culture ».

Certaines associations ont été constituées en vue de la « culture morale », sans produire de résultats marqués. En fait, la laïcisation de la société tend à s'accentuer. L'Allemagne redevient païenne et son christianisme est purement superficiel dans la généralité des cas. C'est ce qui fait que catholiques et protestants, juifs et libres-penseurs obéissent à des conceptions remontant aux temps les plus barbares. L'évangile a cédé la place aux hymnes de guerre. On dirait que l'Allemagne a encore pour Dieux Wotan et son fils Thor. Cette tournure d'esprit explique en partie le succès des drames musicaux de Wagner, tout imprégnés de la mythologie des anciens Germains. En quels autres pays aurait-on pu risquer pareille reconstitution?

Ce paganisme, cette indifférence en matière religieuse n'excluent pas, nous l'avons déjà remarqué, le désir de tirer parti de la religion chrétienne en vue des progrès du germanisme. Combien de professeurs, de théologiens, de pasteurs protestants ou catholiques affirment que Dieu agit par l'intermédiaire de son peuple de prédilection! Le président du consistoire de Munich, docteur von Bazzel, estime que c'est le Christ lui-même qui parle par la bouche de Guillaume II. Un autre, professeur de théologie catholique à Paderborn, M. Norman Peters, affirme que les soldats allemands se battent pour sauver les principes de la morale chrétienne et empêcher que l'humanité ne soit livrée aux barbares. Un troisième prétend que Dieu avait besoin de cette guerre pour faire triompher ses volontés. L'esprit allemand, c'est l'esprit même du christianisme. Le pasteur Philippi estime que l'humanité doit être sauvée par le sang, par le feu et l'épée. Pour un fransciscain, le P. Bierbaum, les adversaires de l'Allemagne n'ont pas d'idéal; seuls les Allemands combattent pour le christianisme et pour la paix.

En somme, la religion est devenue, en Allemagne, comme la science, comme toutes les branches du travail ou du savoir humain, une annexe de la politique. Les prêtres des diverses confessions sont des auxiliaires de l'armée allemande, les apôtres d'une vérité, d'une doctrine allemande. Ils s'inclinent avec respect devant la force, dans laquelle ils voient une claire manifestation de la divinité (1).

III

L'Allemand a la rancune tenace; il chérit sa haine (2) et cherche à l'entretenir en évoquant des souvenirs dont le temps n'adoucit nullement les contours. Est-il nécessaire de dire que, depuis de longues années, l'Allemagne a la haine de la France, une haine faite d'envie, de rancune et aussi d'ignorance, d'incompréhension méprisante?

Cette haine ne date pas d'Iéna, comme on se l'imagine volontiers. Dès la fin du XVIIIe siècle, Lessing et Schlegel avaient préparé le terrain en cherchant à ruiner le prestige littéraire de la France. Au temps du Directoire, un Rhénan, Joseph de Goerres, manifestait contre nous une

---

(1) Georges Blondel, *loc. cit.*

(2) Cf. *La haine allemande*, par Paul Verrier, Berger-Levrault.

haine mêlée de mépris, celle d'un peuple élu de Dieu pour une nation corrompue et dégénérée. Elle tendit à devenir l'une des vertus allemandes (1).

On connaît les appréciations, concernant l'Allemagne, de Henri Heine, ce « Prussien libéré », « ce rossignol allemand qui avait niché dans la perruque de M. de Voltaire ». Il la baptisait « la blonde gardeuse d'ours ». Il traitait son pays natal, la Prusse, de « bigot et long héros en guêtres, glouton, vantard, avec son bâton de caporal qu'il plonge dans l'eau bénite avant de frapper ». Ne retrouve-t-on pas là ce que nous avons dit de l'hypocrisie foncière des Allemands? (2).

Il faisait déjà remarquer que la Prusse avait su utiliser ses démagogues les plus fougueux à prêcher par tout le monde que l'Allemagne entière devait devenir prussienne. On eût dit qu'il prévoyait le rôle inoubliable joué par les « fidèles socialistes de l'Empereur » pendant la guerre présente.

Il retourne en Prusse, après quelques années d'absence : « Toujours le même peuple de pantins pédants, c'est toujours le même angle droit à chaque mouvement et, sur le même visage, la même suffisance glacée et stéréotypée. Ils se promènent toujours aussi raides, aussi guindés, aussi étriqués qu'autrefois et droits comme un I : on dirait qu'ils ont avalé le bâton de caporal dont on les rossait jadis ».

Il répète et développe le mot prophétique de Mirabeau : « La guerre est l'industrie nationale de la Prusse ». L'Al-

---

(1) Félicien Pascal, *Une haine séculaire*, *Revue hebd.*, 1er mai 1915, p. 90 et suiv.

(2) On a remarqué que, chez eux, *heuchler* (*hypocrite*), rime avec *meuchler* (assassin). Cf. Paul Verrier, *La Folie allemande*, p. 11 et p. 27, Lettre du docteur R. Eucken.

lemagne, lui dit un jour un étudiant de Gœttingue, l'Allemagne entend venger dans le sang français le supplice de Conradin de Hohenstaufen [décapité en l'an de grâce 1268, à Naples]. De même Edgar Quinet rappelait ce mot d'un littérateur allemand : « Nous voulons revenir au traité de Verdun (843) entre les fils de Louis le Débonnaire » (1).

Le patriotisme germanique est agressif par essence. Il se résume dans le refrain célèbre : *Deutschland über Alles!* En 1859, David Strauss écrit en l'honneur d'un certain Hutten cette singulière prière : « Allume en nous la haine de tout ce qui est faux, de tout ce qui est servile, de tout ce qui n'est pas allemand! » C'est le même Strauss qui ose dire, après la guerre de 1870 : « Ce n'est pas seulement la littérature de la France qui est corrompue, c'est la nation même et, avant la guerre, nous n'avions aucune idée de cette pourriture générale et d'une telle dissolution de tous les liens moraux » (2).

Ce patriotisme étroit, basé sur la méconnaissance absolue des droits et des intérêts du voisin, est l'œuvre des penseurs, des philosophes allemands. Presque toujours les nôtres ont travaillé en vue du progrès moral de l'humanité. Les penseurs allemands, depuis la fin du XVIIIe siècle surtout, furent de grands utilitaires qui excellaient à tirer des conclusions pratiques de leur idéologie et des profits nationaux d'une philosophie universelle. Ils ont assigné à l'Allemagne la mission spéciale d'asservir le monde entier pour le mieux exalter. Ils ont montré le but

---

(1) V. du Bled, *Les jugements d'un Prussien sur les Prussiens*, *Revue hebd.*, 5 septembre 1914.

(2) Félicien Pascal, *loc. cit.*

sans déterminer les moyens. Ces moyens, c'est à l'organisation prussienne qu'il a été réservé de les préciser (1).

Dès 1799, le baron de Hardenberg, qui signe alors Novalis, écrit que l'Etat doit absorber, guider, dompter toutes les forces vives de la nation; il promet en échange aux Allemands la domination de l'Europe. On voit en quoi les doctrines d'un conservateur prussien se rapprochent de celles des socialistes. Tous admettent la mainmise de l'Etat sur les individus, dont chacun n'est plus qu'un rouage d'une énorme machine (2).

Pour Kant, « la science de la nature ne mérite ce nom que lorsqu'elle traite son objet entièrement d'après des principes *a priori*; quand elle les traite d'après les lois de l'expérience, elle n'est plus une science à proprement parler, car une connaissance qui ne comporte qu'une certitude empirique n'est appelée savoir qu'au figuré ». Schelling dit de même : « Philosopher sur la nature, c'est créer la nature! »

Il suit de là que la Vérité n'est pas dans les choses; elle est dans l'esprit qui la façonne. D'où les libertés que les Allemands prennent si volontiers avec la réalité. Mentir n'est plus mentir, si le mensonge est d'accord avec ce qu'on désire, parce que désirer, c'est penser, et penser, c'est créer la Vérité. L'orgueil allemand est tout entier dans ce pitoyable sophisme (3).

---

(1) E. Ægerter, *La pensée allemande et la guerre*, Hegel, *Revue hebd.*, 9 septembre 1916.

(2) Cf. A. Lafontaine, *L'étatisme allemand*, *Revue hebd.*, 31 juillet 1915.

(3) E. Perrier, *L'évolution de l'erreur allemande*, *Revue hebd.*, 29 mai 1915, p. 597 et suiv. Nietzsche a écrit : « Il est sage, pour un peuple, de laisser croire qu'il est gauche, qu'il est bon enfant, qu'il est honnête; il se pourrait qu'il y eût à cela plus que de la sagesse, de la profondeur. Et, enfin, il faut bien faire honneur à son nom :

Hegel voit dans l'histoire l'évolution de la race humaine vers un idéal, qui est le progrès de l'esprit dans le monde. Des Etats s'élèvent, grandissent, défaillent et sont absorbés par d'autres, plus jeunes et plus vigoureux. C'est ainsi que, de la nuit du moyen âge, surgit un peuple appelé à émanciper complètement l'humanité, le peuple allemand. La fusion de l'esprit germanique et de l'esprit antique produisit la Renaissance; un moine allemand proclama la Réforme, c'est-à-dire la doctrine de l'Esprit qui aboutit à l'individualisme religieux comme à l'individualisme politique; la révolution française ne fut qu'une de ses conséquences lointaines.

La Restauration survint; malgré le marasme politique, philosophique et social qui succéda aux agitations de l'Epopée révolutionnaire, Hegel voit le progrès continuer lentement sa route. Il considère l'esprit allemand comme la suprême expression de l'esprit du monde, de ce souffle créateur qui, à travers les catastrophes, cherche à se réaliser en Dieu (1).

Pour lui, Dieu est avec les Allemands, parce qu'il est en eux, que leur victoire est sa victoire, la victoire de la raison. Qu'importent les accidents passagers? La force crée le droit. A quoi bon la sentimentalité? C'est la guerre, et la guerre sans pitié, qui oblige les nations à prendre conscience de leur propre idéal, à retrouver dans l'immensité du danger la notion suprême de l'Etat. A l'Allemagne, la tâche de grouper les volontés oscillantes,

---

car on ne s'appelle pas impunément *das tousche Volk*, le peuple qui trompe ».

Au sujet du mensonge officiel en Allemagne, cf. F. Passelecq, *Essai critique et notes sur l'altération officielle des documents belges*, Berger-Levrault.

(1) E. Ægerter, *loc. cit.*, p. 257 et suiv.

de leur donner une conscience unique; c'est à elle qu'est dévolu le soin d'achever le triomphe de la raison, le règne de Dieu sur notre globe.

Avec Fichte, l'idée maîtresse est la même, mais elle est plus nettement exprimée. Dans ses *Discours à la nation allemande*, il s'écrie : « De toutes les nations d'aujourd'hui, c'est vous qui avez reçu en dépôt les germes de la perfection humaine. Si vous succombez, avec vous succombera l'humanité... L'Allemagne est à l'étranger comme l'esprit à la matière, comme le bien est au mal... ».

Max Stirner pousse le paradoxe encore plus loin : « Hors de moi, il n'y a point de droit. Ce qui me paraît de droit est de droit. Possible que cela ne paraisse pas ainsi à d'autres ; c'est leur affaire, non la mienne. Qu'ils se défendent... la force prime le droit, et de plein droit ». Pour lui, « la liberté des peuples est un mot vide de sens » (1). La conclusion à tirer de ces axiomes est évidemment qu'il n'existe aucun droit autre que celui de la force, le droit du poing (*Faustrecht*). Si l'Allemagne a la force, elle a également le droit de régir les autres peuples à sa fantaisie.

Nous avons signalé une certaine parenté d'idées entre le socialisme et l'étatisme prussiens. Dès 1887, l'un de nos penseurs insistait sur ce thème, sans prévoir que l'avenir lui réservait la plus éclatante confirmation : « En Allemagne, l'opposition qui se manifeste entre le gouvernement et le parti socialiste est plus apparente que pro-

(1) Frantz Funck-Brentano, *Les sophistes allemands*, d'après le livre de son père paru sous le même titre en 1887, *Revue hebd.*, 2 décembre 1916. Au sujet du Germanisme, cf. Emile Boutroux, *L'Allemagne et la guerre*, p. 26 et suiv., lettre du 28 septembre 1914, parue tout d'abord dans la *Revue des Deux-Mondes*.

fonde.... Socialistes et gouvernement procèdent de la même école, celle que Hegel a si bien caractérisée.

« En disciples fidèles de Hegel, ils n'ont tous eu qu'une idée : les croyances, les coutumes, les mœurs, les traditions locales doivent disparaître; elles gênent les ambitions du gouvernement et les efforts des révolutionnaires. Nul ne soupçonne que ces traditions sont l'unique garantie qui reste aux Etats de la civilisation moderne contre la sophistication gouvernementale, universitaire et socialiste d'Outre-Rhin! » (1).

A la veille de la guerre, la mégalomanie allemande se précise en se développant. En 1910, Ferdinand Jakob Schmitt écrit que le germanisme n'est en aucune façon le produit d'une évolution naturelle; il est issu d'une nouvelle révélation spontanée de l'Esprit universel dans l'âme du peuple germain.... Avec lui commence une nouvelle époque de l'histoire du monde ».

Le germanisme, l'Etat allemand, le Kaiser forment une trilogie mystique, qui doit s'assurer, « dans l'intérêt des autres peuples », la prédominance mondiale.

La lutte pour la vie aboutit nécessairement à la victoire du plus parfait, et qui pourrait douter, en Allemagne, que le plus parfait est l'Allemand (2)?

On voit à quelles monstrueuses conclusions aboutissent les théories nuageuses de Kant et de Hegel, avec les développements qu'y ajoutent leurs successeurs. Elles posent en principe la négation du droit des gens, quand l'intérêt de l'Allemagne est en jeu.

Le mysticisme a joué un grand rôle dans la formation

---

(1) F. Funck-Brentano, *loc. cit.*, p. 84, extrait du livre de Th. Funck-Brentano.

(2) E. Perrier, *loc. cit.*, p. 607 et suiv.

de l'âme collective de l'Allemagne actuelle. Dès la fin du XVIIIe siècle, Klopstock et Gleim, Lessing et Herder avaient tendu à développer l'orgueil du nom allemand. Novalis et Kleist y ajoutèrent une teinte de mysticisme; Fichte et Hegel achevèrent l'œuvre de leurs prédécesseurs. Le dernier voit dans la Prusse la réalisation la plus parfaite de l'Idée divine de l'Etat. Elle doit donc l'imposer au reste de l'humanité, même par la force. Il suffit qu'une guerre soit victorieuse pour être légitime. Tel au moyen âge le jugement de Dieu.

« Dans la marche nécessaire et rationnelle qu'adopte l'évolution de l'Idée, dit encore Hegel, le peuple qui se trouve représenter un certain stade de cette évolution, possède, à l'égard de tous les autres peuples, un droit absolu. Ceux-ci n'ont contre lui, en bonne justice, aucun recours. Leur stade étant passé, ils ne comptent pour rien dans l'histoire du monde. »

Dès 1831, Edgar Quinet signale en Prusse un nationalisme irritable et colère. Henri Heine continue et précise ces avertissements. Puis Treitschke marque une nouvelle étape dans l'évolution du germanisme allemand. Saxon conquis à la Prusse, il s'attaque à l'Angleterre, à la France qu'il nomme, en 1870, une nation de *barbares à demi-civilisés!* Lui aussi explique l'histoire de l'Allemagne par l'action d'une force métaphysique incarnée dans les institutions prussiennes (1).

Après 1870, la discipline militaire est imposée à la société allemande tout entière : administration, commerce, industrie, science, littérature et beaux-arts eux-mêmes sont hiérarchisés, caporalisés. Les *Kriegervereine*,

(1) E. Seillière, *L'élaboration du germanisme*, *Revue hebd.*, 15 mai 1915, p. 307 et suiv.

Sängervereine, Flottenvereine, les associations de tout genre prolongent l'effet de l'école et du régiment; la jeunesse universitaire est l'un des plus fermes appuis de cet édifice (1).

A dater de 1890, avec l'avènement de Guillaume II, le réalisme prussien de Bismarck cède de nouveau la place au mysticisme quelque peu modernisé dans ses formules. L'Allemagne utilise les théories de Gobineau dans son *Essai sur l'inégalité des races humaines.* On sait que ce diplomate français écrivit de 1853 à 1855 ces quatre gros volumes qu'il dédia au roi de Hanovre, chose au moins singulière. En France, ils furent peu goûtés. L'Allemagne utilisa les théories qu'ils développaient, tout en les déformant.

La thèse gobinienne reposait sur deux idées maîtresses : la supériorité de la race blanche aryenne; la dégénérescence désormais inévitable de l'humanité en raison du mélange de sang trop longtemps pratiqué entre race supérieure et races inférieures. Les Germains, d'après Gobineau du moins, ont plus longtemps conservé leur vigueur originelle que les autres Aryens, mais ils ont à peu près achevé de la perdre. Cette dernière assertion contredit les ambitions des Allemands. Ils la rejettent donc, tout en acceptant les autres qui flattent leur orgueil (2). Après 1870, ils fondent des sociétés gobiniennes où figurent des hommes marquants. La *Gobineau Vereinigung* existe encore.

Il convient d'ajouter que les théories de Gobineau n'ont

---

(1) Cf. dans la *Réforme sociale* des 1er-16 novembre 1915, *l'Ecole allemande* et sa responsabilité, par Georges Blondel.

(2) E. Seillière, *loc. cit.*; Cf. *Gobineau*, par Frédéric Masson, *Revue hebd.*, 16 octobre 1915, et E. Perrier, *La décadence et la fin prétendue des races*, *Revue hebd.*, 4 novembre 1916.

rien de scientifique. On n'a jamais démontré l'existence d'une race aryenne d'où seraient sortis les Germains. Tout le monde sait que les Prussiens, ces Allemands renforcés, sont un mélange de Slaves, de Germains et d'autochtones, sans parler d'autres éléments de moindre importance. Qu'est-ce qu'une race humaine, après tant d'invasions et de bouleversements de tout genre? Y a-t-il une race germanique? Rien de moins prouvé.

D'ailleurs il n'est pas vrai que les races animales portent en elles-mêmes un germe de mort, comme le prétendent les Allemands pour exploiter la thèse gobinienne. Elles disparaissent parce que les conditions de leur existence sont devenues défavorables, pour une raison quelconque tenant à l'extérieur. Pour les races humaines, il en va de même. Encore cette disparition est-elle très rare. Une race se fond dans d'autres; elle disparaît par exception. Un exemple bien connu est celui de la race juive, qui fut pourtant placée dans les conditions les plus favorables à son anéantissement. Deux mille ans sont passés et les Juifs ont essaimé dans tout l'univers, gardant leur type ethnique, malgré tant de catastrophes, de persécutions sans fin.

De même que les Allemands ont utilisé les théories de Gobineau pour en faire *un pangermaniste malgré lui*, selon l'expression de M. E. Sellière, ils ont tiré parti des conclusions darwiniennes de M. Vacher de Lapouge, sauf à les déformer. Lui aussi fait de l'Aryen dolychocéphale le type humain le plus parfait. Mais l'essentiel de sa thèse est l'élimination presque absolue de ce type dans les régions jadis peuplées par lui : les sélections sociales de tout genre auraient invariablement agi dans ce sens et l'on ne pourrait revenir sur le passé qu'au moyen d'une sélection artificielle, d'un eugénisme sévère. Nous verrons que cette dernière idée a été agréée et même poussée à ses dernières conséquences en Allemagne.

Un Anglais renégat, M. Houston Stewart Chamberlain, a, vers le début du xxe siècle, entrepris de fondre les systèmes de Gobineau et de M. de Lapouge pour en faire une nouvelle théorie pangermaniste. L'action de son livre traduit récemment en français, *Les assises du* xixe *siècle*, a été immédiate et profonde sur l'esprit de Guillaume II et l'on ne saurait s'en étonner. Il a donné de ses deniers une somme importante pour la diffusion de cet ouvrage dans les bibliothèques allemandes.

D'autres prophètes du germanisme ont suivi, le docteur Ludwig Woltmann et M. Reimer. Ce dernier, Autrichien, propose que la Prusse, la plus germanique des nations européennes, se débarrasse à jamais de la rivalité française, puis fonde l'Empire germanique sur de nouvelles bases, en agrandissant son territoire aux dépens de la France, de l'Italie et de l'Autriche. Puis on incorporerait par persuasion, s'il était possible, les Etats scandinaves, les Pays-Bas et la Suisse (1).

La population du tout serait répartie en trois classes. Au sommet les Germains purs sang, les seuls citoyens complets. On en trouverait dix millions en France, assure M. Reimer, et ils forment les trois quarts de la population actuelle de l'Allemagne. Par faveur spéciale, le dernier quart serait assimilé aux autres.

Puis viendraient, au second rang, les demi-Germains, auxquels le *connubium* (mariage) serait refusé avec les

---

(1) Au sujet des visées annexionnistes de l'Allemagne, Cf. *Das annexionistische Deutschland*, de S. Grumbach, paru en 1917, à Lausanne (*Payot*).

Germains purs. Par compensation, on daignerait leur octroyer quelques droits civiques.

Enfin, au dernier rang, seraient relégués les non-Germains brachycéphales. Comme les îlotes de Sparte, on les emploierait aux plus durs travaux et ils seraient finalement extirpés par tous les moyens, l'eugénisme devant être le principe essentiel de la constitution future (1). Naturellement, dans l'avenir, on étendrait ces procédés à la terre entière, par voie progressive. Toutes les races non germaines qui refuseraient de se laisser asservir seraient détruites, ou *stérilisées*, et le globe aurait la joie de ne plus porter que les plus parfaits échantillons de la race humaine, à savoir des Germains.

On voit jusqu'où peut aller la mégalomanie germaine. Et pourtant ceux-là même qui sont atteints de cette manie destructive n'ont pas hésité à proclamer que les adversaires de l'Allemagne voulaient sa destruction!

Non seulement les militaires, les hobereaux prussiens, les fabricants de matériel de guerre se montraient partisans d'une guerre destinée à rendre tout à fait prépondérante la puissance de l'Allemagne, mais les universitaires de tout rang comptaient en thèse générale parmi les plus fougueux pangermanistes. Dans un Congrès tenu à Londres en juillet 1911, le docteur von Luschau, professeur à l'Université de Berlin, s'écriait : « La fraternité des hommes est une bonne chose, mais la lutte pour la vie est bien préférable... Les guerres les plus cruelles elles-mêmes ont toujours été la véritable cause du progrès et de la liberté mentale » (2). Est-il nécessaire de discuter cette assertion?

(1) E. Seillière, *loc. cit.*, p. 315 et suiv. Cf. E. Perrier, *loc. cit.*, p. 42.

(2) E. Perrier, *loc. cit.*, p. 44.

Ces théories sur la guerre nécessaire étaient basées, si l'on peut dire ainsi, sur le fond d'idées mystiques dont nous avons parlé. Elles s'appuyaient aussi sur le système auquel Darwin a donné son nom.

C'est ainsi que l'Allemand Carl Schroeder écrivait récemment dans le *New-York World* : « Combien il est insensé pour les ennemis de l'Allemagne de s'imaginer qu'ils peuvent la conquérir! Si tous les peuples de la terre, civilisés et sauvages, s'unissaient contre elle, ils ne pourraient vaincre le grand peuple allemand, car aussi longtemps qu'il restera un Allemand, homme, femme ou enfant, il luttera jusqu'au bout. Par conséquent, vous voyez que la victoire nous est assurée, et quand nous aurons abaissé nos ennemis et conquis leurs territoires, si l'un quelconque des anciens indigènes ...élève la voix plus haut qu'un soupir, nous le briserons contre terre... Oh! combien nous sommes reconnaissants que Dieu ait choisi notre grand et incomparable Kaiser et son peuple pour accomplir cette grande mission, car Darwin n'a-t-il pas dit... que le mieux adapté seul doit survivre? Et les Allemands ne sont-ils pas les plus capables en tout?... » A part la naïve outrecuidance, l'idée est la même chez Bernhardi : « Où que nous regardions dans la nature, nous trouvons que la guerre est la loi fondamentale de l'évolution... La loi du plus fort domine partout... le plus faible succombe » (1).

Ces assertions procèdent d'une méconnaissance absolue des théories de Darwin, ainsi que l'a fait voir M. Henri de Varigny. D'après le savant anglais, les espèces se constituent par sélection naturelle, par évolution. Mais cette

(1) H. de Varigny, *La guerre est elle justifiée par le Darwinisme? Revue hebd.*, 13 janvier 1917, p. 187 et suiv.

évolution se produit sans la moindre lutte, simplement parce que les conditions normales de l'existence sont favorables ou défavorables à l'espèce en formation. La lutte pour l'existence dont parle Darwin, c'est la lutte pour la pâture quotidienne. Elle n'a aucun rapport avec la guerre dans l'intérieur de l'espèce. Les lions ne se battent pas entre eux, non plus que les ours ou les loups, du moins en thèse générale. Il n'y a de guerre que contre les difficultés de l'existence, une guerre pour le boire et le manger, sans plus; il n'y a rien là qui ait rapport avec l'évolution. Si des espèces ont disparu dans la suite des âges, c'est que les conditions de leur vie étaient devenues trop dures. Ainsi des mammouths, du diplodocus, du dinothérium et de tant d'autres animaux dont l'existence n'a été révélée que par leurs restes fossiles. C'est la nature qui les a tués et non une prétendue lutte pour la vie contre des individus de leur propre espèce.

D'ailleurs, il faut le dire encore, il n'y a pas de race allemande; il y a des Allemands résultant du mélange de plusieurs races et constitués en nation par leur propre volonté ou par la force. Comment appliquer à cet assemblage disparate les théories de Darwin sur la sélection?

IV

La *Kultur* telle que l'entendent les Allemands n'est pas du tout la civilisation prise en général. Elle ne s'applique qu'à l'Allemagne et se réduit, en somme, à l'organisation allemande en vue de laquelle tout est calculé, l'instruction et le reste. C'est ainsi que l'histoire et la géographie n'enseignent pas la réalité pure et simple, mais bien une réalité, une vérité allemande, c'est-à-dire accommodée aux intérêts allemands (1). Il s'agit d'inculquer aux enfants cette idée que l'Allemagne a une mission divine, qu'elle est le cerveau et le cœur de l'univers.

A la ferme, à l'atelier, dans les associations de toute nature, l'Allemand est traité durement, militairement, comme l'enfant à l'école. A l'armée, on emploie vis-à-vis de lui les méthodes du temps de Frédéric II, ainsi que l'ont prouvé l'affaire Forstner, à Saverne, et tant d'autres analogues. Dans les gymnases, les universités, il faut être de l'avis du professeur. Toute liberté est coupable. L'initiative intellectuelle est rare (2).

Dans ces conditions, on comprend que très peu de savants allemands aient ouvert des voies nouvelles. Les découvertes allemandes ne sont guère que des dépendances, des corollaires des grandes découvertes faites au dehors, quand elles ne se bornent pas à les démarquer (3). En matière de littérature, d'esthétique, d'histoire et de philosophie, les Allemands prêtent une importance excessive au document, à l'érudition la plus pesante. Ainsi les feuilles cachent trop souvent la forêt.

L'histoire officielle ne connaît ni les hésitations ni les doutes. Ce n'est pas une science, mais un outil en vue du progrès de l'Allemagne. En procédant par négations brutales, sans aucun témoignage à l'appui, les quatre-

---

(1) A l'heure présente, le Handbuch du docteur Karl Plœtz et du professeur F. Kœhler, répandu dans toutes les écoles de l'empire, contient ce passage : « Le 2 août 1914, les Français ont jeté des bombes sur Nuremberg et ont franchi la frontière des Vosges.... En conséquence, l'Allemagne a déclaré la guerre à la France le 3 août ».

(2) G. Fonsegrive, *Kultur et civilisation*, *Revue hebd.*, 1er mai 1915, p. 35 et suiv.

(3) A la séance du 2 mars 1917 de l'Académie des inscriptions et belles-lettres, M. Victor Bérard a montré que les *Prolégomènes à Homère*, de F.-A. Wolf, l'un des ouvrages les plus célèbres de la science allemande, ne sont qu'un plagiat de trois ouvrages français.

vingt-treize intellectuels du trop célèbre manifeste n'ont fait qu'appliquer ces procédés faciles.

Le Germain est un être double, à la fois individualiste et social, sensible, sentimental même et brutal. La Kultur n'a fait qu'aviver ces contrastes. Les audaces en pensée n'ont chez lui aucune importance; elles se mueront en servilité dès qu'il sera nécessaire. C'est ainsi que le socialiste le plus convaincu devient le plus fidèle soldat du Kaiser.

L'armée est l'œuvre principale de la Kultur. C'est pour elle que travaillent toutes les sciences, toutes les universités. Mais aussi elle applique toute la brutalité scientifique qui est dans le caractère allemand. Le système de terreur qu'elle promène avec elle n'est qu'une application des théories de ses philosophes : « Mes frères, soyez durs! » a dit Niezstche.

Ainsi, la Kultur est la manière propre dont l'Allemagne entend la civilisation; elle vise avant tout le bien de l'Etat allemand. L'armée est le symbole et la pièce principale de ce mécanisme compliqué. La Kultur et le militarisme ne font donc qu'un pour l'Allemagne actuelle. Renoncer au militarisme serait se suicider (1).

On voit combien le caractère allemand se prête à la déformation de la réalité. Il la voit au travers de ses passions, de ses préjugés, de ses haines, ce qui explique surabondamment sa méconnaissance, son incompréhension de l'étranger. Cette tare psychologique, jointe au mysticisme spécial au peuple allemand, donne la clé des affirmations au moins singulières qu'on trouve si souvent

(1) G. Fonsegrive, *loc. cit.*, p. 55. Cf. *L'Allemagne et la guerre*, par Emile Boutroux, p. 15 et suiv.; G. Lanson, *Culture allemande, humanité russe*, *Revue de Paris*, 15 décembre 1914.

sous la plume des intellectuels de ce pays. Un professeur de l'Université de Berlin, Adof Lasson, écrit, le 29 et le 30 septembre 1914, à un Hollandais : L'Allemagne est « la création politique la plus parfaite que l'histoire ait connue... Nous sommes matériellement et moralement supérieurs à tous, hors de pair... ». Et Lasson ose appeler Guillaume II *deliciœ humani generis;* il dit de Bethmann-Hollweg, le chancelier au chiffon de papier, que c'est « le plus éminent des hommes actuellement vivants ». L'armée allemande, c'est « l'image réduite de l'intelligence et de la moralité du peuple allemand ». Il nie les choses les plus avérées : « Louvain n'a pas été détruit... la cathédrale de Reims n'a pas été démolie ». Et il entasse les paradoxes sans se lasser, à l'infini : « Notre loi est la raison, notre force est la force de l'esprit, notre victoire est la victoire de la pensée... Dans un monde de méchanceté, nous représentons l'amour, et Dieu est avec nous! » (1).

De même pour M. Ostwald, professeur, chimiste distingué, lauréat du prix Nobel. Il affirme à un journaliste suédois que l'Allemagne « a atteint une étape de civilisation plus élevée que les autres peuples ». Anglais et Français en sont au point où étaient les Allemands il y a plus de cinquante ans. Aussi l'Allemagne va-t-elle « organiser l'Europe ».

Au cours de la conversation, il en arrive à parler du rôle que la Sainte-Trinité joue dans les proclamations et les communications officielles. Les trois Personnes y interviennent tour à tour. « Je vous dirai pourtant, continue

---

(1) André Beaunier, *Les Sur-Boches*, *Revue hebd.*, 3 avril 1915, p. 75 et suiv. Cf., le texte de ces deux lettres dans *l'histoire générale et anecdotique de la guerre de 1914*, de Jean-Bernard, p. 45.

Ostwald, que Dieu le Père est chez nous réservé à l'usage personnel de l'Empereur. Une fois on a parlé de lui dans un rapport du grand état-major général; mais, remarquez-le bien, il n'y a plus reparu. » La première idée du lecteur est que le professeur allemand se moque de son interlocuteur et aussi de l'Empereur. Mais la simple réflexion montre qu'il parle sérieusement, ce qui autorise les doutes les mieux fondés sur son état mental (1).

Un autre personnage, le député Erzberger, membre influent du centre allemand, écrit dans le *Tag* un article intitulé *Pas de sentimentalité*. Il n'a pas de peine à justifier ce titre, car il demande tout uniment le moyen « d'anéantir Londres entier ». Il veut que, pour chaque navire marchand confisqué à l'Allemagne, on détruise un village ou, mieux, une ville anglaise. Il voudrait « déverser une pluie de feu sur le sol anglais ». Pour lui, « tous les moyens sont bons ». S'il n'est pas fou furieux, il est sûrement enragé.

Tout ce monde d'intellectuels, de pédants infatués de leur importance, de leur science plus ou moins réelle, procède assurément de Nietzsche : « Avec mon *Zarathoustra*, j'ai fait à l'humanité le plus beau présent qui lui fût jamais fait. Ce livre, avec l'accent de sa voix qui domine des milliers d'années, n'est pas seulement le livre le plus haut qu'il y ait, le véritable livre des hauteurs... il est aussi le plus profond, né de la plus secrète abondance de la vérité... »,

Le même Nietzsche disait modestement de lui-même : « Tel que je suis, l'esprit le plus indépendant et peut-être le plus vigoureux qu'il y ait aujourd'hui... ». La mégalomanie est dans toute son œuvre, dans son mépris de la

(1) André Beaunier, *loc. cit.*, p. 81 et suiv.

pitié, de la morale courante, dans sa théorie de surhomme à qui tout est permis. Il mourut fou. La folie des grandeurs est de celles qui ne pardonnent pas, et les Allemands feront prudemment d'y songer.

Leur mégalomanie procède d'une hypertrophie du Moi collectif. Ce n'est pas Nietzsche qui l'a inventée. Schelling n'a-t-il pas écrit son traité du *Moi comme principe de la philosophie?* Ces théories ont passé de la philosophie à la nation qui s'est établie pour son compte « Moi absolu » et entend faire tout plier devant sa volonté. Le surhomme est le type du germanisme. C'est lui qui suivra les directions de Niezstche, qui, dédaignant les races « mollies et vieillies », tirera vanité de sa barbarie, de son absence de scrupules. Avec Guillaume II, il traitera en camarade « notre vieux Dieu allemand »; il l'enrégimentera sous ses drapeaux.

En réalité, la civilisation germanique n'est pas d'origine nationale; elle procède de Rome et de la Gaule, suivant le mot de Fustel de Coulanges. Tous ses progrès lui sont venus du dehors, à commencer par le christianisme. Un Allemand l'a reconnu, « la race allemande n'a jamais par ses propres forces et sans une impulsion extérieure fait un pas vers la civilisation » (1).

Ce qui précède montre combien de facteurs intervenaient pour décider les Allemands à la guerre, toute cause occasionnelle mise à part. Le parti belliqueux se recrutait non seulement parmi les officiers en activité ou en retraite, mais parmi les intellectuels de tout ordre, du plus mince instituteur au *rector magnificus*. Tous étaient

---

(1) André Beaunier, *loc. cit.*, p. 93 et suiv. *Cf. La guerre et les neutres*, par H. D. Davray, *Revue hebd.*, 3 avril 1915, p. 107 et suiv.

pénétrés de l'idée de Treitschke, à savoir que la guerre est la raison fondamentale de l'Etat. Ils la répandaient aux quatre coins de l'Allemagne. Leur colossale mégalomanie ne permettait pas de douter un instant du succès. Un historien sérieux, Giesebrecht, n'osait-il pas écrire : « La domination apppartient à l'Allemagne, parce qu'elle est une nation d'élite, une race noble » (1).

C'est ainsi que prenait naissance l'idée pangermaniste. S'il s'était uniquement agi de réunir en un seul corps de nation toutes les populations de race allemande vivant en Europe et cela du consentement de chaque groupe intéressé, l'ambition eût été légitime et n'aurait pas rencontré d'opposition sérieuse. Mais le plan pangermaniste, tel qu'il résulte de nombreuses publications, de déclarations autorisées, va beaucoup plus loin. Pour le réaliser, il faut réunir à l'Allemagne tous les territoires pouvant être considérés comme utiles à sa grandeur, seraient-ils habités par de non-Germains.

Notons que cette théorie est déjà passée à plusieurs reprises dans le domaine des faits. C'est ainsi que la Prusse fit reconnaître, en 1848, ses provinces orientales comme territoires allemands, par le parlement de Francfort, bien qu'elles fussent slaves en majorité et qu'elles contiennent encore aujourd'hui quatre millions de Polonais. De même, en 1864, la Prusse s'empara de la partie danoise du Schleswig (2) et, en 1871, de l'Alsace-Lorraine.

(1) G. Lacour-Gayet, *L'Allemagne avant la guerre*, d'après l'ouvrage du baron Beyens, *Revue hebd.*, 23 octobre 1915, p. 432 et suiv.

(2) A. Chéradame, *Le plan pangermaniste*, *Revue hebd.*, 22 janvier 1916, d'après la *Victoire*. Au sujet des visées annexionnistes en Allemagne, cf. Paul Verrier, *loc. cit.*, p. 3 et 24 (article du *Lokal Anzeiger*). Le même auteur cite deux ouvrages très répandus dans les écoles allemandes : H. A. Daniel, *Guide pour l'enseignement de la géographie*, 265e édition en 1911, et E. von Seydlitz, *Eléments de géographie*.

C'est au nom du pangermanisme que l'Autriche-Hongrie, où il n'y a que 12 millions d'Allemands contre 38 millions de Slaves, de Roumains, d'Italiens, est devenue une sorte d'annexe de l'Allemagne, un pays vassal, en attendant qu'elle en fasse partie intégrante. Enfin, c'est au nom du pangermanisme que l'on réclame chaque jour en Allemagne l'annexion de territoires appartenant à des puissances non germaniques.

Le pangermanisme n'est donc qu'une doctrine de proie, faite pour justifier tous les attentats internationaux. C'est l'antithèse du principe des nationalités qui repose avant tout sur la volonté des intéressés, manifestée en dehors de toute pression matérielle ou morale. C'est la doctrine des « apaches » anarchistes appliquée à la collectivité des nations au lieu de l'être aux particuliers. Elle se résume dans le vulgaire : Ote-toi de là que je m'y mette. C'est en vertu du pangermanisme que M. Adolf Sommerfeld, dans un livre paru avant la guerre actuelle, annexait à l'Allemagne toute la France jusqu'à la Garonne, Lyon, Clermont et Bordeaux compris, en laissant à l'Angleterre une bande de terrain entre la Belgique et la Somme, et le reste à l'Italie (1). Qui, en France, a prêté la moindre attention à cet avertissement?

---

(1) *Frankreichs Ende im Jahre 19??* *Ein Zukunftsbild*, *Revue hebd.*, 26 septembre 1914.

CHAPITRE II

LA PRÉMÉDITATION ALLEMANDE

Les dépenses militaires allemandes avant la guerre. — La loi de 1913 et sa répercussion en France. — Les efforts de la diplomatie allemande. — Les autres indices de préméditation. — La littérature allemande et la guerre future.

I

Pour tout esprit non prévenu, un fait devait attirer l'attention d'une façon toute particulière au commencement de 1914, c'est la progression croissante des dépenses militaires allemandes et même, à un degré beaucoup moindre, de celles de l'Autriche-Hongrie.

Nous avons montré, dans une publication antérieure (1), le bond formidable accompli par les effectifs allemands de 1870 à 1913. Il ne sera pas sans intérêt de rappeler quelques-uns des chiffres cités en cette occasion.

D'après l'*Almanach de Gotha* de 1870, l'effectif budgétaire de la Confédération du Nord et des Etats du Sud représentait un total de 398.000 hommes et le budget de la Guerre était de 325 millions de francs.

A la même époque, en France, le budget était de 375 millions et l'effectif budgétaire de 404.800 hommes, y compris une foule de non valeurs, les 24.548 gendarmes, les troupes gardant l'Algérie et les Etats de l'Eglise, soit

---

(1) *Les probabilités d'une guerre franco-allemande, Journal des Sciences militaires*, 15 juillet - 1er août 1913.

environ cent mille hommes à défalquer du total précédent pour obtenir des chiffres comparables aux effectifs allemands. Il n'est pas inutile de rappeler à ce propos que, chez nos adversaires, on ne cherche pas à grossir les effectifs apparents, comme chez nous. C'est plutôt le contraire qui est vrai.

En 1873, l'effectif budgétaire allemand est encore de 16.955 officiers, 52.394 sous-officiers et 349.265 hommes, avec 94.742 chevaux de troupe. Les médecins, payeurs, vétérinaires, armuriers, selliers, les volontaires d'un an, les chevaux d'officiers et ceux de corvée (*krümper*) ne sont pas compris dans ces chiffres.

Près de vingt ans après, en 1902, l'accroissement est devenu très sensible. L'effectif budgétaire atteint 24.145 officiers, 80.642 sous-officiers, 494.351 hommes et 104.485 chevaux de troupe. Pour obtenir des chiffres comparables aux nôtres, il faudrait encore ajouter à ceux qui précèdent 20.250 hommes et 24.750 chevaux provenant de diverses catégories non comprises dans l'effectif budgétaire.

Ainsi, en 1902, le total représentait 619.388 hommes et 129.235 chevaux, c'est-à-dire des chiffres très supérieurs aux nôtres, surtout si l'on tient compte des troupes d'Algérie et de Tunisie, sur lesquelles il aurait été imprudent de compter en cas de mobilisation générale, du moins au début des opérations.

Mais, à partir de 1902, l'armée allemande devait s'accroître beaucoup plus rapidement encore, accroissement coïncidant avec l'affaiblissement continu qui résultait chez nous des méfaits de la politique à l'égard de l'armée. Ce mouvement s'est surtout accéléré depuis 1911, c'est-à-dire depuis que *le coup d'Agadir* eut montré la possibilité d'une nouvelle guerre franco-allemande.

La loi de 1911 avait surtout accru les services techniques; celle de 1912 créa deux nouveaux corps d'armée stationnés chacun sur l'une des frontières *dangereuses* de l'Empire, celles de l'Ouest et de l'Est. La loi de 1913 améliora la qualité de toutes les unités de combat, en augmentant leurs effectifs, en dotant l'armée de 26.000 nouveaux chevaux de troupe, en renforçant toutes les armes, en accroissant la valeur des moyens de défense à opposer aux invasions éventuelles.

L'accroissement total des effectifs devait être, au bas mot, de 150.000 hommes, en tenant compte des augmentations en officiers, sous-officiers, hommes de troupe et de la majoration habituelle (8 pour 100) à l'incorporation pour parer aux déchets. D'après l'officieuse *Gazette de l'Allemagne du Nord*, l'effectif budgétaire en hommes de troupe était porté de 544.211 à 661.176, non compris 37.553 officiers, plus du double du chiffre de 1873, 109.535 sous-officiers, 20.000 volontaires d'un an, la majoration de 8 pour 100, soit 48.000 à 50.000 hommes, les 2.000 employés militaires non assimilés aux officiers.

Quant aux dépenses de la Guerre, déjà très considérables, elles faisaient un bond formidable. Pour les années 1913, 1914 et 1915, les crédits ordinaires étaient accrus d'un total de 393 millions de marks et les crédits extraordinaires d'un total de 898 millions de marks.

La *Revue militaire des Armées étrangères* a, chaque année, dessiné, avec un soin et une régularité qui n'eussent pas dû laisser indifférent le public français, la courbe ascendante du budget militaire allemand. Il était aisé de se rendre compte que ces majorations avaient trait surtout aux chapitres visant, directement ou non, la préparation à la guerre. Nous nous bornerons à l'analyse de l'étude parue en janvier 1914 sur le budget de 1913.

On n'a pas oublié qu'en France, depuis 1889, les efforts constants du Parlement avaient tendu à diminuer la durée et le nombre des convocations de réservistes et de territoriaux. Cette diminution était d'autant moins justifiable que, depuis 1875, la durée normale du service militaire avait été ramenée de cinq à trois ans, puis à deux ans avant d'être reportée à trois ans devant la menace allemande. En Allemagne, c'est la tendance contraire qui prévalait. Ainsi, en 1913, on convoquait 26.000 officiers et 260.000 hommes des réserves en plus de 1906. On s'efforçait d'accroître la durée moyenne de chaque convocation (1). Il était visible que, non seulement on s'était attaché à l'accroissement de l'armée active en 1912 et 1913, mais que l'on cherchait à renforcer la solidité des réserves.

Tandis que les dépenses relatives aux armes, aux munitions, à l'équipement étaient accrues dans de très fortes proportions, les Allemands augmentaient les crédits nécessaires à l'établissement des camps d'instruction, si utiles à la formation rapide des troupes, à leur préparation au combat. En 1913, le total des crédits accordés dans ce but dépassait déjà 250 millions (2).

Au total, les dépenses pour l'armée de terre atteignaient dans le budget de 1913 le chiffre fantastique de un milliard 903.004.927 francs. Ce n'était plus un budget de paix, mais bien un budget de guerre (3) et il avait fallu recourir à des procédés exceptionnels pour l'alimenter.

(1) *Revue militaire des armées étrangères*, janvier 1914, p. 3.

(2) *Revue militaire des armées étrangères*, *loc. cit.*, p. 11.

(3) Dans le *Berliner Tageblatt*, le député au Reichstag Potthoff, écrivait que la loi de 1913 était une *mobilisation en pleine paix*. La guerre était *inévitable au printemps prochain*, sinon la nouvelle loi était criminelle.

Le *Werhrsteuer* n'était pas autre chose, en effet, qu'un impôt sur la fortune, une sorte de confiscation partielle, rappelant les emprunts forcés de notre Révolution, avec cette différence que les sommes versées étaient définitivement perdues pour le contribuable.

Tout, dans la conception du budget de 1913, indiquait la ferme intention « de ne reculer devant aucun sacrifice » et de « réaliser, dans le plus bref délai, les mesures reconnues nécessaires pour permettre de faire face à toutes les éventualités » (1). L'organe du 2ᵉ Bureau de notre Etat-Major de l'Armée signalait ensuite ce fait que « l'infanterie, la cavalerie et l'artillerie de campagne avaient, à très peu près, le nombre d'unités prévu et atteindraient presque, dès octobre 1914, leur nouvel effectif ». Quant aux créations concernant les troupes de communication, elles devaient être réalisées dès 1914, en particulier celles de l'aéronautique. Pour les pionniers, leur accroissement serait très avancé en 1914.

Tout indiquait donc l'intention de tenir l'armée prête à la guerre dès l'année 1914.

Notons encore qu'en Autriche-Hongrie un projet de loi visant l'augmentation du contingent avait été présenté aux Chambres, à la fin d'octobre 1913, afin d'accélérer les effets de la loi de 1912 visant l'augmentation des forces militaires (2).

Ainsi, de 1911 à 1914, les Allemands accroissaient leurs forces militaires dans une proportion formidable, ce qui ne les empêchait pas de se déclarer animés des intentions les plus pacifiques. Dans un discours du 8 avril 1913 au

---

(1) *Revue militaire des armées étrangères*, janvier 1914, p. 22.
(2) *Revue militaire des armées étrangères*, février 1914, p. 217.

Reichstag, le chancelier von Bethmann-Hollweg insistait sur ce thème, pour le passé comme pour l'avenir. Il oubliait évidemment le débarquement de Tanger, les incidents de Casablanca et le coup d'Agadir, sans parler des mille occasions où l'Allemagne avait fait blanc de son épée et menacé notre territoire ou nos intérêts.

Au Reichstag, les orateurs, à commencer par le chancelier, ne se faisaient pas faute de signaler chez nous l'existence d'un parti voulant la guerre. C'était l'opinion du chef du Centre, docteur Spahn, du docteur Bassermann, chef des nationaux-libéraux et de nombreux journaux. Ils intervertissaient audacieusement les situations, car si, chez les Allemands, les partisans d'une grande guerre affichaient bruyamment leur opinion jusque sur les marches du trône impérial, chez nous, il n'y avait pas de mouvement appréciable dans ce sens. Tous nos efforts se bornaient à des mesures de précaution trop naturelles en face des menaces allemandes. Encore rencontraient-elles, comme le rétablissement du service de trois ans, la plus violente opposition.

Faut-il rappeler qu'un professeur de l'Université, M. Seignobos, publiait, dans la *Frankfurter Zeitung* du 23 avril 1913, un article, écrit en allemand, *Ein Kostspieliges Gespenst* (un spectre coûteux)? Il s'efforçait de prouver que la politique allemande était constamment restée tout à fait pacifique, même au moment du Coup d'Agadir. Guillaume II n'avait pas trace d'esprit belliqueux, du moins à en croire M. Seignobos. Une guerre franco-allemande était devenue impossible. Des deux côtés, la course aux armements procédait d'une fausse conception. On attribuait à des arrière-pensées guerrières ce qui revenait uniquement à la peur de la guerre.

L'opposition des socialistes français à la loi de trois ans

était beaucoup plus violente. Nous avons cité (1) l'ordre du jour adopté, le 7 mars 1913, par les commissions exécutive et de contrôle des groupes parisiens des cheminots de la Compagnie d'Orléans. Comment qualifier cette incompréhension?

Le bureau du comité exécutif du parti radical et radical-socialiste manifestait aussi son hostilité contre le service de trois ans. Il voyait, dans des mesures inefficaces ou insuffisantes, une réponse appropriée au colossal accroissement des forces allemandes de premier choc (2).

Enfin, 360 universitaires, ayant à leur tête M. Anatole France, protestaient contre l'urgence de rétablir le service de trois ans. Ils signaient une pétition *pour la dignité nationale, contre l'affolement militaire.* Il faut constater, à regret, que si, chez les Allemands, l'école et l'université exagéraient le chauvinisme au point de susciter parmi leurs élèves une mégalomanie dont nous avons signalé l'étendue, chez nous les mêmes institutions étaient, en grande majorité, indifférentes ou pacifistes. Est-il nécessaire de rappeler le Congrès de Chambéry, en 1912, le Congrès des Amicales, en 1913, et tant d'autres manifestations? Elles prouvent jusqu'à l'évidence qu'il n'y avait en France rien de pareil au système arrêté qui fait de l'instituteur ou du professeur allemand un précieux auxiliaire de l'armée en vue de la plus grande Allemagne (3).

---

(1) *Les probabilités d'une nouvelle guerre franco-allemande, Journal des Sciences militaires*, 1er août 1913, p. 264.

(2) Nous avons discuté les solutions proposées par ce comité, *Journal des Sciences militaires*, p. 265 et suiv.

(3) Pour qui veut se rendre compte des déformations que l'enseignement allemand apporte à la vérité historique nous signalons la collection intitulée *Der Weltkrieg, eine Sammlung belehrender Jugendschriften von Ernst Niederhausen.* Lire notamment le *Helft* 3 : *Nach Belgien hinein, Belgische Freischaerler, das Strafgericht in Lœwen* (Louvain).

II

Pendant que le Grand Etat-Major et le Ministère de la Guerre prussiens travaillaient ainsi à l'accroissement des forces militaires allemandes, la diplomatie impériale ne restait pas inactive. On sait quelles tentatives avaient été faites, sur l'initiative de l'empereur de Russie Nicolas II, pour diminuer les chances de guerre entre les nations. Le moyen le plus efficace paraissait être d'établir l'arbitrage obligatoire en cas de conflits internationaux. Toutes les négociations dans ce sens trouvèrent devant elles, de 1899 à 1914, l'opposition constante de l'Allemagne, de l'Autriche-Hongrie et de la Turquie (1), c'est-à-dire de trois des futurs alliés. Visiblement, ces pays comptaient sur la guerre pour leur assurer l'avantage dans les conflits dont ils prévoyaient la possibilité.

En outre, l'Allemagne cherchait à obtenir la neutralité de l'Angleterre dans ces mêmes conflits.

Au début de 1912, le chancelier allemand esquissait à lord Haldane une série de propositions visant ce résultat. Les deux parties s'engageaient à ne faire ou à ne préparer aucune attaque contre leur co-contractante, à ne se joindre à aucune combinaison ou à aucun projet dirigé contre celle-ci; à ne participer à aucune action morale ou militaire dans le même but; elles déclaraient n'être liées par aucun engagement de cette nature.

Si l'une des parties contractantes devait être engagée dans une guerre avec une ou plusieurs puissances, sans qu'il fût possible de dire quel était l'agresseur, l'autre

---

(1) Max Turman, *Avant la guerre : L'Allemagne et les tentatives en vue d'établir l'arbitrage international*, *Revue hebd.*, 15 janvier 1916.

observerait tout au moins une neutralité bienveillante à l'égard de sa co-contractante et ferait tous les efforts possibles pour localiser le conflit. Si l'une des parties était forcée, par la provocation évidente d'une tierce partie, d'engager une guerre, les deux contractantes s'engageaient à entamer un échange de vues relativement à leur attitude dans ce conflit.

Le devoir de neutralité ainsi prévu ne serait pas applicable s'il venait à l'encontre d'accords déjà existants, mais la conclusion de nouveaux accords rendant cette neutralité impossible serait écartée.

Enfin, les deux parties déclaraient qu'elles feraient tout ce qui serait en leur pouvoir pour écarter les difficultés survenant entre l'une d'elles et une autre Puissance.

Le gouvernement britannique n'eut pas de peine à se rendre compte que ces conditions, équitables en apparence, étaient uniquement avantageuses à l'Allemagne. Celle-ci, en cas de guerre européenne, eût été libre d'aider ses alliés, tandis que la Grande-Bretagne n'eût pu lever le petit doigt pour la défense des siens. L'empire allemand pouvait, sans difficulté, s'arranger de façon que l'initiative apparente des hostilités restât le fait de l'Autriche. La Russie étant en guerre avec cette dernière, l'Allemagne appuierait aussitôt son alliée. De même, la Russie étant attaquée par deux puissances, la France serait obligée de la secourir. Une grande guerre serait engagée sans que l'Angleterre pût y prendre la moindre part.

Par contre, la Grande-Bretagne, n'ayant d'alliance qu'avec le Japon et le Portugal, n'aurait pu en aucun cas se départir d'une neutralité entière en cas de guerre européenne. Elle s'interdisait même toute nouvelle alliance.

En un mot, comme l'ont montré avec évidence les événements ultérieurs, il y aurait eu d'un côté garantie absolue de neutralité, mais non de l'autre. Sir Edward Grey rejeta donc les propositions allemandes et soumit un contre-projet au gouvernement impérial.

« L'Angleterre ne se livrera à aucune attaque non provoquée contre l'Allemagne et ne poursuivra aucune politique d'agression à cet égard. Une agression contre l'Allemagne n'est pas l'objet et ne constitue aucune partie des traités, accords ou combinaisons quelconques dans lesquels l'Angleterre est actuellement partie et l'Angleterre ne deviendra partie dans quoi que ce soit ayant un pareil objet. »

Si le but de l'Allemagne avait été simplement d'être rassurée sur les intentions de l'Angleterre, cette formule lui eût donné ample satisfaction, mais elle visait à mieux. Elle entendait obtenir la neutralité britannique dans toutes les éventualités, puisque, en cas de guerre, elle arguerait certainement que cette guerre lui était imposée et demanderait l'application de l'accord anglo-allemand. Pour faire admettre un engagement de neutralité absolue, elle offrait une sorte de marchandage au gouvernement britannique. L'Allemagne eût pris l'engagement de renoncer aux parties essentielles d'un projet de loi visant l'accroissement de sa marine de guerre. Le gouvernement anglais persista dans son refus et le projet fut présenté au Reichstag (1).

L'ébauche de négociations qui précède suffirait à lui seul pour montrer quelles étaient les intentions de l'Alle-

(1) *Déclaration du Foreign Office* reproduite par le *Journal des Débats*, 2 septembre 1915. Le gouvernement allemand a prétendu démontrer que l'Angleterre avait fait, dès 1906, des tentatives pour entraîner la Belgique dans la Triple Entente (*Gazette de l'Allemagne du Nord*, 13 octobre 1914). Le gouvernement belge a opposé à cette accusation des réponses péremptoires. Cf. 2e *Livre gris belge*, nos 98, du 19 octobre 1914; 99, du 4 décembre; 100, du 15 décembre; 101, du 13 janvier 1915; 103, du 4 mars.

magne dès 1912. Mais de nombreux indices dans le même sens apparaissaient. « Pour se rendre compte du danger de plus en plus prochain d'une guerre générale, il suffisait d'habiter à Berlin, dans un milieu confinant au gouvernement impérial et aux ambassades étrangères (1). »

Le 17 mars 1913, l'ambassadeur de France à Berlin, M. Jules Cambon, écrivait que « les autorités impériales ne cessaient d'exalter le sentiment patriotique. L'Empereur, ajoutait-il, se complaît à rappeler tous les jours les souvenirs de 1813. Hier soir, une retraite militaire a parcouru les rues de Berlin et des discours ont été prononcés, dans lesquels la situation présente était assimilée à celle d'il y a un siècle... ». Et il concluait en signalant la gravité de l'heure présente (2).

Un rapport de l'attaché militaire, lieutenant-colonel Serret (3), était joint à la dépêche de M. Jules Cambon. Il signalait la « véritable colère » causée dans certains milieux par le projet de loi rétablissant en France le service de trois ans (4), bien qu'il constituât une simple mesure de précaution contre les accroissements des forces allemandes. « Dans un salon, un membre du Reichstag, et non un énergumène, parlant du service de trois ans en

---

(1) Baron Beyens, ancien ministre de Belgique à Berlin, *L'Allemagne avant la guerre*, passage reproduit par G. Lacour-Gayet, *Revue hebd.*, 23 octobre 1915, p. 421.

(2) *Livre jaune*, 1914, *La guerre européenne*, I, p. 3 et 4.

(3) Atteint mortellement en Alsace comme général commandant une division.

(4) Il est bon de rappeler que la loi de 1913, du propre aveu du chancelier, n'a aucun rapport avec les mesures discutées chez nous notamment le rétablissement du service de trois ans. C'est en novembre 1912 que des considérations politiques et militaires lui firent reconnaître la nécessité d'accroître la puissance allemande. Voir le *Journal des Sciences militaires*, 1er août 1913, p. 260.

France, allait jusqu'à dire : « C'est une provocation, nous ne le permettrons pas ».

« Nous mettre définitivement hors de cause, ajoute le colonel Serret, puisque nous ne voulons ni ne pouvons être avec elle, c'est cela, en effet, que poursuit l'Allemagne. » Et il rappelait un rapport de son prédécesseur, le colonel Pellé, daté de 1912 : « ...Ils (les Allemands) nous regardent, avec nos 40 millions d'habitants, comme une nation secondaire.

« Dans la crise de 1911, cette nation secondaire leur a tenu tête, et l'Empereur et le gouvernement ont cédé. L'opinion publique ne l'a pardonné ni à eux, ni à nous. *Elle ne veut pas qu'un pareil fait puisse se reproduire* (1).»

Dans une *Note sur le renforcement de l'armée allemande,* parvenue de source sûre au ministère de la Guerre français et datée du 15 mars 1913, on lisait : « Ni les ridicules criailleries de revanche des chauvinistes français, ni les grincements de dents des Anglais, ni les gestes désordonnés des Slaves ne nous détourneront de notre but qui est de fortifier et d'étendre le *Deutschthum* (la puissance germanique) dans le monde entier... C'est notre devoir sacré d'aiguiser l'épée que l'on nous a mise en main, et de la tenir prête pour nous défendre comme pour porter des coups à notre ennemi. *Il faut faire pénétrer dans le peuple l'idée que nos armements sont une réponse aux armements et à la politique française.* Il faut l'habituer à penser qu'une guerre offensive de notre part est une nécessité pour combattre les provocations de l'adversaire... Il faut mener les affaires de telle façon que, sous la pesante impression d'armements puissants, de sacrifices considérables et d'une situation politique ten-

(1) *Livre jaune,* rapport du 15 mars 1913, p. 4 et 6.

due, un déchaînement (*Loschlagen*) soit considéré comme une délivrance, parce qu'après lui viendraient des décades de paix et de prospérité comme après 1870. Il faut préparer la guerre au point de vue financier; il y a beaucoup à faire de ce côté là... »

Ce curieux document indique encore la nécessité de « susciter des troubles dans le Nord de l'Afrique et en Russie ». D'où l'obligation de se mettre en relations avec des gens influents en « Egypte, à Tunis, à Alger et au Maroc ». Au cours de la prochaine guerre européenne, il faudra aussi « que les petits Etats soient contraints » de suivre l'Allemagne, ou soient « domptés ». « Dans certaines conditions, leurs armées et leurs places fortes peuvent être rapidement vaincues ou neutralisées, ce qui pourrait être vraisemblablement le cas pour la Belgique et la Hollande, afin d'interdire à notre ennemi de l'Ouest un territoire qui pourrait lui servir de base d'opérations dans notre flanc. » Du Danemark et des autres Etats scandinaves, l'Allemagne n'a rien à craindre. Quant à la Suisse, elle « forme un boulevard extrêmement solide, et nous pouvons compter, continue la note, qu'elle défendra énergiquement sa neutralité contre la France, protégeant ainsi notre flanc » (1).

Avant de conclure, l'auteur revient encore sur la violation de la neutralité des petits Etats du Nord-Ouest. L'offensive serait prise aussitôt après la concentration de l'armée du Rhin inférieur. « Un ultimatum à brève échéance, que doit suivre immédiatement l'invasion, permettra de justifier suffisamment notre action au point de vue du droit des gens. »

---

(1) Ces appréciations sur la Hollande et la Suisse ont leur intérêt spécial.

La note se termine ainsi : « Si l'ennemi nous attaque, ou si nous voulons le dompter, nous ferons comme nos frères d'il y a cent ans : l'aigle provoqué prendra son vol, saisira l'ennemi dans ses serres acérées et le rendra inoffensif. Nous nous souviendrons alors que les provinces de l'ancien empire allemand : comté de Bourgogne (*sic*) et une belle part de la Lorraine sont encore aux mains des Francs; que des milliers de frères allemands des provinces baltiques gémissent sous le joug slave. C'est une question nationale de rendre à l'Allemagne ce qu'elle a autrefois possédé » (1).

Dans une dépêche du 6 mai 1913, M. Jules Cambon signale la très grande gravité de la crise qui vient d'être traversée (2). « Ici, on a considéré le danger de guerre comme imminent. » A l'appui, l'ambassadeur citait ce fait que le gouvernement allemand avait pris, une dizaine de jours auparavant, des dispositions préparatoires à la mobilisation, tout comme en 1911, lors de l'affaire d'Agadir. Dans un milieu allemand, le chef d'état-major de l'armée, général von Moltke, avait même permis d'entrevoir les intentions de l'Empereur : « Il faut laisser de côté les lieux communs sur la responsabilité de l'agresseur. Lorsque la guerre est devenue nécessaire, il faut la faire en mettant toutes les chances de son côté. Le succès seul la justifie. L'Allemagne ne peut ni ne doit laisser à la Russie le temps de mobiliser; car elle serait obligée de maintenir sur sa frontière Est une force telle qu'elle se trouverait en situation d'égalité, sinon d'infériorité, avec la France. Donc il faut prévenir notre principal adversaire dès qu'il y aura neuf chances sur dix d'avoir

(1) *Livre jaune*, p. 10-12.
(2) Au sujet de Scutari et du Monténégro.

la guerre, et la commencer sans attendre pour écraser brutalement toute résistance » (1).

Une note du 30 juillet 1913, qui résume les opinions de nos agents diplomatiques et consulaires en Allemagne, permet de voir quelle est la situation morale de ce pays. Deux sentiments y dominent : le mécontentement provoqué par le traité du 4 novembre 1911, malgré les avantages qu'il fait à l'Allemagne; la surprise causée par l'apparition d'une France nouvelle, d'une France « belliqueuse » insoupçonnée jusqu'alors.

La masse de la nation allemande est pacifique, assure ce document, mais elle n'a ni chefs, ni cadres organisés. Le parti de la guerre, moins nombreux, a des cadres, des troupes, une presse convaincue ou soldée, des moyens variés et redoutables de peser sur le gouvernement.

Les uns veulent la guerre, parce que les circonstances la rendent *inévitable*, et mieux vaut plus tôt que plus tard.

D'autres en voient la nécessité dans la surpopulation, la surproduction, ou dans des raisons sociales, la guerre pouvant seule empêcher ou retarder la montée des masses démocratiques et socialistes.

D'autres jugent que, le temps travaillant pour la France, il faut précipiter l'événement. Leur sentiment obscur, mais profond, est qu'une Allemagne libre et une France ressuscitée sont incompatibles.

D'autres sont belliqueux « par Bismarckisme ». Ils sont humiliés d'avoir à discuter avec des Français et se demandent pourquoi, ayant la force, l'Allemagne n'impose pas sa volonté.

D'autres, enfin, sont poussés par la haine mystique de

---

(1) *Livre jaune*, p. 12-14.

la France révolutionnaire, ou par rancune. Ce sont ces derniers qui amassent les prétextes d'une guerre.

Celle-ci semblerait néanmoins improbable si la France pouvait « faire aux yeux de l'opinion la preuve décisive que l'entente cordiale et l'alliance russe ne sont pas seulement des fictions diplomatiques, mais des réalités qui existent et qui joueront. La flotte anglaise inspire une salutaire terreur... » (1).

Nous verrons plus loin quel fut le rôle de Guillaume II dans la préparation de la guerre. Mais ce qui précède suffit à montrer que, dès 1912, au lendemain de l'affaire d'Agadir, l'opinion allemande, c'est-à-dire celle des fractions qui comptent dans la balance, est nettement belliqueuse. A mesure que s'achèvent les préparatifs militaires, que les impôts pèsent d'un poids plus lourd, ce sentiment devient plus vif. On en arrive à ne plus dissimuler des visées sur la Belgique, la volonté d'écraser la France pour jamais.

Cette même année 1913, à deux reprises au moins, la guerre faillit éclater du fait de l'Autriche, d'accord avec l'Allemagne. En mai, le Monténégro venait de s'installer à Scutari et refusait d'en partir. Les deux puissances centrales demandèrent à l'Italie de s'associer à leur action pour déloger les Monténégrins, même au risque de provoquer un conflit avec la Russie, c'est-à-dire une conflagration totale. La guerre ne fut évitée que parce que le Monténégro céda aux conseils du gouvernement russe et abandonna Scutari. D'ailleurs l'Italie n'avait pas jugé que ce fût là un cas où pouvait jouer la Triple-Alliance (2).

---

(1) *Livre jaune*, p. 15-20.

(2) D'après M. Guglielmo Ferrero, récit confirmé à M. Jean-Bernard par M. Pichon, alors ministre des Affaires étrangères (Cf. *Histoire générale et anecdotique de la guerre de 1914*, p. 21-22). Cette alerte faisait suite à deux autres, causées l'une par l'atterrissage d'un

Cette alerte se renouvela en août. Les deux empires conjoints avaient préparé une pression humiliante contre la Serbie, au risque évident d'une guerre. L'Italie, prévenue, refusa de considérer cette affaire comme un *casus fœderis* et la combinaison austro-allemande échoua encore (1).

Notons que, le 17 octobre 1913, l'Autriche fit remettre un ultimatum à Belgrade, pour obtenir l'évacuation des positions occupées par les Serbes en Albanie, à la suite d'incursions albanaises en Serbie. Quinze jours après, une injonction analogue était adressée à la Grèce. Ces procédés sommaires, au sujet de questions qui concernaient la totalité des grandes puissances, étaient évidemment dictés par la volonté d'établir l'hégémonie austro-hongroise dans les Balkans, fût-ce au prix d'une guerre européenne (2).

Au printemps de 1914, dans une conversation privée, M. von Jagow disait à M. Jules Cambon que « les petits Etats ne pourraient plus mener » en Europe « l'existence indépendante dont ils avaient joui jusqu'à présent. Ils sont

---

Zeppelin à Lunéville et l'autre par une bagarre à Nancy (13 avril). Il en résulta deux campagnes gallophobes de la presse allemande. Cf. A. Gauvain, *Les origines de la guerre*, *Revue de Paris*, 15 novembre 1915, p. 114.

Le *Livre bleu serbe* (*Annexe*) signale également une démarche comminatoire de l'Autriche auprès de la Roumanie, en mai 1913. M. Take Jonesco a formellement déclaré qu'il en avait trouvé la trace dans un télégramme adressé par M. von Berchtold au prince von Fürstenberg et communiqué par ce dernier au gouvernement roumain. Le Cabinet de Vienne a démenti officieusement ce fait, ce qui ne prouve pas qu'il soit faux.

(1) D'après un discours de M. Giolitti à la tribune de la Chambre italienne, le 5 décembre 1914. Cf. le texte, G. Arnoult, *Les origines historiques de la guerre*, p. 48.

(2) Cf. A. Gauvain, *loc. cit.*, p. 121.

destinés à disparaître ou à graviter dans l'orbite des grandes puissances » (1).

Le 12 juin 1914, à Bruxelles, un banquet clôture un concours de chevaux de trait. L'ancien secrétaire d'Etat d'Alsace-Lorraine, baron Zorn de Bulach, et le directeur du haras de Strasbourg y assistent. A la fin du repas, Bulach, remarquant une agitation particulière, en demande la cause au fonctionnaire allemand. Celui-ci répond bonnement : « J'étais en train d'expliquer à ces Messieurs qu'à la prochaine guerre c'est eux qui seront annexés ».

Devant le mouvement de stupeur qui suivit, l'Allemand jugea quelques explications nécessaires : sans que Bulach intervînt en aucune façon, il exposa que les dépenses colossales nécessitées par les armées dans toute l'Europe et notamment en Allemagne ne pouvaient longtemps se continuer, « qu'elles avaient un but définitif et prochain et que la guerre devant forcément éclater bientôt entre son pays et la France, les Allemands traverseraient la Belgique, puisqu'ils n'avaient pas d'autre moyen d'atteindre leur ennemie ».

Un de nos compatriotes crut devoir répondre que si les Allemands nourrissaient des idées belliqueuses, il n'en était pas de même des Français. Il ajouta même que si jamais la neutralité belge était violée, ce ne serait pas par son pays. Un Belge mit fin à l'incident en déclarant que, si les Allemands violaient la neutralité du royaume, ils seraient traités en ennemis (2).

---

(1) 2e *Livre gris belge*, n° 2, le baron Beyens à M. Davignon, 2 avril 1914.

(2) Note du comte A. de B., directeur d'un dépôt d'étalons, délégué officiel du Gouvernement français au concours en question, *Journal des Débats*, 2 septembre 1915.

L'infatuation et la brutalité allemandes ressortent suffisamment de ce récit, sans parler du dessein arrêté de faire la guerre et de violer la neutralité belge. On pourrait citer d'autres menus faits de ce genre; on se bornera au suivant : « Une lettre saisie à Paris, dans les papiers d'un espion » provenait d'un « personnage qui touche de près à une famille régnante allemande ». Elle annonçait à ce comparse « la prochaine éventualité de la guerre et prédisait que l'action de la marine impériale provoquerait de stupéfiantes surprises (1) ». A ce moment, évidemment, le gouvernement allemand croyait encore que la Grande-Bretagne garderait la neutralité. Cette illusion a très probablement contribué à sa décision.

Non seulement les milieux officiels préméditaient la guerre, mais de tous les côtés des publications d'origine privée s'attachaient à en montrer la nécessité. Dès 1907, une brochure intitulée *La guerre européenne* contenait le passage suivant :

« Personne ne sera capable d'arrêter le cours des événements ni d'empêcher l'Allemagne d'accomplir ses destinées. La politique anglaise cherche à réunir les puissances dans une coalition contre l'Allemagne; quand celle-ci trouvera que l'effort tenté pour l'entourer d'ennemis a dépassé les bornes, elle brisera le cercle dans lequel on veut l'enfermer et écrasera deux des membres de la coalition qui seront le plus à portée de son action. Personne ne peut dire quand viendra le jour mémorable, mais tout le monde, en Allemgane, a le sentiment qu'il n'est pas éloigné.

---

(1) H. D. Davray, *La prépondérance maritime et la guerre*, *Revue hebd.*, 27 novembre 1915, p. 483. Il s'agit sans doute de l'espion Geissler.

« La flotte anglaise pourra détruire la flotte allemande et ruiner notre commerce extérieur, mais rien ne saurait empêcher l'armée allemande de fouler le sol de la France de Paris à Lyon, de la Manche à la Méditerranée.

« A la fin de la guerre, outre une indemnité considérable — 50 à 60 milliards, plus un tribut annuel de 600 millions — l'Allemagne prendra possession pour toujours des provinces du nord de la France, s'ouvrant un débouché sur la mer à Calais et à Boulogne, tandis que la Belgique et le Luxembourg seront annexés à l'empire germanique (1). »

En 1911 paraît un autre ouvrage, dû non pas à un publiciste anonyme ou peu connu, mais au général von Bernhardi, l'un des écrivains militaires les plus goûtés de l'Allemagne. Voici ce que contient ce livre :

« Etant donné la situation mondiale actuelle, il faut considérer une pareille guerre (contre un ennemi supérieur en nombre) presque comme une nécessité dont dépend le développement futur de notre nation. » Et Bernhardi tente de justifier cette assertion par l'accroissement continu de la population : un million d'hommes par an. Il faut donc accroître la superficie de l'Allemagne pour assurer à tous des moyens d'existence et de travail, sous peine de contribuer par l'émigration à la puissance et à la prospérité des peuples voisins et rivaux.

Disons en passant que c'est là un simple prétexte. D'une part l'émigration tendait constamment à se restreindre avant la guerre; d'autre part le développement industriel croissant avait pour conséquence d'amener l'immigration temporaire en Allemagne de centaines de mille ouvriers agricoles russes ou polonais.

(1) Reproduit par Jean-Bernard, *op. cit.*, p. 7.

Bernhardi explique encore la nécessité d'une guerre par ce fait que toute démonstration de politique extérieure a pour conséquence de placer la nation allemande en face d'une coalition d'adversaires supérieurs en nombre. C'est une situation intenable (1).

Il revient sur cette idée en alléguant la nécessité d'étendre les colonies allemandes, d'élargir le commerce, d'accroître l'influence des idées allemandes sur toutes les contrées de la terre et, avant tout, d'affermir la puissance nationale en Europe (2).

Il ajoute : « Si nous voulons obtenir pour notre nation la place qui lui convient dans le monde, il faut nous confier à notre glaive, renoncer à toute utopie pacifiste efféminée et regarder avec fermeté les dangers qui nous entourent (3) ».

D'ailleurs, prétend le général prussien, une armée qui ne sert qu'à maintenir la paix et n'engage pas la guerre perd son élasticité intellectuelle et sa force, tout comme un peuple dont la puissance n'est pas mise en action en vue de grands objets. La politique doit « savoir utiliser un développement à son apogée, lorsqu'une situation mondiale favorable l'y invite, afin d'assurer au peuple et à l'Etat des conditions de vie plus larges et un développement sain.... » En termes moins nébuleux, Bernhardi veut dire qu'il faut faire la guerre dès qu'on possède la force voulue et qu'il se présente une occasion favorable. Les raisons importent peu. L'essentiel est de se battre et surtout de battre l'adversaire.

Ce n'est pas de l'auteur de *La guerre d'aujourd'hui* que

---

(1) Bernhardi, *La guerre d'aujourd'hui*, introduction, p. XVII.
(2) *Ibid.*, p. XIX.
(3) *Ibid.*, p. XXII.

proviennent ces ingénieuses théories, mais bien de Frédéric II. N'écrivait-il pas à Pitt, le 3 juillet 1761 : « Sans aucun doute, tout homme un peu raisonnable ne laissera pas à ses ennemis le temps de faire tranquillement tous leurs préparatifs pour l'anéantir et il utilisera son avance pour prendre le dessus (1) ».

Si la masse des Allemands, si le gouvernement lui-même nient la préméditation de la guerre, quelques-uns de nos adversaires s'en font gloire. Dans son *Zum Weltvolk hindurch*, M. Paul Rohrbach accuse, il est vrai, les Alliés d'avoir conclu un *Raüberbund*, un pacte de brigands contre l'Allemagne et l'Autriche-Hongrie, mais il montre aussi que la guerre était mûre, que les patriotes allemands devaient la souhaiter. C'était le plein midi, *hoch Mittag*; il ne fallait pas perdre un instant. L'Allemagne n'avait plus qu'à renverser tous ses adversaires possibles pour exercer sans difficulté la domination du monde (*Weltherrschaft*) (2).

Un publiciste bien connu pour l'originalité et la brutale franchise de ses études, Maximilien Harden, écrit dans sa revue la *Zukunft* : « Renonçons à nos misérables efforts pour excuser l'action de l'Allemagne, cessons de déverser de méprisables injures sur l'ennemi. Ce n'est pas contre notre volonté que nous nous sommes jetés dans cette aventure gigantesque. Elle ne nous a pas été imposée par surprise. Nous l'avons voulue. Nous devions la vouloir.... Voyons, l'Allemagne est-elle forte? Oui. Que nous chantez-vous donc là, professeurs en lunettes et théologiens en pantoufles? Est-ce que le droit existe? Est-ce

---

(1) Bernhardi, *op. cit.*, II, p. 465.

(2) A. Chuquet, *Le peuple mondial*, d'après *Zum Weltvolk hindurch* de Paul Rohrbach, *Revue hebd.*, 19 février 1916.

que les nobles idées valent quelque chose?... Un principe seul compte, un seul qui résume et qui contient tous les autres : la force. Réclamez-vous d'elle et nargue aux billevesées! La force, voilà qui sonne haut et clair, voilà qui a du style et de l'allure. La force : un poing, c'est tout (1) ».

Ce qui précède montre assez que la partie influente de la nation allemande voulait la guerre et cela depuis 1911. Pour se rendre compte de l'état d'esprit entièrement opposé qui dominait chez nous, il suffira de reproduire ce passage d'une chronique parisienne datée du 1er août 1914 :

« *Rue du Croissant, 3 heures, ce même jour.* — La salle de composition d'un des journaux du soir. On s'apprête à tirer le numéro. Le directeur est là, au milieu de son personnel, des rédacteurs allant, venant, des ouvriers en bourgeron, en manches de chemise. Toutes les figures sont anxieuses, frappées et ennoblies par l'émotion grandissante des dernières minutes. C'est qu'on attend d'une seconde à l'autre la phrase officielle, le mot rassurant, la lueur qui permettra d'entrevoir.... à l'horizon la ligne mince et bleuâtre de la paix.... Sur une table, il y a une grande feuille toute blanche avec la manchette, seule, composée, et qui dit : « *Une dernière lueur d'espoir* ».

« A tout instant descendent, par le monte-charge qui relie l'imprimerie aux salles de rédaction, de brèves notes crayonnées dans la fièvre... qui se suivent, se démentent... On ne croit pas savoir avant... » et puis : « *Toute chance pas absolument perdue.... Le ministère ne dit rien* ». Et enfin, un carré de papier, que le directeur, devenu plus

---

(1) Reproduit par M. Lacour-Gayet, *Revue hebd.*, 23 octobre 1915, p. 440.

pâle et crispé, me tend tout à coup. Mais je l'ai déjà lu dans ses yeux. Il porte : « *Mobilisation générale ordonnée* ». Puis M. Henri Lavedan montre le directeur éprouvant encore certains doutes, envoyant un cycliste vérifier ce qu'on lui assure, que la nouvelle est affichée déjà dans plusieurs lieux publics. Il revient : « C'est vrai ». Sans un mot, on change la manchette, on tire le numéro et le personnel se disperse, plusieurs jeunes ouvriers tendant la main au patron pour prendre congé, sérieux et souriants tout à la fois » (1).

Pareille scène se déroulerait-elle dans un pays qui aurait prémédité la guerre, comme le prétendent tant d'Allemands?

En résumé, l'ensemble des témoignages et des faits montre que, depuis 1911 au moins, l'Allemagne voyait dans une grande guerre une éventualité inévitable et s'y préparait avec une hâte fébrile, en portant ses forces à un niveau qu'elles n'avaient jamais atteint et qu'elles ne pouvaient plus dépasser sans une mobilisation. En France on prenait des mesures défensives, dont le résultat final nous laissait fort inférieurs aux Allemands. Pourtant ces dispositions exigées par la plus simple prudence provoquaient l'opposition la plus violente. Des hommes politiques, des journalistes, des littérateurs et des universitaires fermaient obstinément les yeux au danger qui déjà menaçait vers l'Est. Dans les masses populaires se faisait jour un sentiment obscur des provocations allemandes. Elles comprenaient confusément que nos anciens adversaires de 1870 gardaient contre nous une haine inextin-

(1) *Les grandes heures*, par Henri Lavedan, *Illustration* du 8 août 1914.

guible et que, bientôt peut-être, il faudrait reprendre la lutte contre eux. Dans leur ensemble elles acceptaient donc avec résignation les sacrifices résultant des nouvelles lois militaires. Parfois, néanmoins, l'opposition à la loi de trois ans était assez forte pour empêcher la réélection des députés qui l'avaient votée.

Dès l'été de 1913 la situation nous apparaissait comme il suit :

« Une guerre austro-russe est dans les éventualités à prévoir.

« Une guerre franco-allemande résulterait très probablement d'une guerre austro-russe.

« Les probabilités d'une guerre franco-allemande deviendront plus grandes à mesure que s'accroîtra la différence, déjà très sensible, entre les forces matérielles des deux nations (1). »

---

(1) Extrait textuellement de notre étude : *Les probabilités d'une guerre franco-allemande*, *Journal des Sciences militaires*, *loc. cit.*

CHAPITRE III

LES CAUSES IMMÉDIATES

Guillaume II. — Etait-il pacifiste au début ? — Son évolution vers la guerre. — La situation intérieure de l'Allemagne. — L'annexion de la Bosnie-Herzégovine. — Ses conséquences lointaines.

I

Lorsqu'on étudie les causes immédiates de la guerre, la personnalité énigmatique de l'Empereur allemand apparaît au premier plan. On sait, en effet, que le régime de l'empire n'est constitutionnel qu'en apparence. Dans la réalité l'autorité du Reichstag est limitée aux questions financières. Pour tout le reste, c'est l'Empereur et son chancelier qui exercent l'action dirigeante. En matière de politique étrangère surtout, l'initiative gouvernementale va très loin. La responsabilité ministérielle devant la représentation nationale n'existe pas (1).

Dans ces conditions on comprend que le rôle personnel de Guillaume II ait acquis une extrême importance dans la préparation de la guerre. A ce titre, il y a lieu d'étudier avec soin cette physionomie pleine de contrastes et qui a été si diversement jugée depuis des années.

---

(1) Cf. abbé Wetterlé, *Reichstag et chancelier*, *Revue hebd.*, 26 août 1916.

On lui reconnaît d'ordinaire de l'ouverture d'esprit, du sens d'assimilation et de compréhension, des éclairs de lucidité dépassant la moyenne. Mais son état physique n'est pas sans influer sur son humeur. Il a des hérédités morbides (1). On sait aussi qu'il a le bras gauche atrophié et une otite chronique. Il résulte de ce dernier fait un certain manque d'équilibre qui se traduit par de fréquentes inégalités de caractère. Parfois il est courtois, prévenant; il affecte une cordialité démonstrative; le lendemain on le voit acariâtre, dur, cassant, farouchement jaloux de son autorité. Il apparaît aussi inconstant que la mer qu'il affectionne. N'est-ce pas lui qui a prononcé le mot fameux *L'avenir de l'Allemagne est sur l'eau?* N'a-t-on pas vu avec quelque surprise ces mots écrits au fronton d'un pavillon allemand, lors de l'exposition de 1900?

Sa rapidité et sa facilité de compréhension lui ont permis d'effleurer l'universalité des sciences et des arts. Dans tous il a prétendu exceller. On l'a donc vu à la fois homme d'Etat, littérateur, orateur, prédicateur, critique dramatique, auteur comique, tragique, librettiste, compositeur, peintre, stratège et tacticien. On assure même que, dernièrement, il voulut conduire la charrue, à l'image de ce que faisait naguère le souverain de la Chine. Il a prétendu tout régir, de l'armée aux lettres et au théâtre, en passant par la chaire.

Au fond, son trait caractéristique est un immense orgueil. Il entend exercer une autorité despotique dans les domaines qui semblent s'y prêter le moins. Sa maxime favorite est que la volonté des rois est la loi suprême.

(1) Le frère de son grand-père, Frédéric-Guillaume IV, devint fou et fut remplacé par un régent. Ses deux cousins de Bavière, Othon et Louis, moururent fous.

Constamment il cherche et combine ses attitudes. C'est un *cabotin* couronné, avec toutes les tares, toutes les incertitudes morales que comporte ce mot.

Sa cordialité est de pure apparence, comme sa franchise. Le tout lui sert uniquement de moyens de séduction. Au fond il n'admire que la force et se tient toujours prêt à en abuser. Il dédaigne les faibles, tout en les flattant si l'occasion s'en présente; il se montre courtisan de l'opinion publique, même du dehors, mais il est prêt à la braver pour peu qu'il le juge utile (1). Il est implacable dans ses rancunes; sa religion, si elle est sincère, est surtout extérieure et se traduit volontiers en démonstrations tapageuses; cette piété de commande ne l'empêchera pas de fouler aux pieds les engagements les plus sacrés, les lois les plus vulgaires de l'humanité. Il est habitué, par la servilité de ceux qui l'entourent, à voir tout plier devant sa volonté. La fortune l'a gâté au point qu'il se considère comme infaillible; il n'est pourtant ni un surhomme ni surtout un demi-Dieu, comme on l'admettrait volontiers en Allemagne.

Longtemps il passa en Europe pour un défenseur de la paix, ce qui faillit lui valoir le prix Nobel. D'après le baron Beyens, le jubilé impérial de 1913 marqua une évolution complète dans ses dispositions pacifiques. La célébration de ses vingt-cinq premières années de règne coïncidait avec le centenaire de la guerre de l'Indépendance et aussi avec le vote d'une nouvelle loi militaire qui semblait devoir faire de l'armée allemande une force irrésistible. Il ne perdit aucune occasion d'évoquer les

(1) *Guillaume II*, d'après le baron Beyens, *Revue hebd.*, 23 octobre 1915, p. 425 et suiv.

souvenirs de 1813 (1), sans s'inquiéter de l'effet de ses rodomontades en Europe. Faut-il rappeler que le gouvernement français avait laissé passer, sans les célébrer, les centenaires d'Austerlitz et d'Iéna (2)?

Le 22 novembre 1913, M. Jules Cambon adressait au ministre des Affaires Etrangères la dépêche suivante :

« Je tiens d'une source absolument sûre la relation d'une conversation que l'Empereur aurait eue avec le roi des Belges, en présence du chef d'état-major général de Moltke, il y a une quinzaine de jours, conversation qui aurait, paraît-il, vivement frappé le roi Albert; je ne suis nullement surpris de son impression, qui répond à celle que moi-même je ressens depuis quelque temps: l'hostilité contre nous s'accentue et l'Empereur a cessé d'être partisan de la paix.

« L'interlocuteur de l'Empereur d'Allemagne pensait jusqu'ici, comme tout le monde, que Guillaume II, dont l'influence personnelle s'était exercée dans bien des circonstances critiques au profit du maintien de la paix, était toujours dans les mêmes dispositions d'esprit. Cette fois, il l'aurait trouvé complètement changé : l'Empereur d'Allemagne n'est plus à ses yeux le champion de la paix contre les tendances belliqueuses de certains partis allemands. Guillaume II en est venu à penser que la guerre avec la France est inévitable et qu'il faudra en venir là un jour ou l'autre. Il croit naturellement à la supériorité écrasante de l'armée allemande et à son succès certain.

(1) *Livre jaune*, dépêche de M. Jules Cambon, 17 mars 1913.

(2) En 1903, j'assistai officiellement aux manœuvres de l'armée suisse. Parmi les officiers étrangers figuraient l'un des généraux adjoints au chef d'état-major de l'armée prussienne. Au cours d'une conversation il me dit que, sans doute, nous célébrerions solennellement les grands anniversaires du Premier empire. J'étais convaincu du contraire et laissai tomber ses allusions.

« Le général de Moltke parla exactement comme son souverain. Lui aussi, il déclara la guerre nécessaire et inévitable, mais il se montra plus assuré encore du succès, « car, dit-il au roi, cette fois, il faut en finir, et Votre « Majesté ne peut se douter de l'enthousiasme irrésistible « qui, ce jour-là, entraînera le peuple allemand tout en- « tier. »

« Le roi des Belges protesta que c'était travestir les intentions du gouvernement français que les traduire de la sorte et se laisser abuser sur les sentiments de la nation française par les manifestations de quelques esprits exaltés ou d'intrigants sans conscience.

« L'Empereur et son chef d'état-major n'en persistèrent pas moins dans leur manière de voir... (1). »

On voit qu'à ce moment les intentions belliqueuses de Guillaume II sont nettement marquées. Il se peut, comme le croit M. Maurice Muret, qu'il y ait eu évolution dans sa pensée sous l'influence de son peuple, dont il connaissait les tendances hostiles à la France depuis 1911 au moins (2). L'un des traits de son caractère est en effet, nous l'avons dit, la recherche d'une popularité facile. Il se peut aussi que les aspirations guerrières du Kronprinz aient rejailli sur lui. C'est l'une des hypothèses qu'admet M. Jules Cambon dans la dépêche que nous avons citée :

« ...Au cours de cette conversation, l'Empereur était, du reste, apparu surmené et irritable. A mesure que les années s'appesantissent sur Guillaume II, les traditions familiales, les sentiments rétrogrades de la Cour, et surtout l'impatience des militaires prennent plus d'empire

(1) *Livre jaune*, p. 20 et 21.

(2) *L'évolution belliqueuse de Guillaume II*, *Journal des Débats* du 6 février 1917.

sur son esprit. Peut-être éprouve-t-il on ne sait quelle jalousie de la popularité acquise par son fils, qui flatte les passions des pangermanistes et ne trouve pas la situation de l'Empire dans le monde égale à sa puissance. Peut-être aussi la réplique de la France à la dernière augmentation de l'armée allemande... est-elle pour quelque chose dans ces amertumes, car, quoi qu'on dise, on sent qu'on ne peut guère aller plus loin.

« On peut se demander ce qu'il y a au fond de cette conversation. L'Empereur et son chef d'état-major général ont pu avoir pour objectif d'impressionner le roi des Belges et de le disposer à ne point opposer de résistance au cas où un conflit avec nous se produirait. Peut-être aussi voudrait-on la Belgique moins hostile à certaines ambitions qui se manifestent ici à propos du Congo belge, mais cette dernière hypothèse ne me paraît pas concorder avec l'intervention du général de Moltke (1). »

On doit dire que l'influence du parti de la guerre, la jalousie de Guillaume II vis-à-vis du Kronprinz n'ont peut-être pas été les seuls mobiles agissant sur l'Empereur. Au fond sa nature n'était nullement pacifique. Il arracha simplement en 1913 un masque qu'il s'était imposé depuis 25 ans (2). Comment croire à la sincérité de son attitude quand on l'a vu, depuis le mois d'août 1914, répéter sans se lasser qu'il n'a point voulu la guerre et qu'il l'a simplement subie? S'il ment en cette occasion, ce qui ne paraît pas douteux, n'a-t-il pas menti mille

(1) *Livre jaune, loc. cit.*

(2) C'est la thèse du *Journal du comte Axel von Schwering*, publié dans la presse anglaise et reproduit par les *Lectures pour tous*, 15 avril et 1er mai 1915, p. 861 et 945. L'authenticité de ce journal est d'ailleurs douteuse.

autres fois, en affirmant ses volontés pacifiques? Le prétendu « protecteur de la paix universelle » n'a jamais manqué une occasion de poser la main sur la poignée de son sabre et de l'agiter bruyamment dans le fourreau. Les démonstrations de Tanger et d'Agadir étaient-elles pacifiques? A Brême, avant de partir pour le Maroc, n'a-t-il pas prononcé des paroles inoubliables : « Le bon Dieu ne se serait jamais donné tant de peine pour notre patrie allemande, s'il ne nous avait réservé pour une grande destinée. Nous sommes le sel de la terre... Dieu nous a faits pour civiliser le monde (1) ». Qu'aurait pu dire de plus un souverain belliqueux et pangermaniste en pareille occasion?

On a vu quelles étaient les dispositions de Guillaume II à la fin de 1913. Il y a lieu de supposer qu'à la veille du conflit qui devait ensanglanter le monde, elles n'avaient fait que s'accentuer. Au cours d'une entrevue qui eut lieu le 12 juin 1914 au château de Konopicht entre l'Empereur et l'archiduc François-Ferdinand, alors héritier du trône des Habsbourgs, un pacte aurait été conclu en prévision d'une guerre européenne devant aboutir à l'écrasement de la France et de la Russie. Apprenant l'attentat de Serajevo, Guillaume se serait écrié : « Tout est à recommencer! » (2).

Selon une autre version, le résultat de l'entrevue aurait été tout différent. L'archiduc aurait refusé son concours au Kaiser. Sa femme, la duchesse de Hohenberg, n'aurait pas voulu user de son influence dans le sens souhaité par

(1) D'après le baron Beyens, *Revue hebd.*, 23 octobre 1915, p. 428.

(2) D'après M. A. Gauvain, des *Débats*, qui s'inspire d'une étude de M. H. Wickam dans la *Nineteenth Century*, du 1er février 1916. Cf. *La politique allemande en Orient*, par H. Bonnet, *Revue hebd.*, 29 avril 1916, p. 624-625.

l'Empereur, et ce dernier aurait quitté le château en déclarant que l'archiduc ne comprenait rien à la situation et serait toujours aveugle sur ses intérêts. L'attentat de Serajevo, commis dans les conditions les plus mystérieuses comme on sait, aurait débarrassé l'Empereur de cette opposition (1).

Cette version paraît moins admissible que la précédente et nous ne l'analysons que pour mémoire. Un seul fait paraît jusqu'ici hors de conteste, c'est que Guillaume II, en juin 1914, cherchait à mêler l'Autriche-Hongrie à ses projets de complications européennes (2).

II

En Allemagne, vers le milieu de l'année 1913, la population est partagée entre deux courants. La masse principale, nous l'avons dit déjà, est pacifique. Elle considère que la guerre serait un malheur social, que les hobereaux prussiens, les fabricants de matériel militaire en tireraient

---

(1) D'après *The near East from within*, par un Allemand désabusé, H. Bonnet, *loc. cit.*

(2) Citons encore, pour plus d'impartialité, deux témoignages contradictoires, mais d'inégale valeur, concernant Guillaume II. Dans une lettre à un compatriote fixé en Roumanie, un noble allemand écrit : « Combien il fut difficile à H. de convaincre notre empereur que le moment était venu de laisser se déclencher la guerre ! » (*Revue hebd.*, 18 septembre 1915, p. 418).

D'autre part, d'après une conversation qui aurait été tenue sur l'ordre du Kaiser avec le roi Carol de Roumanie, l'auteur de *The near East from within* mentionne que Guillaume II nourrissait une certaine jalousie à l'égard du Kronprinz. Il craignait son influence sur le parti pangermaniste et cette crainte le disposait aux aventures. Après avoir été le champion de la paix en Europe, il était saisi d'un désir forcené de la troubler. Il feignait de croire à des desseins agressifs de la Russie et de l'Angleterre. Le roi s'efforçait de le faire changer d'avis et en chargeait son interlocuteur.

le meilleur bénéfice et que les plus grands profits iraient à l'Angleterre.

Dans cette masse figurent, en premier lieu, la généralité des ouvriers et paysans, pacifiques d'instinct; puis la noblesse dégagée des intérêts de carrière militaire, engagée dans les affaires industrielles et assez éclairée pour comprendre les conséquences politiques et sociales d'une guerre, même victorieuse.

Beaucoup d'industriels, de commerçants et de financiers de moyenne importance pensent de même, parce que leurs entreprises vivent de crédit et sont surtout commanditées par des capitaux étrangers; de même encore les Polonais, les Alsaciens-Lorrains, les Danois du Schleswig, c'est-à-dire sept millions d'annexés. Enfin les gouvernements et les classes dirigeantes des Etats du Sud et de la Saxe sont partagés entre deux sentiments : une guerre malheureuse compromettrait les résultats acquis depuis 1870 et une guerre victorieuse ne profiterait qu'à la Prusse, contre laquelle ils défendent avec peine leur indépendance politique et leur autonomie administrative.

Mais le poids de ces divers éléments est faible dans la balance, en dépit de leur force numérique; leur crédit sur l'opinion est limité et leur sentiment n'a qu'une valeur passive. Ainsi des 110 députés socialistes, qui sont pacifistes pas vocation. Ils ne sauraient empêcher la guerre, qui ne dépend pas d'un vote du Reichstag. Dans ces conditions, le gros de leurs troupes ferait chorus avec le reste du pays.

En outre, ces partisans de la paix n'en croient pas moins à la guerre, comme à l'unique solution de la situation présente. Cette idée est si répandue que, dans certains contrats, notamment dans ceux d'éditeurs, on a introduit une clause de résiliation en cas de guerre.

Les partisans de la guerre, moins nombreux, sont beaucoup plus influents. Les hobereaux, représentés au Reichstag par les conservateurs, veulent éviter à tout prix l'impôt sur les successions, inévitable si la paix se prolonge et dont l'assemblée a voté le principe dans la dernière séance de la session. D'autre part, cette noblesse terrienne est une aristocratie militaire. La guerre seule peut faire durer son prestige et servir ses intérêts. Enfin cette classe sociale, qui forme une hiérarchie à la tête de laquelle est le roi de Prusse, constate avec terreur l'influence croissante des idées démocratiques en Allemagne et la force grandissante du parti socialiste. Non seulement ses intérêts matériels sont compromis par un « formidable mouvement hostile au protectionnisme agraire (1), mais sa représentation politique diminue à chaque législature. En 1878, 162 membres du Reichstag sur 397 appartenaient à la noblesse; en 1898, 83; en 1912, 57 dont 27 seulement siégeaient à droite.

La grande bourgeoisie, représentée par le parti national libéral, n'est pas moins inquiète de l'avenir. En 1871, elle avait 125 représentants au Reichstag, 155 en 1874, 99 en 1887, 45 en 1912. Elle voudrait trouver dans la guerre un remède à cet abandon croissant. En outre les grands industriels professent que leurs difficultés avec leurs ouvriers procèdent de la France, foyer révolutionnaire qui compromet leur tranquillité. Fabricants de canons et de plaques de blindage, grands banquiers spéculent sur la fructueuse moisson que leur apporterait une guerre.

Parmi les *Bismarckiens*, il faut compter les fonctionnaires représentés au Reichstag par les conservateurs

---

(1) Note du 30 juillet 1913 sur l'opinion publique en Allemagne, *Livre jaune*, p. 15-20.

libres ou parti d'Empire. Les Universités d'où ils proviennent développent en eux une idéologie guerrière. Les économistes y démontrent la nécessité pour l'Allemagne d'élargir son empire colonial et commercial. Des sociologues considèrent la paix armée comme un fardeau écrasant : « La France, en s'obstinant à vouloir la revanche, s'oppose au désarmement. Il faut une fois pour toutes la réduire à l'impuissance pour un siècle, c'est la meilleure et la plus rapide façon de résoudre la question sociale » (1).

Historiens, philosophes, publicistes et autres apologistes de la *Deutsche Kultur*, du *Deutschtum*, veulent imposer au monde la manière allemande de sentir et de penser. Ils prétendent conquérir la suprématie intellectuelle qui reste encore à la France.

Enfin les partisans de la guerre par rancune sont les plus dangereux. Ils se recrutent surtout parmi les diplomates qui accumulent et additionnent les griefs contre nous. Il leur faut une revanche, car ils se plaignent d'avoir été dupés lors des négociations marocaines.

L'état d'esprit qui vient d'être résumé allait encore s'accentuer de juillet 1913 à juin 1914. La trop rapide progression industrielle et commerciale de l'Allemagne, jointe au sentiment de malaise provenant de la situation politique, n'avait pas été sans susciter de sérieuses difficultés économiques. Un mois avant la guerre, le directeur de la Hamburg-Amerika, Albert Ballin, poussait un cri d'alarme, montrant que les grandes entreprises allemandes se débattaient péniblement, que les entreprises secondaires faisaient faillite, que de nombreux ouvriers chômaient et que des désastres financiers faisaient redou-

(1) Note du 30 juillet 1913, *Livre Jaune*, p. 19.

ter les pires catastrophes (1). L'urgence d'une solution radicale apparaissait.

En résumé, vers le milieu de 1914, les tendances des classes dirigeantes en Allemagne sont les suivantes : « L'homme d'affaires est impatient d'exploiter le monde; l'intellectuel a l'orgueil de dominer les autres esprits; la masse des travailleurs songe à exproprier et à asservir les autres travailleurs du globe (2) ».

III

L'annexion de l'Alsace-Lorraine est l'une des causes cachées, mais fondamentales, de la guerre. Selon le mot de Talleyrand, ce fut plus qu'un crime, une faute, un de ces anachronismes où s'empêtrent le défaut de psychologie et la gaucherie germaniques (3). Dès le premier moment, les deux provinces sœurs se révélèrent réfractaires à l'assimilation germanique, tentée, il faut bien le dire, avec la plus extrême maladresse et sans le moindre esprit de suite. Bien que, chez nous, l'oubli des malheurs de 1870-71 fût trop vite survenu et que les idées de revanche n'eussent jamais eu de popularité réelle, l'état d'esprit des pays annexés n'en créait pas moins entre nous et l'Allemagne un malaise qui excluait d'une façon absolue toute entente permanente des deux pays. Ils pouvaient avoir des relations courtoises, mais rien de plus.

L'annexion de la Bosnie-Herzégovine, beaucoup plus

(1) H. D. Davray, *Revue hebd.*, 3 avril 1915, p. 114 et suiv.

(2) H. Davray, *loc. cit.*, p. 117.

(3) De Lanzac de Laborie, *Les causes de l'incendie*, *Revue hebd.*, 17 juillet 1915, p. 316 et suiv., d'après l'*Histoire illustrée de la guerre de 1914*, par M. G. Hanotaux.

récente, eut un effet plus immédiat. En montrant que l'heure était venue de procéder au partage de l'empire turc, cet acte provoqua la mainmise de l'Italie sur la Tripolitaine, puis celle des puissances balkaniques sur la Macédoine, cause déterminante du conflit entre la Serbie et l'Autriche-Hongrie, c'est-à-dire de la guerre mondiale.

Le gouvernement austro-hongrois mena d'ailleurs cette affaire avec la brutale maladresse qui lui est habituelle. Quand, en 1875, la Russie lui laissait le champ libre en Bosnie-Herzégovine, la péninsule balkanique presque entière était soumise au joug accablant des Turcs. C'était donc un bonheur pour ces deux provinces que l'occupation autrichienne. Mais on les laissa indéfiniment privées de droits politiques, on maintint les Slaves de Croatie sous la domination des Magyars, ceux de Carniole et de Dalmatie sous celle des Autrichiens, tandis que la Serbie gagnait en ressources, en étendue, en esprit national. Les Bosniaques se sentirent de plus en plus attirés vers ces voisins de race identique, sans que la cruelle fourberie de la police et de la magistrature autrichiennes (1) pussent enrayer pareil mouvement. On se rendit compte, à Vienne, que le seul moyen était d'anéantir politiquement la Serbie. La diplomatie austro-hongroise y travailla plusieurs années avec des résultats négatifs. La Serbie sortit grandie des deux guerres balkaniques, mais l'Autriche-Hongrie n'en renonça pas davantage à ses projets. Les voies diplomatiques n'avaient conduit à rien; on allait, à la première occasion, employer la manière forte.

---

(1) Il suffit de rappeler les procès qui, comme celui d'Agram, déshonorèrent cette police et cette magistrature. Cf. *Livre jaune*, p. 50, 51, M. Jules Cambon à M. Bienvenu-Martin, 24 juillet.

Or, toute tentative armée contre la Serbie ne pouvait avoir que les plus graves conséquences. L'alliance autrichienne, conçue par Bismarck comme une mesure de précaution à l'égard de la Russie, était devenue la pierre angulaire de la politique étrangère allemande. Au temps du chancelier de fer, cette politique traitait légèrement la question d'Orient et s'attachait à ne pas provoquer une rupture avec la Russie, dont l'amicale neutralité avait seule permis les triomphes de 1870. Bismarck disparu, d'autres idées furent en faveur. On fit de la *Weltpolitik*, de la politique mondiale. La Turquie passa au premier plan des préoccupations allemandes, la Russie devint hostile et l'Allemagne solidaire des rancunes et des ambitions autrichiennes. La défaite morale qu'avait subie l'Autriche-Hongrie au cours des guerres balkaniques fut ressentie aussi cruellement à Berlin qu'à Vienne, et l'anéantissement de la Serbie indépendante entra dans le programme de chacune des deux puissances.

CHAPITRE IV

L'ATTENTAT DE SERAJEVO ET L'ULTIMATUM A LA SERBIE

L'attentat de Serajevo et son contre-coup immédiat. — L'ultimatum à la Serbie. — Effet produit en Europe. — Rupture avec la Serbie. — Déclaration de guerre à la Serbie. — Ultimatum à la Russie. — Déclaration de guerre de l'Allemagne à la Russie et à la France. — Violation de la neutralité belge. — L'Angleterre en guerre avec l'Allemagne.

I

Telle était la situation quand survint l'attentat de Serajevo. Le 28 juin 1914, l'archiduc héritier François-Ferdinand et son épouse morganatique, la duchesse de Hohenberg, étaient assassinés par deux sujets autrichiens de race serbe, dans des conditions au moins singulières et qui autorisent tous les doutes. La police serbe avait eu vent du complot. Elle en avertit la police austro-hongroise qui ne prit aucune précaution sérieuse. On a dit même que ses agents provocateurs coopérèrent à la préparation (1). La sensation fut immense dans la monarchie dualiste et eut un grand retentissement en Europe, où l'on s'inquiétait des répercussions de cet assassinat politique sur les relations internationales.

(1) Notons encore que les funérailles des deux victimes de l'attentat eurent lieu dans des conditions d'extrême simplicité, presque de négligence, qui paraissent au moins singulières.

Dès le 2 juillet, l'ambassadeur de France à Vienne, M. Dumaine, télégraphiait : « Le crime de Serajevo suscite les plus vives rancunes dans les milieux militaires autrichiens et chez tous ceux qui ne se résignent pas à laisser la Serbie garder dans les Balkans le rang qu'elle a conquis.

« L'enquête sur les origines de l'attentat qu'on voudrait exiger du gouvernement de Belgrade, dans des conditions intolérables pour sa dignité, fournirait, à la suite d'un refus, le grief permettant de procéder à une exécution militaire (1) ». C'était déjà, point par point, le programme de ce qui fut réalisé par la suite.

Tandis qu'on s'agitait à Vienne, sans en venir encore aux actes, on affectait la confiance à Berlin. Le sous-secrétaire d'Etat des Affaires Etrangères disait aux représentants de la France et de la Russie qu'il comptait sur la Serbie pour donner satisfaction à l'Autriche. Il ne paraissait pas partager les inquiétudes d'une partie de la presse allemande au sujet de la tension possible entre Vienne et Belgrade; du moins il en évitait l'apparence (2).

Entre temps la presse autrichienne entretenait contre la Serbie une campagne d'intimidation (3). Le ministre des Affaires étrangères de Russie, M. Sazonoff, signalait au représentant de l'Autriche-Hongrie l'irritation inquiétante que ces attaques risquaient de produire en Russie.

A Pétersbourg, le comte Czernin laissait entendre que, peut-être, le gouvernement austro-hongrois serait obligé

(1) *Livre jaune*, p. 25.

(2) *Livre jaune*, p. 26, M. de Manneville à M. René Viviani, 4 juillet.

(3) Cf. A. Gauvain, *Les origines de la guerre*, *Revue de Paris*, du 1er décembre 1914, p. 233, article de la *Reichspost*; *Livre bleu serbe*, nos 1 à 11.

« de rechercher sur le territoire serbe les instigateurs de l'attentat ». M. Sazonoff l'interrompit : « Aucun pays plus que la Russie n'a eu à souffrir des attentats préparés sur territoire étranger. Avons-nous jamais prétendu employer contre un pays quelconque les procédés dont vos journaux menacent la Serbie? Ne vous engagez pas dans cette voie ». C'était un avertissement méritant d'être pesé, si les intentions de l'Autriche-Hongrie étaient réellement pacifiques (1). On va voir quel compte elle en tint.

Pendant quelques jours le langage de la presse austro-hongroise devenait moins violent. On ne parlait plus de *démarche* à Belgrade, mais de pourparlers à engager. A la Chambre hongroise, M. Tisza se montrait très discret, sous prétexte d'attendre le résultat d'une enquête judiciaire en cours.

En dépit de ces apparences, le « gros public » croyait à la guerre et la redoutait. On annonçait, de source digne de foi, des préparatifs sur la frontière serbe et les fonds publics hongrois tombaient à des cours invraisemblables, le 4 p. 100 hongrois atteignant 79,95, le plus bas cours qu'il eût jamais coté. La possibilité que le gouvernement préparât *un coup* n'était pas exclue (2).

Tout donne à croire, d'ailleurs, que les Austro-Hongrois croyaient la France et la Russie hors d'état de dire leur mot dans les affaires européennes, pour des raisons matérielles et morales surtout, ce qui laisserait les mains

---

(1) *Livre jaune*, p. 25-26, M. Paléologue à M. René Viviani, 6 juillet.

(2) *Livre jaune*, p. 27, M. d'Apchier Le Maugin à M. René Viviani, 11 juillet. Au sujet de l'attitude incertaine du gouvernement autrichien, cf. A. Gauvain, *loc. cit.*, p. 235, 239; 2e *Livre gris belge*, n° 3, le ministre à Vienne à M. Davignon, 22 juillet 1914.

libres à l'Autriche (1). Le *Militärische Rundschau* le reconnaissait nettement : « L'instant nous est favorable. Si nous ne nous décidons pas à la guerre, celle que nous devrons faire dans deux ou trois ans au plus tard s'engagera dans des circonstances beaucoup moins propices. Actuellement, c'est à nous qu'appartient l'initiative : la Russie n'est pas prête, les facteurs moraux et le bon droit sont pour nous, de même que la force. Puisqu'un jour nous devons accepter la lutte, provoquons-la tout de suite... » De même l'officieuse *Neue Freie Presse* réclamait une *guerre au couteau* contre le panserbisme et « l'extermination de la maudite race serbe », le tout « au nom de l'humanité! » (2).

Le 20 juillet, une note de notre ambassade à Vienne précisait et renforçait ces conclusions. Nous aurions tort de nous en rapporter « aux semeurs d'optimisme : on exigera beaucoup de la Serbie, on lui imposera la dissolution de plusieurs sociétés de propagande, on la sommera de réprimer le nationalisme, de faire la police des écoles au point de vue anti-autrichien... ». Comment un gouvernement accepterait-il « de se faire ainsi le sergent de ville d'un gouvernement étranger? » On compte sur une réponse dilatoire de la Serbie. Aussi lui fixera-t-on un bref délai pour répondre oui ou non. La teneur de la note et son allure impérative garantissent presque sûrement un refus. « Alors on opérera militairement. »

---

(1) Le comte Tschirsky, ambassadeur d'Allemagne à Vienne se portait garant que la Russie n'interviendrait pas (D'après un rapport de l'ambassadeur de Russie, M. Schebeko, paru dans le *Livre orange*).

Cf. Livre bleu (complément), n° 71, 28 juillet; 2° *Livre gris belge*, n° 12, 28 juillet; *Livre bleu*, n° 28, 29 juillet; *Livre bleu serbe*, n° 52, 16 août.

(2) *Livre jaune*, p. 28, M. Dumaine à M. René Viviani, 15 juillet.

A Vienne, comme à Berlin, il y a un clan qui accepte l'idée d'une conflagration générale. On voudrait marcher avant que la Russie et la France aient mis au point leur organisation militaire. D'autres concéderaient au plus une opération localisée contre la Serbie. Mais toutes les solutions sont possibles. L'agence télégraphique officielle, au lieu de se borner aux journaux officieux et aux organes les plus importants, comme il est de règle, affecte de donner une large place aux plus ignorés de la presse serbe, ce qui permet d'exciter le sentiment public et de créer une opinion favorable à la guerre (1).

Tandis qu'à Vienne on préparait ainsi une rupture avec la Serbie, à Berlin on affectait une complète ignorance. M. de Jagow protestait contre cette idée qu'il en aurait la moindre connaissance, ce qui paraissait tout à fait invraisemblable à notre représentant, non sans droit. De plus, chose d'une gravité particulière, on avait déjà envoyé en Allemagne, aux classes appelées à les recevoir, les avis préliminaires de mobilisation destinés à mettre le pays dans une sorte de « garde à vous ». La mobilisation pouvait encore ne pas suivre, mais il n'en fallait pas moins avoir l'attention fixée dans cette direction (2).

Notons que, le surlendemain du jour (15 juillet) où M. Poincaré partait pour la Russie avec le Président du Conseil, ministre des Affaires étrangères, un Américain, M. Will Ed. Tjollrey, avait constaté des préparatifs militaires sur la frontière hollando-belge de l'Allemagne. Un

---

(1) Rapport consulaire du 20 juillet 1914, Extrait, *Livre jaune*, p. 29-30. Cf. *Livre rouge*, le baron de Giesl au comte Berchtold, 21 juillet, montrant que pour assurer l'existence de l'Autriche, il n'est qu'un moyen, une guerre avec la Serbie.

(2) *Livre jaune*, p. 30-31, M. Jules Cambon à M. Bienvenu-Martin, 21 juillet.

agent de police indiscret lui déclarait même que la guerre aurait lieu « dans dix jours » et un officier le lui confirmait (1).

De Berlin, notre ministère des Affaires étrangères apprenait que la Bourse avait été très faible le 20 juillet. On y avait toute raison de croire que, lorsque l'Autriche ferait à Belgrade la démarche attendue, l'Allemagne l'appuierait de son autorité, « sans chercher à jouer un rôle de médiation » (2).

Les journaux signalaient, à la date du 22 juillet, un entretien durant près de deux heures entre les généraux Conrad von Hœtzendorf et von Moltke, c'est-à-dire entre les deux chefs d'état-major des armées autrichienne et allemande (3).

De ce qui précède on peut conclure que les deux puissances centrales étaient d'accord pour imposer à la Serbie tout au moins une humiliation, et que l'Allemagne affectait l'ignorance afin de ne pas encourir la responsabilité d'une guerre éventuelle. Nous allons la voir constamment garder la même attitude, en dépit des efforts tentés par les puissances étrangères à la Triple Alliance, et même par l'Italie (4).

Quant au cabinet de Vienne, la supposition la plus favorable qu'on pût faire était que, débordé par la presse

---

(1) Lettre à M. Pichon, directeur du *Petit Journal*, reproduite par M. Jean-Bernard, *Histoire générale et anecdotique de la guerre de 1914*, p. 15 et 16. Cf. 2e *Livre gris belge*, le baron Lahure, consul de France, à Bruxelles à M. Klobukowski, 2 février 1915, au sujet d'indices de guerre recueillis « peu après » le 14 juillet 1914.

(2) *Livre jaune*, p. 31, circulaire de M. Bienvenu-Martin, 21 juillet.

(3) Le premier se serait rendu en automobile le 22, à Carlsbad, où était Moltke. Il en serait reparti dès la fin de l'entretien. Cf. *Livre bleu serbe*, n° 52, le ministre à Vienne au président du Conseil, 16 août.

(4) *Livre jaune*, p. 32, Circulaire de M. Bienvenu-Martin, 22 juillet.

et par le parti militaire, il cherchait à obtenir le maximum de la Serbie par voie d'intimidation et s'appuyait à cet effet sur l'Allemagne. L'ambassadeur de France recevait mission d'user de toute son influence sur le comte Berchtold pour lui représenter « combien la modération du gouvernement autrichien serait appréciée en Europe et quelle répercussion risquerait d'avoir une pression brutale sur la Serbie (1) ». Le ministre était à Ischl, prolongeant son séjour auprès de l'empereur François-Joseph, et l'on ne savait rien des décisions qu'il tentait d'obtenir du vieux souverain. On prêtait au gouvernement austro-hongrois l'intention d'agir avec la plus grande rigueur contre la Serbie, d'en finir avec elle, « de la traiter comme une autre Pologne ». Huit corps d'armée auraient été prêts à entrer en campagne, mais M. Tisza serait intervenu dans un sens modérateur, en raison de l'agitation très vive en Croatie.

L'ambassadeur d'Allemagne, von Tschirsky, se montrait partisan des solutions violentes, tout en laissant entendre que son gouvernement ne serait pas entièrement d'accord avec lui sur ce point (2). Il y avait là un nouvel indice du double jeu qu'allait constamment jouer le cabinet de Berlin. Notons encore que l'ambassadeur de Russie à Vienne, M. Schebeko, avait été si bien trompé par les déclarations rassurantes du ministère des Affaires étrangères qu'il était parti le 21 juillet pour la campagne. D'après lui, le gouvernement russe n'aurait aucune objec-

---

(1) Circulaire de M. Bienvenu-Martin, 21 juillet, déja citée.

(2) M. Dumaine à M. Bienvenu-Martin, 22 juillet, *Livre jaune*, p. 32-33. Au sujet de Tschirsky, cf. *Livre bleu*, *Complément*, n° 95, sir M. de Bunsen à sir E. Grey, 30 juillet; *Livre bleu serbe*, n° 52, le ministre à Vienne au Président du Conseil; 16 août; *Livre orange*, n° 41, 27 juillet, etc.

tion contre des démarches visant la punition des coupables et la dissolution des associations révolutionnaires, mais il ne saurait admettre des exigences humiliantes pour le sentiment national serbe (1).

A Londres, l'ambassadeur d'Allemagne, prince Lichnowsky, assurait au principal Secrétaire d'Etat pour les Affaires étrangères, sir E. Grey, que son gouvernement s'employait à retenir et à modérer le Cabinet de Vienne, mais que, jusqu'à présent, il n'y réussissait pas et qu'il n'était pas sans inquiétude sur les suites d'une démarche éventuelle auprès du gouvernement serbe. Il est permis d'émettre un doute sur la sincérité de cette déclaration, que les faits ultérieurs contrediront pleinement.

Sir E. Grey répondait qu'avant d'intervenir à Belgrade, le gouvernement austro-hongrois avait dû se renseigner pleinement sur les circonstances de l'attentat de Serajevo. S'il ne pouvait être prouvé que la responsabilité du gouvernement serbe y fût impliquée dans une certaine mesure, l'intervention du cabinet de Vienne ne se justifierait pas et soulèverait contre elle l'opinion de l'Europe.

L'ensemble de cette conversation laissait sir E. Grey sous une impression d'inquiétude qu'il ne cachait pas à M. Cambon. L'ambassadeur d'Italie à Londres partageait ce sentiment. De même pour le ministre de Serbie, qui considérait le calme régnant à Vienne comme de pure apparence et recouvrant les dispositions les plus foncièrement hostiles contre son pays.

De son côté, sir Grey, dans un entretien avec l'ambassadeur d'Autriche-Hongrie, le priait de recommander à son gouvernement de ne pas s'écarter de la prudence et

---

(1) M. Dumaine à M. Bienvenu-Martin, 22 juillet, dépêche citée.

de la modération nécessaires pour éviter de nouvelles complications (1).

A ce moment le gouvernement austro-hongrois affectait des dispositions plus conciliantes; un haut fonctionnaire du ministère, le baron Macchio, affirmait à notre ambassadeur que le ton de la note à la Serbie et les demandes qui y seraient formulées permettraient « de compter sur un dénouement pacifique ». Les traditions de la chancellerie austro-hongroise autorisaient à douter de ces assurances (2). A Munich, le président du Conseil déclarait avoir eu connaissance de la note autrichienne et la jugeait acceptable pour la Serbie. Il n'en considérait pas moins la situation comme très sérieuse (3). Est-il admissible que le gouvernement allemand ait ignoré cette note, ainsi qu'il le prétendait, alors que le cabinet de Munich en avait communication?

II

Le 24 juillet, à 1 heure du matin, au moment de quitter le sol russe, M. Viviani télégraphiait à M. Dumaine, par l'intermédiaire de M. Bienvenu-Martin : ainsi que M. Sazonoff, il croyait à propos de ne rien négliger pour prévenir une demande d'explication ou une mise en demeure, qui équivaudraient à une intervention dans les affaires intérieures de la Serbie et que celle-ci pourrait

---

(1) M. Paul Cambon à M. Bienvenu-Martin, 22 juillet, *Livre jaune*, p. 33-34.

(2) *Livre jaune*, p. 35, circulaire de M. Bienvenu-Martin, 23 juillet.

(3) *Livre jaune*, p. 35-36, M. Allizé à M. Bienvenu-Martin, 23 juillet.

considérer comme une atteinte à son indépendance. Une conversation amicale avec le comte Berchtold permettrait de lui donner des conseils de modération propres à assurer ce résultat. Mis au courant par M. Sazonoff, l'ambassadeur d'Angleterre estimait que son gouvernement se joindrait sans doute à une démarche de ce genre et télégraphiait dans ce sens à Londres.

L'ambassadeur de Russie à Vienne, M. Schebeko, avait reçu des instructions analogues, et M. Dumaine était invité à s'entendre avec lui, ainsi qu'avec l'ambassadeur d'Angleterre, pour chercher le meilleur moyen de faire entendre sans retard des conseils de modération au comte Berchtold (1).

Ces instructions tardives ne pouvaient plus avoir aucun résultat. En effet, le jour même, M. Bienvenu-Martin télégraphiait à M. Viviani, déjà embarqué sur la *France*, que la note autrichienne avait été remise le 23 juillet à 6 heures du soir à Belgrade. Communication en était donnée à M. Bienvenu-Martin le lendemain dans la matinée (10 h. 30). On va pouvoir juger de la modération dont s'était porté garant le baron Macchio :

« Le 31 mars 1909, le ministre de Serbie à Vienne a fait, d'ordre de son gouvernement, au gouvernement impérial et royal, la déclaration suivante :

« La Serbie reconnaît qu'elle n'a pas été atteinte dans ses droits par le fait accompli créé en Bosnie-Herzégovine et qu'elle se conformera par conséquent à telle décision que les puissances prendront par rapport à l'article XXV du traité de Berlin. Se rendant aux conseils des grandes

(1) *Livre jaune*, p. 39.

puissances, la Serbie s'engage dès à présent à abandonner l'attitude de protestation et d'opposition qu'elle a observée à l'égard de l'annexion depuis l'automne dernier et elle s'engage, en outre, à changer le cours de sa politique actuelle envers l'Autriche-Hongrie pour vivre désormais avec cette dernière sur le pied d'un bon voisinage.

« Or, l'histoire des dernières années, et notamment les événements douloureux du 28 juin, ont démontré l'existence en Serbie d'un mouvement subversif dont le but est de détacher de la monarchie austro-hongroise certaines parties de ses territoires. Ce mouvement, qui a pris jour sous les yeux du gouvernement serbe, est arrivé, à se manifester au delà du territoire du royaume par des actes de terrorisme, par une série d'attentats et par des meurtres.

« Le gouvernement royal serbe, loin de satisfaire aux engagements formels contenus dans la déclaration du 31 mars 1909, n'a rien fait pour supprimer ce mouvement. Il a toléré l'activité criminelle des différentes sociétés et affiliations dirigées contre la monarchie, le langage effréné de la presse, la glorification des auteurs d'attentats, la participation d'officiers et de fonctionnaires dans des agissements subversifs, une propagande malsaine dans l'instruction publique, toléré enfin toutes les manifestations qui pourraient induire la population serbe à la haine de la monarchie et au mépris de ses institutions.

« Cette tolérance coupable du gouvernement royal de Serbie n'avait pas cessé au moment où les événements du 28 juin dernier en ont démontré au monde entier les conséquences funestes.

« Il résulte des dépositions et aveux des auteurs criminels de l'attentat du 28 juin que le meurtre de Serajevo a été tramé à Belgrade, que les armes et explosifs dont les meurtriers ont été munis leur ont été donnés par des officiers et fonctionnaires serbes faisant partie de la « Narodna Odbrana (1) » et enfin que le passage en Bosnie des criminels et de leurs armes a été organisé et effectué par des chefs du service frontière serbe.

« Les résultats mentionnés de l'instruction ne permettent pas au gouvernement impérial et royal de poursuivre plus longtemps l'attitude de longanimité expectative qu'il avait observée pendant des années vis-à-vis des agissements concentrés à Belgrade et propagés de là sur les territoires de la monarchie; ces résultats lui imposent au contraire le devoir de mettre fin à des menées qui forment une menace perpétuelle pour la tranquillité de la monarchie.

« C'est pour atteindre ce but que le gouvernement impérial et royal se voit obligé de demander au gouvernement serbe l'énonciation officielle qu'il condamne la propagande dirigée contre la monarchie austro-hongroise, c'est-à-dire l'ensemble des tendances qui aspirent en dernier lieu à détacher de la monarchie des territoires qui en font partie, et qu'il s'engage à supprimer, par tous les moyens, cette propagande criminelle et terroriste.

« Afin de donner un caractère solennel à cet engagement, le gouvernement royal de Serbie fera publier à la première page du *Journal officiel* en date du 13/26 juillet l'énonciation suivante :

« Le gouvernement royal de Serbie condamne la propagande dirigée contre l'Autriche-Hongrie, c'est-à-dire l'ensemble des tolérances (tendances?) qui aspirent en

(1) *Défense Nationale.*

dernier lieu à détacher de la monarchie austro-hongroise des territoires qui en font partie, et il déplore sincèrement les conséquences funestes de ces agissements criminels.

« Le gouvernement royal regrette que des officiers et fonctionnaires serbes aient participé à la propagande susmentionnée et compromis par là les relations de bon voisinage auquel le gouvernement royal s'était solennellement engagé par ses déclarations du 31 mars 1909.

« Le gouvernement royal, qui désapprouve et répudie toute idée ou tentative d'immixtion dans les destinées des habitants de quelque partie de l'Autriche-Hongrie que ce soit, considère (comme) de son devoir d'avertir formellement les officiers, les fonctionnaires et toute la population du royaume que, dorénavant, il procédera avec la dernière rigueur contre les personnes qui se rendraient coupables de pareils agissements, agissements qu'il mettra tous ses efforts à prévenir et à réprimer. »

« Cette énonciation sera portée simultanément à la connaissance de l'armée royale par un ordre du jour de S. M. le roi et sera publiée dans le *Bulletin officiel de l'armée*.

« Le gouvernement royal serbe s'engage en outre :

« 1° A supprimer toute publication qui excite à la haine et au mépris de la monarchie, et dont la tendance générale est dirigée contre son intégrité territoriale.

« 2° A dissoudre immédiatement la société dite « Narodna Odbrana », à confisquer tous ses moyens de propagande et à procéder de la même manière contre les autres sociétés et affiliations en Serbie qui s'adonnent à la propagande contre la monarchie austro-hongroise; le gouvernement royal prendra les mesures nécessaires pour que les sociétés dissoutes ne puissent pas continuer leur activité sous un autre nom et une autre forme.

« 3° A éliminer sans délai de l'instruction publique en Serbie, tant en ce qui concerne le corps enseignant que les moyens d'instruction, tout ce qui sert ou pourrait servir à fomenter la propagande contre l'Autriche-Hongrie.

« 4° A éloigner du service militaire et de l'administration en général tous les officiers et fonctionnaires coupables de la propagande contre la monarchie austro-hongroise et dont le gouvernement impérial et royal se réserve de communiquer les noms et les faits au gouvernement royal.

« 5° A accepter la collaboration en Serbie des organes du gouvernement impérial et royal dans la suppression du mouvement subversif dirigé contre l'intégrité territoriale de la monarchie.

« 6° A ouvrir une enquête judiciaire contre les partisans du complot du 28 juin se trouvant sur territoire serbe; des organes délégués par le gouvernement impérial et royal prendront part aux recherches y relatives.

« 7° A procéder d'urgence à l'arrestation du commandant Voja Tankosic et du nommé Milan Ciganovic, employé de l'Etat serbe, compromis par les résultats de l'instruction de Serajevo.

« 8° A empêcher, par des mesures efficaces, le concours des autorités serbes dans le trafic illicite d'armes et d'explosifs à travers la frontière; à licencier et à punir sévèrement les fonctionnaires du service frontière de Schabatz et de Loznica coupables d'avoir aidé les auteurs du crime de Serajevo en leur facilitant le passage de la frontière.

« 9° A donner au gouvernement impérial et royal des

explications sur les propos inqualifiables de hauts fonctionnaires serbes tant en Serbie qu'à l'étranger qui, malgré leur position officielle, n'ont pas hésité, après l'attentat du 28 juin, de (à) s'exprimer dans des interviews d'une manière hostile envers la monarchie austro-hongroise.

« 10° D'avertir, sans retard, le gouvernement impérial et royal de l'exécution des mesures comprises dans les points précédents.

« Le gouvernement impérial et royal attend la réponse du gouvernement royal au plus tard jusqu'au samedi 25 de ce mois, à 5 heures du soir... (1). »

Une annexe relevait sommairement les faits à la charge de divers fonctionnaires ou officiers serbes. Un commentaire accompagnait également la note communiquée au gouvernement français et aux autres puissances, développant quelques-uns des points visés dans l'ultimatum. On y célébrait notamment « la longanimité du gouvernement impérial et royal à l'égard de l'attitude provocatrice de la Serbie », puis « la bienveillance manifestée par l'Autriche-Hongrie » vis-à-vis de cet Etat. On escomptait à l'avance, non sans quelque hardiesse, le plein accord de l'Autriche « avec les sentiments de toutes les nations civilisées », quand elle entreprenait cette démarche.

---

(1) Délai porté ensuite à 6 heures du soir (*Livre jaune*, p. 40-43).

D'après le *Livre bleu serbe* (n° 52, 16 août), l'ultimatum aurait été rédigé par le comte Forgach, avec la collaboration probable du comte von Tschirsky, ambassadeur d'Allemagne à Vienne. Cf. une correspondance du *Journal de Genève* analysée dans les *Débats* du 9 septembre 1914, d'après laquelle le texte aurait été rédigé par Tschirsky et ses termes approuvés à Berlin avant d'être envoyés à Belgrade; *Livre bleu. Complément*, n° 95, sir M. de Bunsen à sir E. Grey, 30 juillet 1914. 2e *Livre gris belge*, n° 8, 26 juillet.

Le fond et la forme de cette communication destinée à un si grand retentissement étaient également inusités. On ne peut les expliquer que par deux hypothèses : le cabinet de Vienne estimait que la Serbie prendrait peur et accepterait pleinement les exigences autrichiennes, ce qui équivaudrait à en faire un état vassal de la monarchie bicéphale, c'est-à-dire à réaliser la mainmise de l'Autriche sur les Balkans; ou la Serbie résisterait avec l'appui moral de la Russie et il en résulterait une guerre, localisée ou non. Dans les deux cas, la superbe austro-hongroise ne permettait pas qu'on mît en doute le succès. D'après l'ensemble des faits, c'est la deuxième hypothèse que paraît avoir surtout envisagée le gouvernement austro-hongrois.

Tous les termes de l'ultimatum étaient en effet calculés pour blesser le sentiment national serbe et, par contre-coup, celui de la Russie. C'était une véritable amende honorable qu'on exigeait du gouvernement de Belgrade et du vieux souverain, à l'occasion d'un fait auquel rien ne pouvait faire supposer qu'ils fussent mêlés. Dans ces conditions, exiger la publication d'excuses au *Journal officiel*, au *Bulletin officiel de l'armée* et leur mise à l'ordre par le roi était abuser de la manière la plus choquante de l'immense infériorité des forces serbes.

L'ensemble de ces communications portait la marque indélébile de l'administration austro-hongroise, ce mélange de naïve fourberie et d'arrogance sans mesure qui lui sont habituels dans ses relations avec les Etats vassaux. Oser parler de la bienveillance, de la longanimité manifestées en toute occasion par le cabinet de Vienne vis-à-vis de la Serbie, était vraiment abuser de la crédulité européenne. Chacun savait comment, depuis octobre 1912, début des guerres balkaniques, l'Autriche-Hongrie avait cherché avec persévérance et souvent rencontré les moyens d'être désagréable au petit Etat voisin ou de nuire à ses intérêts. C'est poussée par elle que la Bulgarie avait entrepris la guerre balkanique; c'est devant ses volontés que l'Europe s'était inclinée pour refuser à la Serbie l'accès de la mer Adriatique.

En outre les exigences politiques de l'Austro-Hongrie étaient inadmissibles. A les accepter, la Serbie eût consenti à tomber au rang de vassal. Ainsi, elle eût promis d'éloigner du service et de l'administration tous les officiers et fonctionnaires capables de propagande anti-autrichienne, en acceptant de recevoir leurs noms du gouvernement de Vienne. Le vague des termes faisait que ce renvoi pouvait devenir général et conduire à la désorganisation de la Serbie.

De même cet Etat eût accepté la collaboration, *en Serbie*, de fonctionnaires et d'officiers austro-hongrois pour la répression de menées hostiles à la monarchie dualiste. Cette exigence, à elle seule, était inconciliable avec l'indépendance serbe.

On peut en dire autant des clauses de l'article 6 prévoyant une enquête judiciaire en Serbie contre les auteurs du complot du 28 juin, ce qui était tout naturel, mais avec la collaboration de délégués austro-hongrois, ce qui ne se justifiait en aucune façon pour un Etat libre.

Ajoutons que, visiblement, l'assassinat du 28 juin, dont le factum austro-hongrois fait un simple *meurtre*, n'est que l'occasion de cette attaque par intimidation contre la Serbie. Il paraît avoir beaucoup moins d'importance aux yeux du cabinet de Vienne que les menées hostiles à l'intégrité de la monarchie austro-hongroise (1).

(1) Notons que, d'après une dépêche du baron Beyens à M. Davi-

En dehors de l'Allemagne, l'ultimatum du 23 juillet soulevait une émotion d'autant plus vive qu'on croyait généralement jusqu'alors à un dénouement pacifique. A Paris, au ministère des Affaires étrangères, on signalait à l'ambassadeur d'Autriche l'impression d'inquiétude éveillée par les informations déjà publiées sur le contenu de la note autrichienne. L'opinion française ne manquerait pas d'éprouver un sentiment pénible à voir choisir, pour une démarche si grave et à si court délai, le moment où le Président de la République et le Président du Conseil étaient en mer, c'est-à-dire hors d'état d'exercer l'action modératrice si désirable dans l'intérêt de tous (1). A M. Vesnitch, ministre de Serbie, qui demandait des conseils, on suggérait d'offrir immédiatement satisfaction sur tous les points qui n'étaient pas inconciliables avec la dignité et la souveraineté de la Serbie; tout en étant prête à sévir contre tous les complices d'un crime qu'elle réprouvait hautement, cette monarchie demanderait à être mise au courant des preuves et témoignages recueillis. Elle chercherait surtout à éviter le contact direct de l'Autriche, en se déclarant disposée à soumettre le différend à l'arbitrage de l'Europe (2).

De Vienne, on mandait que l'opinion avait été « surprise par la soudaineté et l'exagération des demandes

gnon, 25 juillet 1914 (2e *Livre gris belge*, n° 6) ce serait moins le désir de venger la mort de l'archiduc et de mettre un terme à la propagande panserbiste que le souci de sa réhabilitation personnelle comme homme d'Etat qui aurait poussé Berchtold à envoyer cette « note incroyable et sans précédent diplomatique ».

(1) *Livre jaune*, p. 45-46, M. Bienvenu-Martin à M. Viviani, 24 juillet.

(2) *Livre jaune*, p. 46-47. M. Bienvenu-Martin à M. Thiébaut, ministre de France à Stockholm, pour le Président du Conseil. Cf. *Livre bleu, Complément*, n° 12, sir E. Grey à M. Crackanthorpe, 24 juillet.

autrichiennes, mais que le parti militaire paraissait craindre surtout la capitulation de la Serbie », pour des raisons aisées à concevoir.

De Rome, M. Barrère écrivait que l'Italie agissait à Vienne dans un sens modérateur. On savait déjà qu'elle n'avait été ni pressentie ni même avertie au sujet de l'ultimatum (1).

A 5 heures du soir, l'ambassadeur d'Allemagne, M. de Schœn, était reçu par M. Bienvenu-Martin, sur sa demande. Il donnait connaissance au ministre, sans vouloir en laisser copie, d'une note significative de son gouvernement.

Après quelques appréciations tendancieuses au sujet des menées serbes et de l'attentat du 21 juin, la note s'exprimait à peu près textuellement comme il suit : «...La conduite de même que les revendications du gouvernement austro-hongrois doivent être considérées comme justifiées. Cependant l'attitude que l'opinion publique aussi bien que le gouvernement ont adoptée ces derniers temps en Serbie n'exclut pas la crainte que le gouvernement serbe se refusera à accéder à ces réclamations et même qu'il se laissera entraîner à une attitude provocatrice à l'égard de l'Autriche-Hongrie. Si celle-ci ne veut pas renoncer définitivement à son rang de grande puissance, il ne restera au gouvernement austro-hongrois plus rien d'autre à faire qu'à poursuivre ses revendications auprès du gouvernement serbe, en exerçant une forte pression et au besoin en prenant des mesures nécessaires dont le choix des moyens doit lui être laissé. »

La note se terminait par les deux paragraphes textuels

---

(1) *Livre jaune*, p. 46-47. M. Bienvenu-Martin, circulaires nos 26 et 27, 24 juillet.

ci-après, sur l'importance desquels M. de Schœn attirait tout particulièrement l'attention du ministre : « Le gouvernement allemand estime que la question actuelle est une affaire à régler exclusivement entre l'Autriche-Hongrie et la Serbie, et que les Puissances ont le plus sérieux intérêt à la restreindre aux deux parties intéressées.

« Le gouvernement allemand désire ardemment que le conflit soit localisé, toute intervention d'une autre Puissance devant, par le jeu naturel des alliances, provoquer des conséquences incalculables » (1).

On saisit là, sur le fait, une nouvelle preuve du double jeu que joue alors l'Allemagne. Au lieu de modérer les exigences de l'Autriche, comme elle le prétend, elle exagère, jusqu'à l'invraisemblance, l'attitude que pourrait prendre la Serbie vis-à-vis de son puissant voisin. Comment ce petit Etat, dans de telles circonstances, pourrait-il risquer une *attitude provocatrice?*

D'autre part, le gouvernement allemand procède par intimidation sur nous et sur la Russie. Prétendre que le différend actuel concerne seulement la Serbie et l'Autriche-Hongrie, c'est nier l'évidence, à savoir que toutes les grandes Puissances ont des intérêts plus ou moins importants dans les Balkans et que l'ultimatum est de nature à leur porter un préjudice au moins moral.

M. Bienvenu-Martin faisait remarquer à M. de Schœn combien il semblait difficile qu'on exigeât de la Serbie autre chose que la répression de l'attentat de Serajevo. A compromettre la dignité et la souveraineté serbes, le gou-

(1) Cette communication procédait d'une circulaire du chancelier aux ambassadeurs à Paris, Londres et Pétersbourg, 23 juillet (*Livre blanc*), circulaire dont le passage essentiel reproduit le texte communiqué à M. Bienvenu-Martin.

vernement du roi Pierre risquerait une révolution. D'ailleurs la note allemande ne visait que deux hypothèses : un refus pur et simple ou une attitude provocatrice de la Serbie. N'y en avait-il pas une troisième, à envisager en tous cas : celle d'une acceptation, le cabinet de Belgrade s'engageant à donner toutes les satisfactions, toutes les garanties compatibles avec sa souveraineté et sa dignité?

M. de Schœn reconnaissait la valeur de ces considérations et déclarait vaguement que l'espoir restait toujours possible. Ce n'était pas se compromettre. Comme M. Bienvenu-Martin lui demandait si la note autrichienne avait le caractère d'une simple mise en demeure, permettant une discussion, ou d'un ultimatum, il répondait bonnement qu'il n'avait pas d'avis personnel (1).

Dès ce moment, on voit la tactique du gouvernement allemand se dessiner nettement. Il affecte de rester dans la coulisse, laissant à son allié les responsabilités apparentes, mais il s'abstient de tout ce qui pourrait diminuer les chances de conflit. Ses efforts réels viseraient plutôt à l'aggraver.

De Berlin, M. Jules Cambon signalait la « profonde émotion » causée par l'ultimatum. L'ambassadeur autrichien déclarait que son gouvernement ne pourrait rien changer à ses exigences. A la Wilhelmstrasse et dans la presse, on affectait de penser de même.

La plupart des représentants étrangers présents à Ber-

(1) *Livre jaune*, p. 48-49. M. Bienvenu-Martin, circulaire, 24 juillet. Contre toute vraisemblance, le comte Szécsen écrivait au comte Berchtold, le 24 juillet (*Livre rouge*, n° 13) que, d'après une déclaration de M. Bienvenu-Martin à M. de Schœn, « le gouvernement français, lui aussi, était d'avis que la controverse avec la Serbie ne concernait que Belgrade et Vienne ».

lin manifestaient déjà peu d'espoir dans une issue pacifique. Celui de la Russie inclinait à penser qu'une grande partie de l'opinion allemande souhaitait la guerre et voudrait saisir cette occasion (1).

A M. Jules Cambon, M. de Jagow affirmait de nouveau, tout en approuvant pleinement l'ultimatum (1), que le cabinet de Berlin avait totalement ignoré les exigences autrichiennes. Aux observations de notre ambassadeur sur leur nature et sur la brièveté du délai imparti à la Serbie, il répondait qu'il s'attendait bien à « un peu d'émotion » de la part des amis de la Serbie, mais qu'il comptait sur leurs bons conseils à cette Puissance.

M. Jules Cambon objectant que, si l'on attendait des conseils à Belgrade, il serait naturel d'en donner soi-même à Vienne, M. de Schœn se laissait aller à dire que cela dépendait des circonstances. Puis, se reprenant aussitôt, il déclarait que l'affaire devait être localisée, suivant la thèse favorite de la chancellerie impériale.

Pour notre ambassadeur, tout indiquait que l'Allemagne se disposait à soutenir de la façon la plus énergique l'attitude de l'Autriche. « La faiblesse, manifestée depuis quelques années par l'alliée austro-hongroise, affaiblissait la confiance que l'on avait ici en elle. On la trouvait lourde à traîner. Les mauvais procès, comme l'affaire d'Agram et l'affaire Friedjung, rendaient sa police odieuse en la couvrant de ridicule. On ne lui demandait que d'être

(1) *Livre jaune*, p. 49-50, M. Jules Cambon à M. Bienvenu-Martin, 24 juillet.

(2) Vis-à-vis du représentant de la Grande-Bretagne, le langage était tout autre : « Le secrétaire d'Etat m'a avoué confidentiellement qu'il pensait que la note laissait beaucoup désirer comme document diplomatique ». Il n'en avait eu aucune connaissance préalable (*Livre bleu*, n° 7, sir H. Rumbold à sir E. Grey, 25 juillet). *Cf. ibid.*, n° 23, sir E. Grey à sir E. Goschen, 27 juillet.

forte, mais l'on est satisfait qu'elle soit brutale (1). » Peut-être M. Cambon exagère-t-il *la faiblesse* manifestée précédemment par l'Autriche. Comment la concilier avec les menaces de guerre que cette puissance fit constamment peser sur l'Europe depuis octobre 1912 jusqu'à son ultimatum à la Serbie? (2).

Si Berlin était énigmatique, Pétersbourg se montrait « des plus pacifiques ». Mais l'opinion russe n'était nullement disposée à tolérer que l'Autriche fît violence à la Serbie. M. Paléologue, notre ambassadeur, estimait que, seule, la solidarité de la Triple Entente pourrait, en s'affirmant, empêcher les Puissances germaniques d'accentuer leur attitude (3).

Malheureusement, à cet instant si grave, la solidarité de l'Entente se révélait moindre qu'il n'eût fallu. Il ne semblait même pas qu'il y eût parfaite unité de vues entre le gouvernement britannique et son représentant à Pétersbourg.

Sir Ed. Grey affirmait le désir de ne rien négliger pour conjurer la crise. D'accord avec M. Jules Cambon, il pensait que le Cabinet anglais pourrait demander au gouvernement allemand de prendre l'initiative d'une démarche à Vienne pour offrir la médiation, entre l'Autriche et la Serbie, des quatre puissances directement intéressées (4).

C'était, semble-t-il, pousser la naïveté un peu loin que demander la participation de l'Allemagne à une démar-

(1) *Livre jaune*, p. 50-51, M. Jules Cambon à M. Bienvenu-Martin, 24 juillet.

(2) V. *supra*, p. 98.

(3) *Livre jaune*, p. 51-52, M. Paléologue à M. Bienvenu-Martin, 24 juillet.

(4) *Livre jaune*, p. 52-53, M. Paul Cambon à M. Bienvenu-Martin, 24 juillet.

che dirigée en réalité contre l'Autriche. La thèse constante du Cabinet de Berlin avait été jusqu'alors que l'affaire devait être localisée entre l'Autriche et la Serbie. La médiation proposée eût été le contraire.

Tout en considérant la situation comme « des plus graves » et ne présentant aucune issue favorable, sir Ed. Grey, M. Paul Cambon et le représentant de la Russie, comte Benckendorff ne voyaient d'autre solution que d'offrir la médiation dont nous avons parlé. A défaut, M. Cambon proposait l'intervention officieuse du Cabinet de Berlin à Vienne pour empêcher une attaque subite (1). Cette combinaison n'avait pas plus chance de réussir que la précédente.

A cette même date du 24 juillet, M. Sazonoff posait la question sur un terrain plus sûr. A l'ambassade de France, où il avait prié l'ambassadeur de la Grande-Bretagne de se rendre, il lui déclarait que la conduite de l'Autriche était à la fois provocante et immorale. Elle n'aurait jamais agi ainsi sans consulter l'Allemagne au préalable. Quelques-unes de ses demandes étaient purement inadmissibles. M. Sazonoff espérait donc que, devant cette menace de guerre, le gouvernement britannique ne manquerait pas de prononcer sa solidarité avec la Russie et la France.

M. Paléologue donnait à entendre que la France remplirait, si cela devenait nécessaire, toutes les obligations que lui imposait son alliance avec la Russie; en outre, elle seconderait fortement son alliée dans toutes les négociations.

Quant à sir G. Buchanan, faute d'instructions, il ne pouvait parler au nom de son gouvernement; mais, per-

---

(1) *Livre jaune*, p. 52-53, dépêches nos 32 et 33 de M. Paul Cambon à M. Bienvenu-Martin.

sonnellement, il ne voyait « aucune raison de s'attendre à une déclaration de solidarité » de la Grande-Bretagne, entraînant l'engagement absolu de soutenir la Russie et la France par la force. « Les intérêts directs de la Grande-Bretagne en Serbie étaient nuls, et une guerre en faveur de ce pays ne serait jamais sanctionnée par l'opinion britannique ». M. Sazonoff eut beau jeu pour répliquer : c'était la question générale européenne qui s'ouvrait, l'affaire de Serbie n'en formant qu'une partie. Dès lors, l'Angleterre ne pouvait pratiquement s'en désintéresser.

Devant l'insistance de notre ambassadeur et de M. Sazonoff, sir G. Buchanan déclarait que, peut-être, sir Edward Grey consentirait à faire de fortes représentations aux deux Puissances germaniques, en objectant qu'une attaque de la Serbie par l'Autriche mettrait en danger la paix de l'Europe et pourrait déclencher l'intervention anglaise. M. Sazonoff persistait à penser, avec toute raison, que la Grande-Bretagne rendrait la guerre plus probable si, dès le début, elle ne faisait pas cause commune avec son pays et avec la France (1).

On voit que l'Entente trahissait alors une des faiblesses qui devaient paralyser son action ou tout au moins l'affaiblir pendant une grande partie de la guerre. Alors que l'Allemagne et l'Autriche-Hongrie obéissaient visiblement à la même impulsion, les trois Puissances occidentales étaient trop souvent tiraillées dans plusieurs directions. Le résultat ne pouvait être que fâcheux.

Cependant, le bruit de la démarche de M. de Schœn avait couru dans Paris, peut-être à la suite d'une indis-

(1) *Livre bleu*, n° 4, sir G. Buchanan à sir Edw. Grey, 24 juillet. Cf. 2e *Livre gris belge*, n° 14, le baron Beyens à M. Davignon, 29 juillet.

crétion de l'ambassade allemande elle-même, et l'*Echo de Paris* du 25 juillet la qualifiait de « menace ». L'ambassadeur venait, à midi, protester aux Affaires étrangères contre cette expression et, de nouveau, affirmait qu'il n'y avait pas eu « concert » entre l'Autriche et l'Allemagne. Le gouvernement allemand ignorait l'ultimatum, bien qu'il l'eût approuvé ultérieurement. Nous avons dit pourquoi cette affirmation était très probablement inexacte.

Quant à la « menace » que niait également M. de Schœn, le directeur politique, M. Berthelot, faisait remarquer à l'ambassadeur que les termes mêmes des deux derniers paragraphes de sa note indiquaient la volonté de s'interposer entre les Puissances et l'Autriche. Aucune confidence n'ayant été faite à aucun journaliste par les Affaires étrangères, l'information de l'*Echo de Paris* marquait seulement que la démarche allemande paraissait avoir été connue autre part qu'au Quai d'Orsay. M. de Schœn ne relevait pas cette allusion.

A Londres, l'ambassadeur d'Autriche s'efforçait aussi de rassurer sir Edward Grey, disant que la note ne constituait pas un ultimatum, mais une « demande de réponse avec limitation de temps ». Si les exigences autrichiennes n'étaient pas acceptées le soir même, à six heures, le représentant austro-hongrois quitterait Belgrade et le gouvernement commencerait la « préparation » militaire, mais non les « opérations » (1). On va voir ce qu'il y avait d'exact dans cette assurance.

Comme les cabinets de Paris et de Pétersbourg, celui de Londres donnait les conseils les plus prudents à Bel-

---

(1) Cf. *Livre bleu, Complément*, n° 25, sir E. Grey à sir H. Rumbold, 25 juillet.

grade : il fallait céder sur tous les points où ce serait possible (1). A l'ambassadeur d'Allemagne, prince Lichnowsky, sir E. Grey déclarait que la raideur de la note autrichienne et la brièveté du délai amènerait sans doute une tension. L'unique moyen d'éviter un conflit serait alors une médiation des quatre Puissances non intéressées, l'Allemagne seule pouvant exercer dans ce sens une action sur le Cabinet de Vienne.

L'ambassadeur promettait de transmettre cette suggestion à Berlin, tout en laissant entendre que l'Allemagne ne se prêterait à aucune démarche à Vienne. Sir E. Grey ne lui cachait pas que, si la guerre venait à éclater, aucune Puissance en Europe ne pourrait s'en désintéresser (2).

De son côté, le gouvernement russe s'efforçait d'obtenir la prolongation du délai assigné par l'ultimatum. Les réponses évasives et les récriminations de l'ambassadeur d'Allemagne, comte de Pourtalès, laissaient à M. Sazonoff une impression pénible. Néanmoins, il gardait toute sa modération, estimant que, même si le gouvernement austro-hongrois passait à l'action contre la Serbie, la Russie ne devrait pas rompre les négociations (3). Il était évidemment difficile de pousser la conciliation plus loin.

Les ambassadeurs d'Angleterre et de France à Vienne recevaient mission d'appuyer la demande de prolongation formée par le gouvernement russe. L'ambassadeur d'Allemagne était invité à une démarche analogue, mais de mauvaise grâce, M. de Jagow ne croyait pas que cette demande fut accueillie. Il répondait encore au chargé

(1) *Livre bleu, Complément*, n° 12, 24 juillet, déjà cité.

(2) *Livre jaune*, p. 55-56, M. Bienvenu-Martin, circulaire, 25 juillet ; M. de Fleuriau à M. Bienvenu-Martin, même date.

(3) *Livre jaune*, p. 56-57, M. Paléologue à M. Bienvenu-Martin, 25 juillet.

d'affaires britannique que la question serbe était purement intérieure pour l'Autriche, à quoi le diplomate objectait qu'elle était devenue internationale au premier chef. Le chargé d'affaires de Russie devant demander au gouvernement allemand d'insister auprès de Vienne pour obtenir la prolongation du délai accordé à la Serbie, M. de Jagow ne lui donnait rendez-vous que pour la fin de l'après-midi, c'est-à-dire au moment où ce délai arrivait à expiration. C'était trahir l'intention de laisser les choses suivre le cours prévu par les Puissances centrales (1).

Au chargé d'affaires qui disait que la note autrichienne était conçue dans des termes calculés pour forcer la Serbie à la guerre, M. de Jagow répondait qu'il ne s'agissait pas d'une guerre, mais d'une « exécution » dans une affaire locale. Autrement dit, il refusait à l'Europe et surtout à la Russie le droit d'intervenir entre la Serbie et l'Autriche. M. Broniewski montrant quelles conséquences pourraient sortir de cette affaire quant au reste de l'Europe, M. de Jagow répondait hypocritement qu'il se refusait à croire pareilles conséquences possibles. Le chargé d'affaires était très pessimiste sur les arrière-pensées de l'Allemagne (2).

A Vienne, le gouvernement ne prenait plus la peine de dissimuler ses intentions. Le baron Macchio, secrétaire général du ministère des Affaires étrangères, à qui le chargé d'affaires de Russie exposait la demande de délai, témoignait « une froideur glaciale » quand son interlocuteur lui représentait que « donner à juger des griefs sur pièces justificatives, sans laisser le temps d'étudier le dossier » était contraire à la courtoisie internationale. Le

---

(1) *Livre jaune*, p. 58-59, M. Jules Cambon à M. Bienvenu-Martin, 25 juillet, n°s 41 et 42.

(2) *Livre jaune*, p. 59-60, M. Jules Cambon à M. Bienvenu-Martin, 25 juillet.

baron répliquait avec arrogance que « parfois l'intérêt dispense d'être courtois ».

M. Dumaine en concluait que le Cabinet de Vienne était résolu à infliger une « humiliation » à la Serbie. Il n'accepterait aucune intervention jusqu'à ce que le coup eût été porté et reçu en pleine face (1). En réalité, il s'agissait de beaucoup plus qu'une humiliation, tout donne à le croire (2).

Dans la journée, le premier ministre de Serbie, M. Pachitch, communiquait à notre représentant la réponse qui allait être remise au ministre d'Autriche. Par sa forme comme par le fond, ce document paraissait de nature à satisfaire les Austro-Hongrois (3).

De Berlin, M. Jules Cambon télégraphiait que le bruit avait couru avec persistance de la soumission de la Serbie. Mais, dans la soirée, la presse annonçait la rupture à Belgrade et le départ du représentant de l'Autriche. Des groupes considérables stationnaient devant les bureaux des journaux et une nombreuse manifestation de jeunes gens traversait la Pariser-Platz, en poussant des « hurrah! » pour l'Allemagne et en chantant des hymnes patriotiques. Elle se rendait à la colonne de la Victoire, à l'ambassade d'Autriche, puis à celle d'Italie. C'était une explosion significative de chauvinisme.

Dans les milieux politiques, on avait craint que la Serbie n'acceptât en bloc la note autrichienne, en se réservant d'en discuter l'application pour gagner du temps et permettre aux Puissances d'intervenir utilement. Déjà

---

(1) *Livre jaune*, p. 60-61, M. Dumaine à M. Bienvenu-Martin, 25 juillet 1914.

(2) Cf. *Livre bleu. Complément*, nos 59, 28 juillet, et 91, 29 juillet.

(3) *Livre jaune*, p. 61, M. Boppe à M. Bienvenu-Martin, 25 juillet.

les financiers prenaient des mesures pour parer à toute éventualité, la crise leur paraissant inévitable.

M. Jules Cambon ne voyait que l'Angleterre qui pût être écoutée à Berlin. Les Puissances de l'Entente ne parviendraient à maintenir dignement la paix qu'en se montrant fermement et absolument unies (1).

Si l'Allemagne laissait voir des idées belliqueuses, il en était de même en Autriche, où l'on affectait un mépris insultant pour les Serbes (2). Dès le soir du 25 juillet, le voïvode Putnik, chef d'état-major de l'armée serbe, était arrêté près de Budapest, au moment de son retour d'une ville d'eaux et traité en prisonnier de guerre.

Pourtant la réponse de la Serbie était aussi conciliante que possible. Il eût été difficile de pousser plus loin la résignation du faible devant les exigences de la force.

Le gouvernement serbe constatait, en premier lieu, que le Cabinet de Vienne ne lui avait adressé aucune représentation depuis le 31 mars 1909, sauf en ce qui concernait un livre scolaire. La réponse de la Serbie avait été, disait-il, entièrement satisfaisante.

Il rappelait que, pendant toute la crise balkanique, Belgrade avait donné des preuves d'une politique pacifique et modérée, permettant ainsi la préservation de la paix européenne.

Il déclinait toute responsabilité dans les articles des journaux et les agissements des sociétés, manifestations qui se produisent dans tous les pays et échappent, en règle générale, au contrôle officiel.

(1) *Livre jaune*, p. 62, M. Jules Cambon à M. Bienvenu-Martin, 25 juillet. Cf. *Livre orange*, n° 30, 26 juillet.

(2) Cf. les extraits de journaux austro-hongrois reproduits par M. A. Gauvain, *loc. cit.*, 15 décembre 1915, p. 394. Voir aussi *Livre bleu* et *Complément*, sir M. de Bunsen à sir E. Grey, nos 17 et 79, 27 juillet, 1er septembre.

Quant au crime de Serajevo, le gouvernement serbe s'attendait à être invité à la recherche des coupables et il était prêt à une action énergique contre toute personne qui lui serait signalée à ce titre.

Il se déclarait donc disposé à remettre aux tribunaux tout sujet serbe, sans distinction de situation et de rang, pour la complicité duquel des preuves lui seraient fournies.

Il s'engageait à faire publier en première page du *Journal Officiel* « l'énonciation suivante » :

« Le gouvernement royal de Serbie condamne toute propagande qui serait dirigée contre l'Autriche-Hongrie, c'est-à-dire l'ensemble des tendances qui aspirent, en dernier lieu, à détacher de la monarchie austro-hongroise des territoires qui en font partie, et il déplore sincèrement les conséquences funestes de ces agissements criminels.

« Le gouvernement royal regrette que certains officiers et fonctionnaires serbes aient participé, d'après la communication du gouvernement impérial et royal, à la propagande sus-mentionnée et compromis par là les relations de bon voisinage auxquelles le gouvernement royal s'était solennellement engagé par la déclaration du 18/31 mars 1909.

« Le gouvernement, qui désapprouve et répudie toute idée ou tentative d'une immixtion dans les destinées des habitants de quelque partie de l'Autriche-Hongrie que ce soit, considère qu'il est de son devoir d'avertir formellement les officiers, les fonctionnaires et toute la population du royaume que, dorénavant, il procédera avec la dernière vigueur contre les personnes qui se rendraient coupables de pareils agissements, qu'il mettra tous ses efforts à prévenir et à réprimer. »

Cette « énonciation » serait portée à la connaissance de l'armée par le prince héritier au nom du roi et figurerait au prochain Bulletin officiel.

Le gouvernement s'engageait en outre :

1° A proposer à la première convocation régulière de la Skouptchina une disposition par laquelle serait punie de la manière la plus sévère la provocation à la haine et au mépris de la monarchie austro-hongroise, « ainsi que toute publication dont la tendance générale serait dirigée contre l'intégrité territoriale » de cette Puissance.

Il se chargeait, lors de la revision de la Constitution, qui était prochaine, de faire introduire dans l'article 22 un amendement permettant la confiscation des publications indiquées, ce qui actuellement était impossible.

2° Le gouvernement serbe ne possédait aucune preuve et la note autrichienne n'en contenait aucune au sujet d'acte criminel commis par l'un des membres de la Narodna Odbrana ou de sociétés similaires. Néanmoins, il acceptait de la dissoudre, ainsi que toute autre association qui agirait contre l'Autriche.

3° Le gouvernement serbe s'engageait à éliminer sans délai de l'instruction publique tout ce qui servirait ou pourrait servir à la propagande contre l'Autriche, quand le gouvernement autrichien lui fournirait des faits et des preuves de cette propagande.

4° Le gouvernement acceptait d'éloigner tout au moins du service militaire ceux dont l'enquête judiciaire aurait prouvé qu'ils étaient coupables d'actes dirigés contre l'intégrité territoriale de l'Autriche-Hongrie; il attendait la communication de leurs noms par le Cabinet de Vienne.

5° Le gouvernement avouait qu'il ne se rendait pas

clairement « compte du sens et de la portée de la demande » du gouvernement autrichien « tendant à ce que la « Serbie s'engageât à accepter sur son territoire la col« laboration des organes » de ce gouvernement. Mais il déclarait admettre toute collaboration répondant « aux principes du droit international et à la procédure criminelle, ainsi qu'aux bons rapports de voisinage ».

6° Le gouvernement considérait naturellement comme son devoir d'ouvrir une enquête contre tous les individus compromis dans le complot du 15/28 juin et qui se trouveraient sur le territoire du royaume. Mais il ne pouvait accepter la participation à cette enquête d'agents délégués par le gouvernement autrichien, participation interdite par la Constitution et par la loi sur la procédure criminelle. Il consentait simplement à donner, dans des cas concrets, des communications sur les résultats de l'instruction précitée.

7° Le gouvernement avait fait procéder, dès le soir de la remise de la note, à l'arrestation du commandant Voija Tankositch. Quant à Milan Ciganovitch, sujet austro-hongrois et employé jusqu'au 15/28 juin comme aspirant à la direction des chemins de fer, il n'avait pu encore être arrêté. Le gouvernement autrichien était prié de vouloir bien faire connaître, le plus tôt possible, les présomptions et preuves de culpabilité recueillies jusqu'à ce jour à Serajevo.

8° Le gouvernement serbe acceptait de renforcer et d'étendre les mesures prises pour interdire le trafic illicite d'armes et d'explosifs à travers la frontière. Il punirait sévèrement, après enquête, les fonctionnaires qui avaient manqué à leur devoir et laissé passer les auteurs du crime de Serajevo.

9° Le gouvernement donnerait volontiers, toujours après enquête, des explications sur les propos hostiles tenus par des fonctionnaires serbes, tant en Serbie qu'à l'étranger, dès que le gouvernement autrichien lui aurait communiqué ces propos, en démontrant la culpabilité des fonctionnaires intéressés.

10° Le gouvernement austro-hongrois serait avisé de l'exécution des mesures précédemment indiquées, en tant que cela n'aurait pas été fait par la note présente. Au cas où ce gouvernement ne serait pas satisfait d'une mesure prise, le Cabinet de Belgrade remettrait la question soit à la décision du tribunal international de La Haye, soit au grandes Puissances ayant pris part à l'élaboration de la déclaration du 18/31 mars 1909 (1).

III

Cependant, le départ précipité de Belgrade du ministre austro-hongrois avait provoqué, dès le 25 juillet (2), l'ordre de mobilisation en Serbie; le gouvernement serbe s'était retiré à Kragoujewatz, où il avait été suivi par les ministres de France et de Russie.

A Vienne, on préparait une action militaire immédiate, en se berçant de l'illusion que la Russie « ne tiendrait pas le coup ». Dès le matin du 26 juillet, dans une édition extraordinaire, le *Budapesti Köslöny* publiait le texte de

(1) *Livre jaune*, p. 63-66, texte communiqué par M. Vesnitch le 27 juillet.

(2) D'après le *Livre gris belge*, n° 5, la mobilisation serbe aurait été déclarée avant 15 heures, c'est-à-dire avant le départ du ministre autrichien.

trente-trois décrets relatifs à une mobilisation partielle et à diverses mesures exceptionnelles. Huit corps d'armée étaient mobilisés, dont deux en Bohême, ceux de Prague et de Leitmeritz, sans doute pour des raisons politiques. Les autres étaient ceux de Budapest, Gratz, Temesvar, Hermannstadt, Agram, Serajevo. La mobilisation éventuelle de celui de Raguse était envisagée, le landsturm convoqué, les chemins de fer, les postes, les télégraphes militarisés, le Parlement ajourné. Tous ces décrets, exécutoires dès le 27, avaient dû être préparés bien avant la réponse serbe; celui de mobilisation était même daté du 24, sans doute par erreur (1).

A Pétersbourg, M. Sazonoff conseillait à la Serbie de solliciter la médiation anglaise. On envisageait déjà, dans un conseil tenu, le 25, en présence de l'Empereur, la mobilisation des treize corps d'armée appelés à opérer contre l'Autriche. Mais on ne devait y recourir que si l'Autriche contraignait la Serbie par la force et seulement après avis du ministre des Affaires étrangères, qui avait la liberté de continuer les négociations, même au cas où Belgrade serait occupée. L'opinion manifestait l'impossibilité politique et morale de laisser écraser la Serbie.

A Londres, tout en estimant que, si la guerre venait à éclater, aucune puissance en Europe ne pourrait s'en désintéresser, sir Edward Grey se montrait plus optimiste. De la communication mensongère de l'ambassadeur d'Autriche le soir du 25 juillet (2), le ministre déduisait que, la rupture diplomatique ne devant pas entraîner des opé-

(1) A. Gauvain, loc. cit., p. 395. D'après le *Livre orange*, n° 47, 28 juillet, et le *Livre bleu*, *Complément*, n° 78, 29 juillet, l'ordre de mobilisation partielle aurait été donné le 28 ou le 29. Mais ces deux dates paraissent inexactes.

(2) V. *supra*, p. 108.

rations militaires immédiates, on pourrait encore espérer l'intervention des Puissances en temps opportun.

A Berlin, la situation apparaissait inquiétante. Il s'y produisait « une véritable explosion de chauvinisme ». L'Empereur revenait directement à Kiel, interrompant sa croisière annuelle le long de la Norvège; M. Jules Cambon estimait qu'aux premières mesures militaires de la Russie, « l'Allemagne répondrait immédiatement et n'attendrait vraisemblablement pas un prétexte pour nous attaquer ».

Enfin, sir Edward Grey estimait que les quatre Puissances désintéressées devraient insister auprès de la Russie et de l'Autriche pour que leurs armées ne franchissent pas la frontière. Elles pourraient ainsi exercer leur médiation (1). Cette combinaison n'avait qu'un tort, celui d'escompter la bonne volonté de l'Allemagne qui, dès lors, gardait une attitude au moins douteuse.

A Rome, le président du Conseil, M. Salandra, reconnaissait toute la gravité de la situation. De l'ensemble de ses propos, M. Barrère emportait le sentiment que le gouvernement italien, en cas de conflit, voudrait garder une attitude d'observation (2).

A Pétersbourg, M. Sazonoff continuait de chercher les moyens de faire prévaloir une solution pacifique : « Jusqu'au dernier instant, disait-il à M. Paléologue, je me montrerai prêt à négocier ».

Il conviait l'ambassadeur d'Autriche, comte Szapary, à une « franche et loyale explication ». Article par article,

---

(1) *Livre jaune*, p. 69-70, M. Bienvenu-Martin au Président du Conseil, 26 juillet.

(2) *Livre jaune*, p. 70-71, M. Barrère à M. Bienvenu-Martin, 26 juillet.

il commentait l'ultimatum autrichien, faisant ressortir le caractère injurieux de la plupart. « L'intention qui a inspiré ce document, disait-il, est légitime si vous n'avez poursuivi d'autre but que de protéger votre territoire contre les menées des anarchistes serbes; mais le procédé auquel vous avez eu recours n'est pas défendable.... Reprenez votre ultimatum, modifiez-en la forme, et je vous garantis le résultat. »

L'ambassadeur se montrait « touché de ce langage », tout en réservant l'opinion de son gouvernement. Sans se décourager, M. Sazonoff décidait de proposer, le soir même, au comte Berchtold l'ouverture d'une conversation directe, entre Vienne et Pétersbourg, sur les « changements à introduire dans l'ultimatum » (1). C'était admettre la bonne foi du Cabinet de Vienne et il était permis d'en douter. Le 26 juillet, l'ambassadeur de Russie en Autriche-Hongrie, M. Schebeko, rentrait précipitamment de voyage. Il ne l'avait entrepris que sur l'assurance donnée par le comte Berchtold que « les réclamations contre la Serbie seraient des plus acceptables ». L'ambassadeur d'Autriche à Pétersbourg s'était exprimé dans le même sens vis-à-vis de M. Sazonoff, la veille même de la remise de la note. En rapportant ce trait, tout à fait habituel dans la diplomatie austro-hongroise, M. Dumaine rappelait que le baron Macchio avait usé du même procédé envers lui (2).

Le gouvernement allemand continuait son double jeu. A l'ambassadeur d'Angleterre, M. de Jagow déclarait

---

(1) *Livre jaune*, p. 72, M. Paléologue à M. Bienvenu-Martin, 26 juillet.

(2) *Livre jaune*, p. 72-73, M. Dumaine à M. Bienvenu-Martin, 26 juillet.

qu'il ferait son possible pour maintenir la paix », sans toutefois se rallier formellement à la proposition anglaise de médiation.

A Paris, l'ambassadeur d'Allemagne suggérait à M. Bienvenu-Martin une intervention de la France auprès de la Russie, dans un sens pacifique. « L'Autriche, disait-il, a fait déclarer à la Russie qu'elle ne poursuivait ni agrandissement territorial, ni atteinte à l'intégrité du royaume de Serbie; sa seule intention est d'assurer sa propre tranquillité et de faire la police. C'est des décisions de la Russie qu'il dépend qu'une guerre soit évitée; l'Allemagne se sent solidaire de la France dans l'ardent désir que la paix puisse être maintenue, et a le ferme espoir que la France usera de son influence dans un sens apaisant à Pétersbourg (1). »

C'est la fable du Loup et de l'Agneau, que M. de Schœn mettait en action. De toute évidence, l'Autriche seule risquait de troubler la paix européenne, avec l'appui non dissimulé de l'Allemagne, et celle-ci affichait son « ardent désir » de conserver cette paix. Elle entendait que nous conseillions la modération, non à Vienne qui en avait grand besoin, mais à Pétersbourg, où l'on ne s'en était pas départi! Il est trop évident que cette attitude de l'Allemagne était concertée avec l'Autriche. Après avoir compromis la paix de la façon la plus grave et la plus inattendue, on imaginait d'en faire peser la responsabilité sur la Russie qui n'était pour rien dans le conflit austro-serbe.

A M. de Schœn M. Bienvenu-Martin n'avait nulle peine à répondre que la Russie était modérée, qu'aucun de ses

(1) *Livre jaune*, p. 73, M. Bienvenu-Martin au Président du Conseil, 26 juillet.

actes ne permettait d'en douter et que la France était d'accord avec elle pour chercher une solution pacifique. Il semblait équitable qu'à titre de contre-partie l'Allemagne agît à Vienne, en vue d'éviter des opérations militaires contre la Serbie.

L'ambassadeur objectait que cette démarche serait inconciliable avec la thèse de l'Allemagne « que la question ne regardait que l'Autriche et la Serbie ». Sans faire à ce paradoxe une réponse trop facile, M. Bienvenu-Martin disait alors que la médiation à Vienne et à Pétersbourg pourrait être le fait des quatre Puissances non directement intéressées. Aussitôt, M. de Schœn se retranchait derrière le manque d'instructions, et M. Bienvenu-Martin déclarait que, dans ces conditions, il ne se sentait pas en mesure d'exercer une action seulement à Pétersbourg (1).

A ce moment, un nouvel incident survenait, montrant plus clairement encore les arrière-pensées que cachaient les démonstrations pacifiques de M. de Schœn. Il avait vu M. Bienvenu-Martin le 26, à 5 heures du soir. A 7 heures, il allait à la Direction politique demander qu'afin d'éviter des commentaires tendancieux, comme celui de l'*Echo de Paris*, la veille, et aussi de bien préciser le sens des démarches du gouvernement allemand, un bref communiqué fût donné à la presse sur l'entrevue de l'ambassadeur et du ministre des Affaires étrangères.

M. de Schœn suggérait la rédaction suivante : « L'ambassadeur d'Allemagne et le ministre des Affaires étrangères ont eu, pendant l'après-midi, un nouvel entretien, au cours duquel ils ont examiné, dans l'esprit le plus amical et dans un sentiment de solidarité pacifique, les

(1) *Livre jaune*, p. 74, dépêche de M. Bienvenu-Martin, déjà citée.

moyens qui pourraient être employés pour maintenir la paix générale ».

Surpris, le Directeur politique reprit aussitôt : « Alors, tout est réglé dans votre esprit, et vous nous apportez l'assurance que l'Autriche accepte la note serbe, ou se prêtera aux conversations avec les Puissances à cet égard? » Sur une vive dénégation de l'ambassadeur, on lui exposa que, si rien n'était modifié dans l'attitude négative de l'Allemagne, les termes qu'il suggérait pour le communiqué étaient excessifs et de nature à créer une fausse sécurité, alors que les difficultés présentes n'avaient aucunement disparu.

M. de Schœn protestant de ses impressions optimistes, le Directeur politique demanda s'il lui permettait de parler à titre personnel et privé, sans tenir compte de leurs fonctions respectives. M. de Schœn l'en pria.

M. Berthelot dit alors que, pour tout esprit simple, l'attitude de l'Allemagne ne pouvait s'expliquer, si elle ne tendait pas à la guerre. L'affirmation répétée qu'elle ignorait le contenu de l'ultimatum interdisait d'élever des doutes sur ce point. Etait-il vraisemblable, pourtant, que l'Autriche eût pris une position sans recul possible, avant d'avoir pesé, avec son alliée, toutes les conséquences de son acte? « Combien le refus de l'Allemagne de donner un conseil de médiation à Vienne paraissait surprenant (1), maintenant qu'elle connaissait le texte extraordinaire de la note autrichienne? » Quelle responsabilité encourrait

(1) M. Jules Cambon proposait que l'Angleterre, l'Allemagne, l'Italie et la France donnassent à Vienne le conseil suivant : « S'abstenir de tout acte qui pourrait aggraver la situation de l'heure actuelle ». M. de Jagow opposait « à cette proposition un refus catégorique et cela malgré les instances de l'ambassadeur » (*Livre orange*, n° 39, le chargé d'Affaires en Allemagne à M. Sazonoff, 27 juillet).

le gouvernement allemand et quelles suspicions pèseraient sur lui, « s'il persistait à s'interposer entre l'Autriche et les Puissances, après la soumission pour ainsi dire absolue de la Serbie, et quand le moindre conseil donné par lui à Vienne mettrait fin au cauchemar qui pesait sur l'Europe!... »

« M. de Schœn, qui écoutait en souriant, affirma de nouveau que l'Allemagne avait ignoré le texte de la note autrichienne et ne l'avait approuvée qu'après sa remise; elle estimait toujours que la Serbie avait besoin d'une leçon assez sévère pour qu'elle ne pût l'oublier, et que l'Autriche se devait à elle-même de mettre fin à une situation dangereuse et intolérable pour une grande Puissance. Il déclara, d'ailleurs, ne pas connaître le texte de la réponse serbe et se montra personnellement surpris qu'elle n'eût pas satisfait l'Autriche, si toutefois elle était telle que les journaux, souvent mal informés, la représentaient. »

Il insista encore sur les intentions pacifiques de l'Allemagne; selon lui, de bons conseils adressés à Vienne par l'Angleterre, sur un ton amical, seraient d'un heureux effet. L'Autriche n'était pas intransigeante. Ce qu'elle repoussait, c'était l'idée d'une médiation formelle, le « spectre » d'une conférence : « Un mot pacifique venu de Pétersbourg, de bonnes paroles dites d'un ton conciliant par les Puissances de la Triple Entente, auraient chance d'être bien accueillies ». Il ajouta même qu'il n'était pas impossible que l'Allemagne donnât quelques conseils à Vienne (1).

---

(1) *Livre jaune*, p. 74-76, note pour le Ministre, 26 juillet. Finalement le communiqué prit la forme suivante : « L'ambassadeur d'Alle-

Cet entretien mérite de rester historique. Quelle scène, en effet, que celle-là : M. Berthelot s'efforçant, en phrases entrecoupées qui trahissent son émotion, de montrer au diplomate allemand l'abîme de maux dans lequel son pays va précipiter l'Europe avec lui-même, et M. de Schœn opposant un calme souriant aux objurgations de son adversaire!

En somme, le diplomate allemand persistait dans la ligne adoptée dès le début : c'était à la Triple Entente qu'il appartenait de prononcer des paroles conciliantes, à la France de modérer la Russie, qui n'en avait nul besoin. L'Allemagne s'effaçait à peu près complètement, la question regardant uniquement l'Autriche et la Serbie.

Sur les entrefaites, des renseignements inquiétants parvenaient au Ministère des Affaires étrangères. La flotte allemande en Norvège allait prendre la mer pour rallier directement l'Allemagne (1). De Thionville, on annonçait que les quatre dernières classes libérées avaient ordre de se tenir à la disposition de la Kommandantur. Les réservistes recevaient défense de s'absenter de leur lieu de domicile (2). De Bâle, on mandait que les officiers allemands en congé dans cette région avaient reçu, depuis quatre jours, l'ordre de rentrer en Allemagne. Avis était donné aux propriétaires d'automobiles du Grand-Duché

---

magne et le ministre des Affaires étrangères ont eu un nouvel entretien, au cours duquel ils ont recherché les moyens d'action des puissances pour le maintien de la paix » (*Livre jaune*, p. 79).

(1) *Livre jaune*, p. 76, M. Chevalley à M. Bienvenu-Martin, 26 juillet.

(2) *Livre jaune*, p. 76, M. d'Annoville à M. Bienvenu-Martin, 26 juillet. Notons aussi que l'agence Wolff ne publiait pas le texte de la réponse serbe à l'ultimatum, qui lui avait été communiqué . La *Gazette de l'Allemagne du Nord* ne le reproduisait, le 29 *juillet*, que par extraits en y ajoutant la réponse autrichienne, fragment par fragment (*Livre orange*, n° 46, 28 juillet, et *Livre blanc*, annexe I *a*).

de Bade de se préparer à les mettre à la disposition des autorités militaires deux jours après un nouvel ordre (1).

Le 27 juillet, le projet de médiation des quatre Puissances, formulé par sir Edward Grey, prenait une autre forme. Cette fois, les ambassadeurs de France, d'Allemagne et d'Italie à Londres seraient chargés de rechercher avec sir E. Grey un moyen de résoudre les difficultés présentes, sous la condition que, pendant cette conversation, la Russie, l'Autriche et la Serbie s'abstiendraient de toute opération active. On comptait sur l'acceptation de la France et de l'Italie. La parole était à l'Allemagne, qui pourrait « témoigner autrement qu'en paroles sa bonne volonté » (2).

Mais une lettre particulière de M. de Schœn à M. Berthelot résumait encore comme il suit son entretien avec le ministre : « Le Cabinet de Vienne a fait formellement et officiellement déclarer à celui de Pétersbourg qu'il ne poursuit aucune acquisition territoriale en Serbie et qu'il ne veut point porter atteinte à l'intégrité du royaume; sa seule intention est celle d'assurer sa tranquillité. En ce moment, la décision, si une guerre européenne doit éclater, dépend uniquement de la Russie. Le gouvernement allemand a la ferme confiance que le gouvernement français, avec lequel il se sait solidaire dans l'ardent désir que la paix européenne puisse être maintenue, usera de toute son influence dans un esprit apaisant auprès du Cabinet de Pétersbourg ».

Visiblement, la question n'avait pas fait un pas. Les intentions de l'Allemagne restaient les mêmes. De toutes les interprétations dont la lettre de M. de Schœn était

(1) *Livre jaune*, p. 77, M. Farges à M. Bienvenu-Martin, 27 juillet.

(2) *Livre jaune*, p. 77-78, M. Bienvenu-Martin à M. Jules Cambon, 27 juillet.

susceptible, la plus vraisemblable était qu'elle tendait, comme sa démarche du 26 elle-même, à compromettre la France au regard de la Russie, quitte, en cas d'échec, à rejeter sur ces deux Puissances la responsabilité d'une guerre éventuelle; elle devait aussi masquer, par des assurances pacifiques, une action militaire de l'Autriche en Serbie, destinée à compléter le succès diplomatique déjà obtenu (1).

A ce moment encore, en dépit des avertissements répétés de sir E. Grey, les ambassadeurs d'Allemagne et d'Autriche à Londres laissaient entendre qu'ils étaient sûrs de la neutralité anglaise. Notre représentant mandait que, pour éviter un conflit, il semblait indispensable que l'Allemagne fût assurée de trouver l'Angleterre aux côtés de la France et de la Russie (2). Déjà la Grande Bretagne arrêtait la démobilisation de sa flotte après les manœuvres; on faisait connaître publiquement cette mesure (3).

A Berlin, M. Jules Cambon entretenait M. de Jagow de la démarche de l'Angleterre tendant à une sorte de médiation des quatre Puissances pour empêcher les hostilités entre Pétersbourg et Vienne. Le Secrétaire d'Etat semblait disposé à y acquiescer, mais il ajoutait aussitôt un correctif. Si la Russie mobilisait, l'Allemagne serait forcée de la suivre, ainsi que nous, et le conflit deviendrait presque inévitable. Il reconnaissait pourtant, formellement, que, si la Russie ne mobilisait que sur la frontière autrichienne, l'Allemagne ne se croirait pas tenue de mobiliser

(1) *Livre jaune*, p. 78-79, M. Bienvenu-Martin au Président du Conseil et à nos représentants à Londres, Pétersbourg, Berlin, Vienne, 27 juillet.

(2) *Livre jaune*, p. 80, M. de Fleuriau à M. Bienvenu-Martin, 27 juillet.

(3) *Livre jaune*, p. 81, M. de Fleuriau à M. Bienvenu-Martin, 27 juillet.

à son tour, et il revenait encore sur l'importance qu'il y avait à ce que les amis et alliés de la Russie intervinssent auprès d'elle (1). On peut dire que c'est là le *Leitmotiv* de la diplomatie allemande du 23 au 27 juillet.

Quand l'ambassadeur d'Angleterre voyait M. de Jagow le 27 juillet et l'entretenait de la suggestion de sir E. Grey, le Secrétaire d'Etat affirmait encore une fois ses sentiments pacifiques, avec ce correctif qu'il ne pourrait consentir à rien qui rappelât une conférence : ce serait instituer une sorte de cour d'arbitrage et cette idée ne pourrait être acceptée que si elle était suggérée par Vienne et par Pétersbourg (2). Le projet de sir E. Grey avait donc peu de chances de succès et le sentiment de M. Jules Cambon ne tardait pas à être fixé sur ce point. Dans la journée, il voyait M. de Jagow pour appuyer la démarche que venait de faire l'ambassadeur britannique. De nouveau, le secrétaire d'Etat déclarait qu'il ne pouvait accepter l'idée de sir E. Grey, parce que ce serait instituer une véritable conférence sur les affaires austro-russes. Vainement, M. Jules Cambon objectait que la forme importait peu, que l'essentiel était l'association des quatre Puissances pour une œuvre de paix, que cette association pouvait se manifester par des démarches communes à Pétersbourg et à Vienne, qu'elle prouverait ainsi l'existence d'un esprit européen, malgré l'existence de deux groupes d'alliances rivales.

M. de Jagow se dérobait en invoquant les engagements de l'Allemagne vis-à-vis de l'Autriche. La réponse était

---

(1) *Livre jaune*, p. 81-82, M. Jules Cambon à M. Bienvenu-Martin, 27 juillet.

(2) *Livre jaune*, p. 85, M. Jules Cambon à M. Bienvenu-Martin, 27 juillet.

facile, car la France, elle aussi, avait des engagements envers la Russie.

Le Secrétaire d'Etat déclarait alors qu'il ne refusait pas d'agir pour écarter le conflit austro-russe, mais qu'il ne pouvait intervenir dans le conflit austro-serbe. Il oubliait évidemment que l'un était l'origine de l'autre et qu'on ne pouvait les isoler.

La conversation amenait M. Jules Cambon à demander au diplomate allemand s'il avait pris connaissance de la réponse de la Serbie, que le ministre serbe lui avait remis le matin même. Il n'en avait pas encore eu le temps, répondait-il. M. Cambon le déplorait, ajoutant que si M. de Jagow avait lu ce document, il se serait rendu compte que, sauf sur des points de détail, la Serbie se soumettait entièrement. Dès lors, il serait naturel que l'Allemagne conseillât à l'Autriche la modération.

Embarrassé, M. de Jagow répondait en termes dépourvus de clarté, au point que M. Cambon lui demandait si l'Allemagne voulait la guerre. Il protestait vivement, disant qu'il savait que c'était la pensée de l'ambassadeur, mais que l'erreur de celui-ci était complète.

Sur une nouvelle recommandation de lire et de peser la réponse serbe, M. de Jagow assurait qu'il était prêt à s'unir aux puissances occidentales dans un effort commun, mais qu'il s'agissait de trouver une forme acceptable pour cette intervention et que les Cabinets auraient à s'entendre là-dessus.

« Au reste, ajoutait-il, avec une sincérité au moins douteuse, les conversations directes entre Vienne et Pétersbourg sont entamées et se poursuivent; j'en augure beaucoup de bien et j'espère (1). »

---

(1) *Livre jaune*, p. 86-87, M. Jules Cambon à M. Bienvenu-Martin, 27 juillet.

En somme, la tactique de M. de Jagow et du gouvernement allemand restait toujours la même. Les bonnes paroles ne leur coûtaient rien, mais ils s'abstenaient de la moindre action pouvant rendre la paix moins précaire. Ils étaient ainsi parvenus, depuis le 23 juillet, à paralyser toutes les tentatives des Puissances occidentales pour enrayer les complications austro-serbes.

Quant au gouvernement autrichien, il ne déviait pas de la direction qu'il avait prise dès le début. Dans cette même journée du 27 juillet, l'ambassadeur d'Autriche venait voir M. Bienvenu-Martin pour lui remettre un long mémoire, véritable acte d'accusation contre la Serbie. Au nom de son gouvernement, il déclarait que le gouvernement serbe n'ayant pas répondu aux demandes de l'Autriche-Hongrie d'une façon satisfaisante, cette dernière se voyait contrainte de recourir aux « moyens énergiques ». Les mesures nécessaires seraient arrêtées le 28 juillet.

Sur leur nature, le comte Szecsen évitait de s'engager. Il mentionnait soit un ultimatum, soit une déclaration de guerre, soit le passage de la frontière. M. Bienvenu-Martin lui faisait remarquer la lourde responsabilité dont se chargeait l'Autriche, en risquant ainsi de déchaîner à aussi bref délai une guerre, après l'acceptation à peu près complète de ses conditions par la Serbie. A presser ainsi ses décisions, elle montrait la volonté arrêtée de rendre presque impossible le concours des Puissances amies (1).

On doit ajouter que la remise du Mémoire autrichien était faite pour justifier une résolution arrêtée à l'avance plutôt que pour l'expliquer. Joint à la note du 23 juillet, ce document eût été à sa place. Son envoi aux puissances

(1) *Livre jaune*, p. 87-88. M. Bienvenu-Martin, circulaire, 27 juillet. Le mémoire autrichien est reproduit *ibidem*, p. 88-96.

le 27 juillet, la rupture déjà consommée et à la veille des décisions les plus graves, ne pouvait passer que pour un essai de justification après coup. Il était d'ailleurs dénué de toute espèce de preuves et son exactitude devait provoquer les doutes les plus fondés chez tous ceux qui connaissaient les procédés de l'administration autrichienne en pays slaves.

A Vienne, le gouvernement faisait connaître ses décisions par un communiqué officieux du bureau de la presse (28 juillet) :

« Le ministre autrichien à Belgrade a présenté, dès son retour à Vienne, le texte de la réponse serbe.

« Cette réponse est remplie d'un esprit de manque de sincérité; elle laisse apparaître que le gouvernement serbe est sans intention sérieuse de mettre fin à la tolérance coupable, grâce à laquelle ont été permises les menées anti-autrichiennes. La réponse serbe contient de telles restrictions et limitations, non seulement sur le principe même de la démarche austro-hongroise, mais encore en ce qui concerne les revendications exposées par l'Autriche, que les concessions faites sont sans importance.

« En particulier, refus, sous prétexte vain, d'accepter la participation des organes austro-hongrois pour la poursuite des auteurs des attentats résidant en territoire serbe.

« De même, la réponse serbe à la demande autrichienne pour mettre fin aux menées hostiles de la presse équivaut à un refus.

« La demande relative aux mesures qui devraient être prises pour que les associations hostiles à l'Autriche-Hongrie ne puissent, après leur dissolution, continuer leur action sous un autre nom et forme, n'a pas même été envisagée.

« Ces revendications constituant le minimum nécessaire au rétablissement du calme permanent dans le Sud-Est de la monarchie, la réponse serbe est considérée comme insuffisante.

« Le gouvernement serbe en a conscience d'ailleurs, puisqu'il envisage le règlement du conflit par voie d'arbitrage, et que le jour où sa réponse devait être remise et avant cette remise, il avait ordonné la mobilisation (1). »

Le moins qu'on puisse dire de ce communiqué est qu'il respire la mauvaise foi la plus caractérisée, la lourde fourberie coutumière aux rédacteurs des pièces analogues en Autriche-Hongrie. Les raisons alléguées sont de simples prétextes. Que dire, en effet, de ce qui est relatif à la participation d'agents austro-hongrois à la poursuite des coupables résidant en Serbie? Quel pays indépendant accepterait pareille immixtion?

Le 28 juillet, le Président de la République et M. Viviani étaient encore en mer, à bord de la *France*. Le Président du Conseil faisait connaître qu'il approuvait pleinement la réponse faite à M. de Schœn. Nous étions d'accord avec la Russie dans la recherche d'une solution pacifique, et cette Puissance n'avait encore procédé à aucune mesure pouvant éveiller le moindre soupçon.

Pour M. Viviani, il y avait lieu de continuer à tenir le même langage vis-à-vis de l'ambassadeur d'Allemagne, langage en harmonie avec la double proposition anglaise. Le Président du Conseil l'approuvait entièrement. En proposant d'exercer l'action des quatre Puissances, non seulement à Vienne et à Pétersbourg, mais aussi à Belgrade, sir E. Grey rentrait dans la logique de la situation et permettait à l'Allemagne de se départir, en toute dignité, de

(1) *Livre jaune*, p. 96. V. *supra*, p. 116.

la démarche par laquelle son gouvernement avait fait savoir à Paris et à Londres qu'il envisageait l'affaire comme purement austro-serbe (1).

Cependant, on annonçait comme certaine la mobilisation autrichienne à partir du 28 juillet (2). M. de Schœn continuait ses entretiens journaliers au Ministère des Affaires étrangères, sans avoir de communication ou de proposition officielle à formuler. Il prétendait ignorer tout des intentions de l'Autriche. A l'en croire, son gouvernement ne demandait qu'à s'associer à l'action des Puissances, pourvu que cette action n'affectât pas la forme d'un arbitrage ou d'une conférence repoussée par l'Autriche. En aucun cas, l'Allemagne ne consentirait à exercer une pression sur son alliée.

M. de Schœn faisait enfin observer que nos journaux prêtaient à l'Allemagne une attitude qui lui était étrangère, en affirmant qu'elle agissait sur l'Autriche, et il revenait sur son thème habituel : sans doute, l'Allemagne approuvait son alliée, mais elle n'avait pas connu sa note avant la remise de celle-ci. « Elle ne saurait l'arrêter trop brusquement, car l'Autriche avait besoin de garanties contre les procédés serbes (3).

Pendant que si E. Grey, avec l'appui de la diplomatie française, s'efforçait de faire prévaloir une sorte de médiation des quatre Puissances entre Vienne et Pétersbourg, et même entre Vienne et Belgrade, M. Sazonoff semblait donner la préférence à une conversation directe entre

(1) *Livre jaune*, p. 97. M. René Viviani à M. Bienvenu-Martin, 28 juillet.

(2) En réalité une mobilisation partielle fut décrétée le 26 pour commencer le 27 : la mobilisation générale fut ordonnée dans la nuit du 30 au 31. V. *supra*, p. 117.

(3) M. Bienvenu-Martin, circulaire, 28 juillet, *Livre jaune*, p. 98-99.

Vienne et Pétersbourg. Naturellement, le gouvernement allemand mettait aussitôt cette divergence à profit. L'ambassadeur britannique ayant insisté pour obtenir une adhésion à la suggestion de sir E. Grey, M. de Jagow répondait qu'il convenait d'attendre le résultat de la conversation entre Pétersbourg et Vienne. Sir E. Grey prescrivait aussitôt à sir Ed. Goschen d'arrêter, pour le moment, ses démarches (1). Ainsi le défaut de coordination entre les Puissances de l'Entente avait déjà ce résultat d'enrayer les efforts les plus propres au maintien de la paix, tandis que la conversation directe entre Vienne et Pétersbourg allait, presque aussitôt, se révéler impraticable. L'Autriche venait, en effet, de notifier officiellement la guerre à la Serbie.

D'ailleurs, le gouvernement austro-hongrois n'avait pas encore répondu à la proposition de Pétersbourg, tendant à l'ouverture d'un conversation entre les deux capitales. M. Sazonoff recevait, dans l'après-midi du 28 juillet, les ambassadeurs des deux Puissances germaniques. Il gardait de cet entretien une mauvaise impression : « Décidément, l'Autriche ne veut pas causer ». M. Paléologue pensait de même (2).

Enfin, de Vienne, M. Dumaine annonçait que, d'après les déclarations du comte Berchtold à l'ambassadeur britannique, toute intervention tendant à la reprise de la discussion entre l'Autriche et la Serbie, sur la base de la réponse serbe, serait inutile et d'ailleurs tardive, la guerre ayant été officiellement déclarée à midi.

(1) M. Paul Cambon à M. Bienvenu-Martin, 28 juillet, *Livre jaune*, p. 99-100.

(2) *Livre jaune*, p. 102, M. Paléologue à M. Bienvenu-Martin, 28 juillet. La déclaration de guerre datée du 28 juillet à 12 heures fut notifiée par télégramme en clair (*Livre bleu serbe*, nos 45-46).

« Parmi les soupçons qu'inspire la soudaine et violente résolution de l'Autriche, ajoutait M. Dumaine, le plus inquiétant est que l'Allemagne l'aurait poussée à l'agression contre la Serbie afin de pouvoir elle-même entrer en lutte avec la Russie et la France, dans les circonstances qu'elle suppose devoir lui être le plus favorables, et dans des conditions délib rées (1). » Pour qui a suivi avec quelque attention l'enchaînement des faits et des discussions qui précèdent, il semble que cette hypothèse s'impose de toute évidence.

Dans la soirée du 28 juillet se produisait la première intervention de Guillaume II auprès de Nicolas II. Elle était d'apparence toute pacifique :

« C'est avec la plus vive inquiétude que j'ai appris l'impression qu'a produite dans ton empire (2) la marche en avant de l'Autriche-Hongrie contre la Serbie (*sic*)... Sans doute conviendras-tu avec moi que tous deux, toi aussi bien que moi, nous avons, comme tous les souverains, un intérêt commun à insister pour que ceux qui sont moralement responsables de ce terrible meurtre reçoivent le châtiment qu'ils méritent.

« D'autre part, je ne me dissimule aucunement combien il est difficile pour toi et ton gouvernement de résister aux manifestations de l'opinion publique. En souvenir de la cordiale amitié qui nous lie tous deux étroitement, j'use de toute mon influence pour décider

---

(1) *Livre jaune*, p. 102, M. Dumaine à M. Bienvenu-Martin, 28 juillet.

(2) Une communication du général von Chélius pour l'empereur (25 juillet) avait fait connaître l'imminence de préparatifs contre l'Autriche (*Livre blanc*, annexe 6). Voir aussi l'annexe 7, 26 juillet, au sujet de la mobilisation à Kiew et à Odessa, et l'annexe 8, 27 juillet, déclaration de l'état de guerre à Kovno.

l'Autriche-Hongrie à en venir à une entente loyale et satisfaisante avec la Russie. Je compte bien que tu me secourras dans mes efforts tendant à écarter toutes les difficultés qui pourraient encore s'élever.

« Ton ami et cousin très sincère et dévoué (1). »

Il est surprenant de voir Guillaume II choisir, pour intervenir en faveur de la paix, le moment où l'Autriche vient de couper tous les ponts derrière elle en déclarant la guerre à la Serbie. Et à quelle Puissance adresse-t-il ses exhortations pathétiques? Non à l'Autriche qui seule, jusqu'ici, compromet la paix européenne, mais à la Russie qui n'a encore rien fait pour la troubler. Est-il bien vrai que, comme l'affirme Guillaume II, il use de toute son influence pour décider l'Autriche à une entente avec la Russie? Tous les actes de ses diplomates ne sont-ils pas la négation de ces prétendus efforts?

Il y a donc lieu de croire que, voyant la paix compromise de la façon la plus grave, Guillaume II entre en scène pour renforcer l'action de sa diplomatie. Celle-ci a constamment cherché, depuis l'ouverture de la crise, à mettre en avant la responsabilité de la Russie dans une guerre éventuelle. L'empereur allemand agit dans le même sens et son télégramme n'est qu'un témoignage de sa duplicité envers son *ami et cousin*.

V

Le 29 juillet, M. Bienvenu-Martin constatait que l'attitude, à Berlin comme à Vienne, restait dilatoire. Dans la première de ces capitales, tout en protestant des vues paci-

(1) *Livre blanc*, télégramme du 28 juillet, 10 h. 45 du soir.

fiques du gouvernement et de son acquiescement au principe d'une action commune des quatre Puissances, on repoussait l'idée d'une conférence, sans suggérer aucun autre moyen et en refusant nettement d'agir à Vienne. Dans cette dernière, on cherchait à amuser Pétersbourg par l'illusion d'une entente pouvant résulter de conversations directes, et l'on entrait en guerre contre la Serbie.

Il paraissait donc essentiel que le Cabinet russe adhérât immédiatement à la proposition anglaise, de façon à décider M. de Jagow à une action réelle sur Vienne. Un succès militaire autrichien, doublant l'avantage diplomatique déjà obtenu, pourrait compromettre gravement la paix générale, soit dès maintenant, soit dans l'avenir (1).

De Pétersbourg, M. Paléologue télégraphiait que le gouvernement russe acquiesçait à toutes les procédures proposées par la France et l'Angleterre pour sauvegarder la paix. D'autre part, la Consulta estimait que, malgré la déclaration de guerre, il n'y avait pas lieu d'interrompre les efforts tendant à une médiation (2).

Mais à Bruxelles on était inquiet de l'attitude énigmatique de l'Allemagne, qui autorisait « toutes les appréhensions ». Une intervention brusque contre nous n'aurait surpris personne et le gouvernement belge prenait des dispositions en vue de défendre sa neutralité (3).

D'ailleurs, on signalait de Francfort d'importants mouvements de troupes, le 28 et la nuit suivante. D'autres nouvelles alarmantes parvenaient de Munich (4).

(1) *Livre jaune*, p. 105-106, M. Bienvenu-Martin, circulaire 29 juillet.

(2) *Livre jaune*, p. 105 et 106, télégrammes de MM. Barrère et Paléologue, 29 juillet.

(3) *Livre jaune*, p. 107, M. Klobukowski à M. Bienvenu-Martin, 29 juillet.

(4) *Livre jaune*, p. 107-108, télégrammes de MM. Roussin et Allizé, 29 juillet.

De Vienne, on confirmait la mobilisation du 8e corps d'armée (Prague), y compris sa division de landwehr. Les divisions de cavalerie de Galicie mobilisaient également; des régiments, des divisions de cavalerie de Vienne et de Buda-Pest avaient été déjà transportés à la frontière russe. Le bruit courait de la mobilisation générale autrichienne le 30 juillet ou le 1er août au soir. L'Empereur devait revenir à Vienne le 30 (1).

Ces préparatifs avaient aussitôt leur contre-coup à Pétersbourg. Le gouvernement austro-hongrois avait déjà refusé la conversation directe offerte par le Cabinet russe. On constatait, d'autre part, que l'Autriche précipitait sa préparation contre la Russie et activait sa mobilisation, déjà commencée sur la frontière de Galicie. On décidait donc d'envoyer, la nuit suivante, l'ordre de mobilisation aux treize corps d'armée destinés à opérer éventuellement contre l'Autriche (2).

Au télégramme de Guillaume II que nous avons cité, Nicolas II répondait le 29, à 20 h. 20, et sa réponse était significative :

« Je te remercie pour ton télégramme, qui est conciliant et amical, tandis que la communication officielle faite aujourd'hui par ton ambassadeur à mon ministre ne lui ressemblait guère. Je te prie de m'expliquer cette différence. Il serait préférable de soumettre le problème austro-serbe à la Conférence de La Haye. J'ai confiance en ta sagesse et en ton amitié » (3).

---

(1) *Livre jaune*, p. 108, M. Dumaine à M. Bienvenu-Martin, 29 juillet.

(2) *Livre jaune*, p. 109, M. Paléologue à M. Bienvenu-Martin, 29 juillet. Cf. *Livre rouge*, n° 40, 28 juillet.

(3) Ce télégramme ne figurait pas au premier *Livre blanc* allemand.

Un autre télégramme de Nicolas II, daté du 29, à 13 heures, s'était croisé avec celui de Guillaume II. Il était plus explicite :

« Je suis heureux que tu sois rentré en Allemagne. En ce moment si grave, je te prie instamment de venir à mon aide. Une guerre honteuse a été déclarée à une faible nation; je partage entièrement l'indignation, qui est immense en Russie.

« Je prévois que, très prochainement, je ne pourrai plus longtemps résister à la pression qui est exercée sur moi et que je serai forcé de prendre des mesures qui conduiront à la guerre.

« Pour prévenir le malheur que serait une guerre européenne, je te prie, au nom de notre vieille amitié, de faire tout ce qui te sera possible pour empêcher ton alliée d'aller trop loin » (1).

Toute la différence entre l'âme russe et l'âme germanique réside dans ces mots : « *Une guerre honteuse a été déclarée à une faible nation* ». Ce qui indignait la Russie entière, cette attaque précipitée d'un petit peuple par une grande puissance militaire, n'était aucunement ressenti par les Austro-Allemands. Ils n'y voyaient qu'une occasion d'user de leur force et ils la saisissaient volontiers.

Le soir même, Guillaume II répondait à l'Empereur de Russie et déjà son ton changeait : il ne pouvait considérer « la marche en avant de l'Autriche » comme une guerre honteuse. Il y voyait « une tentative d'obtenir

---

C'est sur la dénonciation de cette omission par la presse russe (31 janvier 1915) que le gouvernement allemand le publia dans son second *Livre blanc*, n° 22.

(1) *Livre blanc*, annexe n° 21, télégramme du 29 juillet, 1 heure du soir.

toute garantie que les promesses de la Serbie seraient aussi exécutées en fait ». Il rappelait que l'Autriche ne visait à aucune acquisition territoriale au détriment de la Serbie et pensait donc qu'il serait très possible à la Russie de persister « dans son rôle de spectatrice, sans entraîner l'Europe dans la guerre la plus effroyable ».

Il jugeait aussi qu'une entente directe entre Pétersbourg et Vienne était possible et désirable; son gouvernement, ajoutait-il, essayait de la favoriser de toutes ses forces. Mais comment concilier ces assertions avec le refus de conversation directe opposé par l'Autriche à la Russie? (1).

Le télégramme impérial se terminait ainsi : « Naturellement, des mesures militaires de la Russie, que l'Autriche-Hongrie pourrait considérer comme une menace, hâteraient une calamité que tous deux nous cherchons à éviter et rendraient également impossible ma mission de médiateur (*sic*) que j'ai acceptée avec empressement lorsque tu as fait appel à mon amitié et à mon aide » (2).

Ainsi, l'Autriche ayant eu l'initiative des préparatifs militaires contre la Russie, Guillaume II invitait cette dernière Puissance à ne pas suivre cet exemple, ce que son alliée pourrait considérer comme une menace. A lui seul, son télégramme n'était-il pas une menace choquante pour une Puissance comme la Russie?

A Berlin, au contraire, il semblait qu'il y eût une détente. On avait demandé à Vienne, disait-on, de se prêter à une conversation directe avec Pétersbourg et on attendait la réponse. M. de Jagow avait enfin lu la note serbe et y voyait une base de négociation possible, ce qui

---

(1) V. *supra*, p. 133, 137.

(2) *Livre blanc*, annexe n° 22, télégramme du 29 juillet, 6 h. 30. du soir.

rendait plus inexplicable encore la rupture de l'Autriche, du moins aux yeux de M. Jules Cambon.

Le Secrétaire d'Etat faisait alors observer qu'avec les peuples d'Orient on n'avait jamais assez de sûreté et que l'Autriche voulait contrôler l'exécution des promesses serbes. C'était là le point capital. M. Jules Cambon objectait que, voulant rester indépendante, la Serbie devait repousser le contrôle d'une seule Puissance, mais qu'une commission internationale ne présenterait pas le même caractère. En dehors des conversations directes entre Vienne et Pétersbourg, M. de Jagow ne pensait-il pas que l'action commune des quatre Puissances pourrait s'exercer par l'intermédiaire de leurs ambassadeurs? Le Secrétaire d'Etat répondait affirmativement.

Dans l'après-midi, le chancelier de l'empire recevait sir E. Goschen et revenait sur la proposition d'une conférence pour expliquer son refus. Il assurait l'ambassadeur de son sincère désir de paix et des efforts qu'il faisait à Vienne en vue de la maintenir, mais il ajoutait l'antienne ordinaire du gouvernement allemand, à savoir que la Russie seule était maîtresse de conserver la paix ou de déchaîner la guerre. Sir E. Goschen exposait une manière de voir exactement contraire, que ne discutait pas le chancelier. Mais il ajoutait qu'il poussait le plus possible aux conversations directes entre Vienne et Pétersbourg — que Vienne avait déjà rejetées —. Mais sa tâche deviendrait très difficile, si la mobilisation de quatorze (*sic*) corps d'armée russes sur la frontière autrichienne était confirmée (1).

Tandis qu'à Berlin on affectait de compter sur les con-

(1) *Livre jaune*, p. 109-110, M. Jules Cambon à M. Bienvenu-Martin, 29 juillet.

versations directes entre Vienne et Pétersbourg, comme nous l'avons vu à plusieurs reprises, à Vienne on pensait tout autrement. L'ambassadeur russe ayant demandé que les pourparlers commencés à Pétersbourg entre MM. Sazonoff et Szapary fussent poursuivis et rendus plus efficaces pas des pouvoirs spéciaux conférés, le comte Berchtold s'y opposait nettement. Visiblement, l'Autriche ne tolérerait aucune intervention l'empêchant d'infliger un châtiment humiliant à la Serbie (1).

Quant au gouvernement allemand, il prétendait poursuivre ses efforts en vue de connaître exactement le but et l'extension des opérations en Serbie. Il les ignorait, assurait M. de Schœn. La Russie aurait ainsi chance d'obtenir satisfaction. La déclaration de guerre survenue n'arrêtait pas les efforts tentés de Berlin. Mais, objectait M. Bienvenu-Martin, les opérations engagées pouvaient ne laisser aucun répit aux Puissances. M. de Schœn répondait qu'il espérait que ces opérations « ne seraient pas poussées très activement ».

Cependant, les événements se pressaient à Pétersbourg. La déclaration de guerre autrichienne à la Serbie, la mobilisation de la plus grande partie de l'armée austro-hongroise, enfin le refus du comte Berchtold de continuer les conversations directes entre Vienne et Pétersbourg, avaient déterminé le gouvernement russe à mobiliser les arrondissements d'Odessa, de Kiew, de Moscou et de Kazan (2). En portant ce fait à la connaissance du gou-

(1) *Livre jaune*, p. 111, M. Dumaine à M. Bienvenu-Martin, 29 juillet. Cf. *Livre rouge*, n° 40, 28 juillet.

(2) Un oukase publié le 30 juillet appelait sous les drapeaux les réservistes de 23 gouvernements et de 71 districts, ceux de la flotte pour 64 districts, les Cosaques en congé des territoires du Don, du Kouban, du Terek, d'Astrakan, d'Orenbourg et de l'Oural. Cf. *Livre blanc*, annexe 11, 27 juillet, et *Livre bleu*, *Complément*, n° 94, 29 juillet.

vernement allemand, l'ambassadeur russe était chargé d'ajouter que ces précautions n'étaient à aucun degré dirigées contre l'Allemagne et ne préjugeaient pas non plus une offensive contre l'Autriche. L'ambassadeur à Vienne n'était pas rappelé.

D'ailleurs, M. Sazonoff n'en continuait pas moins ses efforts en vue d'obtenir l'action médiatrice de l'Angleterre et l'arrêt immédiat des opérations contre la Serbie. Il gardait de ses entretiens avec l'ambassadeur allemand cette impression que l'Allemagne favorisait l'intransigeance austro-hongroise, au lieu d'exercer sur son alliée aucune action modératrice. Cette attitude lui paraissait dès lors très inquiétante et il considérait l'Angleterre comme en meilleure posture que les autres Puissances pour agir sur Berlin et, par ricochet, à Vienne (1).

Il convient d'ajouter que, d'après des témoins bien informés, la conviction de l'Autriche et de l'Allemagne avait été et était encore que la « Russie ne marcherait pas ». Elles visaient donc à l'intimider, ainsi que la France. Le 29 juillet, M. de Jagow déclarait au représentant de l'Italie qu'il ne croyait pas à une guerre faite par la Russie. De même pour l'ambassadeur d'Autriche à Berlin : il jugeait impossible une guerre générale, la Russie n'étant ni en humeur ni en état d'y prendre part (2).

Cette opinion présente un caractère marqué de vraisemblance. On peut croire, jusqu'à preuve du contraire, que l'Autriche et l'Allemagne espéraient anéantir politiquement la Serbie, en intimidant la Russie. Si, au con-

(1) *Livre jaune*, p. 112, M. Bienvenu-Martin, circulaire, 29 juillet.
(2) *Livre jaune*, p. 113, M. Barrère à M. Bienvenu-Martin, 29 juillet. V. *supra*, p. 116, 126.

traire, cette dernière intervenait par les armes, une guerre générale surviendrait et les deux pays s'y croyaient sûrs du succès.

Sur les entrefaites, le Président de la République et M. Viviani étaient rentrés à Paris. Dès son retour, le Président du Conseil s'efforçait de faire reprendre à Berlin la proposition britannique de médiation des quatre Puissances, si malencontreusement abandonnée pour la conversation directe entre Vienne et Pétersbourg. La France et la Russie étaient entièrement d'accord sur ce point et nous cherchions à obtenir de l'Italie le maintien de son concours en faveur de la paix (1).

Si le gouvernement allemand adhérait, en principe, à la proposition anglaise, il n'en continuait pas moins d'opposer des objections à l'idée d'une conférence ou d'une médiation. Vainement, sir E. Grey invitait le prince Lichnowsky à prier son gouvernement de proposer lui-même une formule. Quelle qu'elle fût, si elle permettait de maintenir la paix, elle serait agréée par l'Angleterre, la France et l'Italie. Sir E. Grey ne cachait pas qu'il gardait peu d'espoir dans une solution pacifique (2).

La situation du Cabinet britannique était alors très délicate. Il voyait approcher une guerre européenne, dans laquelle les intérêts nationaux seraient fortement engagés. Mais il était pacifique par son origine, par ses tendances, par son alliance avec le parti *travailliste*. La nation ne l'était pas moins. Par ses traditions d'isolement,

---

(1) *Livre jaune*, p. 114, M. Viviani à M. Paul Cambon, 29 juillet. Le Président débarqué à Dunkerque dans la matinée du 29 arrivait à Paris à 13 h. 20.

(2) *Livre jaune*, p. 114-115, M. Paul Cambon à M. Bienvenu-Martin, 29 juillet.

par ses habitudes, elle est volontiers étrangère à la politique générale. Elle s'intéresse presque uniquement aux intérêts britanniques. Encore ne les conçoit-elle pas comme il conviendrait à leur immensité, à leur extension au globe entier. Elle regarde aisément par le petit bout de la lorgnette.

Au cours de sa conversation du 29 juillet avec M. Paul Cambon, sir E. Grey annonçait l'intention de dire, le jour même, à l'ambassadeur allemand, qu'il ne devait pas se laisser aller, à raison du ton amical de leurs conversations, « à un sentiment de fausse certitude » que la Grande-Bretagne resterait à l'écart, si tous les efforts qu'elle tentait actuellement pour conserver la paix, « en commun avec l'Allemagne », échouaient.

Mais le ministre ajoutait aussitôt un correctif. En Angleterre, l'opinion publique envisageait les difficultés austro-serbes d'un point de vue tout à fait différent de celui adopté par elle lors du Coup d'Agadir. Dans ce dernier cas, il s'agissait d'un conflit où la France était la principale intéressée et où il apparaissait nettement que l'Allemagne lui cherchait querelle au sujet d'une question faisant l'objet d'une convention spéciale entre elle et la Grande-Bretagne.

Le conflit austro-serbe n'était pas une éventualité où cette puissance se sentît appelée à jouer un rôle actif. Il en serait de même si le conflit devenait austro-russe. « Ce serait alors une question de suprématie entre le Teuton et le Slave dans les Balkans » et l'idée britannique avait toujours été d'éviter une guerre « pour une question balkanique ».

Si l'Allemagne entrait dans la lutte et si, par suite, la France y était à son tour entraînée, la Grande-Bretagne ignorerait encore ce qu'elle ferait. Ce serait à examiner, en tenant compte uniquement des intérêts britanniques, puisque la nation était libre d'engagements.

M. Paul Cambon parut tout à fait préparé à cette déclaration et ne fit aucune objection (1).

Il faut bien dire que le raisonnement de sir E. Grey partait d'un point de vue singulièrement étroit. La Grande-Bretagne est beaucoup plus intéressée que nous aux questions balkaniques. Constantinople et Salonique ne commandent-elles pas des routes conduisant en Egypte, c'est-à-dire dans l'Inde? Si la domination austro-allemande s'installait définitivement dans les Balkans, la perte de ces deux colonies ne serait assurément qu'une question de temps. La moindre réflexion suffit à le montrer.

En réalité, un conflit austro-russe entraînait fatalement la participation de l'Allemagne, de la France et finalement de l'Angleterre, mais celle-ci n'était pas encore prête à pareille décision. Les avertissements de sir E. Grey, répétés à Berlin par sir E. Goschen (2), n'en avaient pas moins une extrême importance, en ce qu'ils montraient au gouvernement allemand qu'il avait tort de compter sur la neutralité indéfiniment prolongée de la Grande-Bretagne. Il y a les plus fortes raisons de penser que c'était l'une des illusions si nombreuses caressées à ce moment par l'empereur allemand et par son entourage (3).

En Russie, le conflit déroulait ses conséquences normales. Dès la remise de l'ultimatum à Belgrade, le prince héritier avait sollicité la protection de l'Empereur. Celui-ci remerciait le prince de s'être adressé à lui dans une circonstance aussi critique. Il déclarait que si une solu-

---

(1) *Livre bleu*, n° 87, sir E. Grey à sir F. Bertie, 29 juillet.
(2) *Livre bleu*, n° 88, sir E. Grey à sir E. Goschen, 29 juillet.
(3) V. *supra*, p. 126.

tion pacifique ne pouvait être acquise, la Russie ne se désintéresserait jamais du sort de la Serbie (1).

A Pétersbourg, l'Allemagne prenait nettement position. Son ambassadeur venait déclarer à M. Sazonoff que, si la Russie n'arrêtait pas ses préparatifs militaires, l'armée allemande recevrait l'ordre de mobiliser.

M. Sazonoff répondait que les préparatifs russes étaient motivés autant par l'intransigeance obstinée de l'Autriche que par le fait de la mobilisation de huit corps d'armée austro-hongrois.

Le ton du comte de Pourtalès était tel que le gouvernement russe ordonnait, la nuit même, la mobilisation des treize corps destinés à opérer contre l'Autriche (2).

Le 30 juillet voyait encore la situation s'assombrir. Dans la nuit, M. Iswolski venait aviser M. Viviani du fait survenu à Pétersbourg. Devant la menace allemande, la Russie ne pouvait que hâter ses armements et envisager l'imminence de la guerre. Elle comptait sur le concours de la France et considérait comme désirable que l'Angleterre se joignît sans perdre de temps aux deux alliés.

M. Viviani faisait aussitôt connaître à Londres et à Pétersbourg que la France était résolue à remplir toutes les obligations de l'alliance. Elle n'en continuerait pas moins ses efforts en vue de la solution pacifique du conflit, et le Président du Conseil demandait que, dans ses mesures de précaution et de défense, la Russie ne prît immédiatement aucune disposition offrant à l'Allemagne un prétexte pour une mobilisation totale ou partielle.

D'ailleurs, le soir du 29 juillet, M. de Schœn avait déjà

(1) *Livre jaune*, p. 115, M. Boppe à M. Bienvenu-Martin, 29 juillet. Cf. *Livre orange*, n°s 6 et 40, 24 et 27 juillet.

(2) *Livre jaune*, p. 115-116, M. Paléologue à M. Bienvenu-Martin, 29 juillet. V. *supra*, p. 141.

entretenu M. Viviani des mesures militaires du gouvernement français. Il ajoutait que la France était libre d'agir ainsi, mais qu'en Allemagne les préparatifs ne pouvaient être secrets et qu'il ne faudrait pas que l'opinion française s'alarmât si le cas se présentait.

M. Viviani répondait, comme il était vrai, que le gouvernement français n'avait pris aucune mesure qui pût inquiéter ses voisins et que sa volonté de se prêter à toute négociation pour le maintien de la paix ne pouvait être mise en doute (1).

Les préparatifs faits chez nous étaient d'ailleurs si justifiés que le gouvernement belge les avait devancés. Le 27 juillet, il décidait de mettre l'armée sur pied de paix renforcé, tout en rappelant que cette mesure ne devait pas être confondue avec la mobilisation. De la sorte, ses six divisions d'armée et sa division de cavalerie, grâce au rappel de trois classes, auraient des effectifs analogues à ceux des corps entretenus en permanence dans les zones frontières des Puissances voisines (2).

Comme le désirait M. Viviani, l'état-major russe avait fait surseoir, dans la nuit du 29 au 30, aux mesures militaires arrêtées. La mobilisation n'était définitivement arrêtée que le matin du 30. Le chef d'état-major général convoquait l'attaché militaire allemand et lui donnait sa parole d'honneur que cette mesure visait uniquement l'Autriche.

Toutefois, dans un nouvel entretien qu'il avait l'après-midi du 30 avec le comte de Pourtalès, M. Sazonoff acqué-

(1) *Livre jaune*, p. 116-117. M. Viviani aux ambassadeurs à Londres et à Pétersbourg, 30 juillet. Cf. 2e *Livre gris belge*, 1re annexe au n° 118; *Livre blanc*, annexes 9 et 17, 27 et 29 juillet; *Livre bleu*, n° 32, 29 juillet.

(2) *Livre gris*, n° 8, circulaire de M. Davignon, 29 juillet.

rait la conviction que l'Allemagne ne voulait pas prononcer à Vienne la parole décisive qui sauvegarderait la paix. L'état-major et l'amirauté russes avaient reçu des renseignements inquiétants sur les préparatifs de l'armée et de la marine allemandes. Enfin, un nouvel échange de télégrammes entre les deux souverains conduisait aux mêmes conclusions, comme nous allons le voir. Néanmoins, M. Sazonoff répétait : « Jusqu'au dernier instant, je négocierai » (1).

Dans la nuit du 29 au 30, à 1 heure du matin, Guillaume II télégraphiait à l'Empereur de Russie en termes laissant voir la menaçante réalité : « Mon ambassadeur a été chargé d'appeler l'attention de ton gouvernement sur les dangers et les graves conséquences d'une mobilisation; c'est ce que je t'avais dit dans mon dernier télégramme.

« L'Autriche-Hongrie n'a mobilisé que contre la Serbie et seulement une partie de son armée. Si la Russie, comme c'est le cas d'après ton télégramme et la communication de ton gouvernement, mobilise contre l'Autriche-Hongrie, la mission de médiateur (*sic*) que tu m'as amicalement confiée et que j'ai acceptée sur ton instante prière, sera compromise, sinon rendue impossible.

« Tout le poids de la décision à prendre pèse actuellement sur tes épaules, qui auront à supporter la responsabilité de la guerre ou de la paix » (2).

Pour faire toucher du doigt l'insigne mauvaise foi de Guillaume II, il suffit de rappeler que l'Autriche avait

---

(1) *Livre Jaune*, p. 117, M. Paléologue à M. Viviani, 30 juillet. *Cf. Livre bleu*, n° 42, 30 juillet.

(2) *Livre blanc*, annexe n° 23, télégramme du 30 juillet, 1 heure du matin.

mobilisé huit corps d'armée, c'est-à-dire beaucoup plus qu'il ne fallait pour réduire la Serbie. En outre, des troupes de Galicie figuraient parmi les corps mobilisés (1). Contre qui pouvaient-elles opérer, sinon contre les Russes!

Ce télégramme si menaçant se croisait avec la réponse que Nicolas II adressait à celui du 29 juillet, 6 h. 30 du soir (2). Elle était pleine de confiance et d'abandon : « Je te remercie cordialement de ta prompte réponse... Les décisions militaires qui sont mises maintenant en vigueur ont déjà été prises il y a cinq jours, à titre de défense contre les préparatifs de l'Autriche.

« J'espère de tout mon cœur que ces mesures n'influeront en rien sur ton rôle de médiateur que j'apprécie grandement. Nous avons besoin de ton intervention énergique auprès de l'Autriche, afin qu'elle arrive à une entente avec nous » (3).

Après avoir reçu le dernier télégramme de Guillaume II, l'Empereur écrivait encore : « Je te remercie de tout cœur de ton intention, qui laisse percer une lueur d'espoir que tout se terminera encore à l'amiable. Techniquement, il est impossible de suspendre nos préparatifs militaires, qui ont été nécessités par la mobilisation de l'Autriche.

« Nous sommes loin de désirer la guerre; aussi longtemps que dureront les pourparlers avec l'Autriche, au sujet de la Serbie, mes troupes ne se livreront à aucun acte de provocation. Je t'en donne ma parole d'honneur.

« J'ai confiance absolue dans la grâce divine et souhaite

---

(1) V. *supra*, p. 117, 137.

(2) V. *supra*, p. 138.

(3) *Livre blanc*, *annexe* n° 23 *a*, télégramme du 30 juillet, 1 h. 20 après-midi.

la réussite de ton intervention à Vienne pour le bien de nos pays et la paix de l'Europe.

« Bien cordialement à toi » (1).

Nous le demandons à tout juge indépendant : des deux correspondants, quel est celui qui, par la forme et par le fond, affirme le plus des intentions pacifiques? N'est-ce pas Nicolas II? L'Empereur allemand n'en entreprend pas moins de faire peser sur les épaules de son cousin le poids effroyable de la guerre qui va commencer. On dirait qu'il s'attache à justifier la réputation de fourberie et de mensonge qui est attachée aux Germains depuis les époques les plus lointaines.

Dans la nuit du 30 au 31 juillet, l'ambassadeur d'Allemagne venait encore insister auprès de M. Sazonoff pour que la Russie cessât ses préparatifs, mais en y apportant moins d'insistance que dans la nuit du 29 au 30. Il affirmait que l'Autriche ne porterait pas atteinte au territoire de la Serbie.

« Ce n'est pas seulement l'intégrité territoriale de la Serbie que nous devons sauvegarder, répondit M. Sazonoff, c'est encore son indépendance et sa souveraineté. Nous ne pouvons pas admettre que la Serbie devienne vassale de l'Autriche. »

M. Sazonoff ajoutait : « L'heure est trop grave pour que je ne vous déclare pas toute ma pensée. En intervenant à Pétersbourg, tandis qu'elle refuse d'intervenir à Vienne, l'Allemagne ne cherche qu'à gagner du temps, afin de permettre à l'Autriche d'écraser le petit royaume serbe avant que la Russie ait pu le secourir. Mais l'empe-

(1) *Livre blanc*, télégramme du 31 juillet, reproduit par notre *Livre jaune*, p. 211, sans indication d'heure.

reur Nicolas a un tel désir de conjurer la guerre, que je vais vous faire en son nom une nouvelle proposition :

« Si l'Autriche, reconnaissant que son conflit avec la Serbie a assumé le caractère d'une question d'intérêt européen, se déclare prête à éliminer de son ultimatum les clauses qui portent atteinte à la souveraineté de la Serbie, la Russie s'engage à cesser toutes mesures militaires ».

Le comte de Pourtalès promettait d'appuyer cette proposition auprès de son gouvernement (1), bien qu'à l'avance on pût penser qu'elle n'avait aucune chance d'aboutir.

Sur les entrefaites, la situation semblait se détendre à Vienne, sans que les causes en apparaissent encore nettement.

Dans un entretien avec le comte Berchtold, M. Schebeko expliquait que les préparatifs russes n'avaient d'autre objet que de répondre à ceux de l'Autriche, en indiquant l'intention et les droits de l'Empereur d'émettre son avis dans le règlement de la question serbe. « Les mesures prises en Galicie, répondait le comte Berchtold, n'impliquent non plus aucune intention agressive et visent seulement à maintenir la situation sur le même pied. » Il était convenu que, de part et d'autre, on s'appliquerait à ce que ces mesures ne fussent pas interprétées comme des marques d'hostilité.

On convenait également que, pour le règlement du conflit austro-serbe, les pourparlers seraient repris à Pétersbourg entre M. Sazonoff et le comte Szapary.

---

(1) *Livre jaune*, p. 117-118, M. Paléologue à M. Viviani, 30 juillet.

D'après le comte Berchtold, s'ils avaient été interrompus, c'était par suite d'un malentendu (1).

L'ambassadeur d'Angleterre déclarait aussitôt à M. Schebeko que le Foreign Office approuverait entièrement cette nouvelle procédure. Tout permettait donc de croire qu'il subsistait des chances sérieuses de localiser le conflit, lorsque la nouvelle de la mobilisation allemande parvenait à Vienne (2).

Les précédents autorisent à se demander si la nouvelle attitude de l'Autriche était empreinte d'une entière sincérité. Devant la gravité de la situation, avait-elle réfléchi et tenté d'enrayer les événements dans leur course rapide? N'avait-elle esquissé qu'une feinte destinée à tromper ses adversaires et à faire peser sur eux le poids d'une rupture? Il est malaisé d'en décider actuellement, bien que la seconde hypothèse paraisse la plus vraisemblable.

A Berlin, en effet, le 30, vers 13 heures, la nouvelle de la mobilisation allemande avait couru; elle était même annoncée par des suppléments de journaux. A 14 heures, M. de Jagow télégraphiait à l'ambassadeur de France que ce bruit était faux; les suppléments des journaux étaient saisis.

Mais la situation ne s'en était pas réellement éclaircie. Il paraissait certain que, dans un conseil extraordinaire tenu le soir du 29 à Potsdam, sous la présidence de l'Empereur, la mobilisation avait été décidée, ce qui provoquait l'édition spéciale du *Lokal Anzeiger* (3). Sous des influences diverses, notamment celles de la déclaration britannique réservant l'avenir et des communications

---

(1) V. *supra*, p. 133.

(2) *Livre jaune*, p. 118-119, M. Dumaine à M. Viviani, 30 juillet.

(3) Organe officieux, comme on sait.

intervenues entre l'Empereur et Nicolas II, l'exécution des dispositions prises avait été suspendue.

Suivant le sous-secrétaire d'Etat Zimmermann, les autorités militaires pressaient vivement pour que la mobilisation fût décrétée, parce que tout retard faisait perdre à l'Allemagne quelques-uns de ses avantages. Elle pouvait donc être décidée d'un moment à l'autre.

En outre, on avait les plus fortes raisons de penser que toutes les mesures pouvant être réalisées avant la publication de l'ordre de mobilisation générale avaient déjà été prises et que le gouvernement allemand voudrait nous en faire endosser l'initiative apparente, pour mieux nous en attribuer la responsabilité (1).

Le gouvernement français était bien loin de songer à commettre la moindre imprudence. Peut-être même poussait-il la réserve un peu loin. Bien que l'Allemagne eût pris ses dispositifs de couverture sur tout le front du Luxembourg aux Vosges, à quelques centaines de mètres de la frontière, le Conseil des ministres du 30 juillet au matin décidait de retenir nos troupes à 10 kilomètres de cette limite, avec interdiction de s'en rapprocher. Il est presque superflu d'ajouter que pareille défense n'était pas pour exalter le moral de nos soldats et qu'en outre elle impliquait l'abandon à l'adversaire éventuel de ressources appréciables.

Notre plan d'opérations, conçu dans un esprit très net d'offensive, prévoyait pourtant que les positions de combat de nos troupes de couverture seraient aussi rapprochées que possible de la frontière. Le sacrifice accompli montrait que la France, pas plus que la Russie, ne voulait assumer la responsabilité d'une guerre.

---

(1) *Livre jaune*, p. 119-120. M. Jules Cambon à M. Viviani, 30 juillet. Cf. *Livre orange*, nos 61 et 62, 30 juillet.

Ce fait ressortait également des mesures militaires prises dans les deux pays : en France, les permissionnaires n'avaient été rappelés que lorsque le gouvernement avait acquis la certitude de la même mesure, prise cinq jours auparavant en Allemagne.

Non seulement les troupes de la garnison de Metz avaient été poussées jusqu'à la frontière, mais elles avaient été renforcées par des éléments venus de l'intérieur, de Trèves et de Cologne, par exemple. Rien d'analogue n'avait été fait en France.

L'armement des places frontières avait commencé en Allemagne le 25; il allait commencer chez nous le 30.

Les gares avaient été occupées militairement en Allemagne le 25, en France le 28.

En Allemagne, des dizaines de milliers de réservistes avaient été appelés par convocation individuelle; ceux résidant à l'étranger (classes de 1903 à 1911), rappelés en territoire national; les officiers de réserve convoqués; à l'intérieur les routes étaient barrées, les automobiles ne circulaient qu'avec un permis. Aucune de ces mesures n'avait été prise en France.

Les postes allemands étaient « sur nos bornes-frontières »; deux fois, le 29 juillet, des patrouilles avaient pénétré sur notre territoire.

Dès le 31 juillet, le XVIe corps (Metz), renforcé d'une partie du VIIIe venue de Trèves et de Cologne, couvrait l'espace allant de Metz au Luxembourg; le XVe corps (Strasbourg) avait également serré sur la frontière. Les Alsaciens-Lorrains avaient défense de la passer sous peine de mort (1).

Dans ces conditions, le Président de la République

(1) M. Viviani à M. Paul Cambon, 30 juillet, *Livre jaune*, p. 130.

faisait une tentative nouvelle pour obtenir une solution pacifique. La Russie ne consentait à démobiliser, suivant la demande allemande, que si l'Autriche-Hongrie promettait de respecter la souveraineté de la Serbie et de soumettre à une discussion internationale certaines demandes formulées par elle et non acceptées par Belgrade. M. Poincaré considérait comme certain que ces conditions ne seraient pas agréées à Vienne. Il était persuadé que la paix reposait entre les mains de la Grande-Bretagne. Si le gouvernement britannique annonçait qu'il interviendrait aux côtés de la France, dans un conflit éventuel avec l'Allemagne, celle-ci modifierait aussitôt son attitude et toute chance de guerre disparaîtrait (1).

A cette combinaison, l'ambassadeur britannique faisait les objections habituelles; il en transmettait néanmoins l'exposé à Londres. Mais les événements marchaient trop vite pour qu'une nouvelle décision du gouvernement anglais, d'ailleurs improbable, pût intervenir en temps opportun. De Berlin, on faisait connaître que M. de Jagow, auquel le comte de Pourtalès avait transmis la formule

---

121. Dans un discours du 4 août à la Chambre (*Livre jaune*, p. 165), M. Viviani donne une énumération autre :

25 juillet, les garnisons d'Alsace-Lorraine sont consignées ; les ouvrages frontières mis en armement.

26 juillet, on prescrit aux chemins de fer les mesures préparatoires à la concentration.

27 juillet, on effectue des réquisitions et on met en place les troupes de couverture.

28 juillet, on appelle individuellement des réservistes et on rapproche de la frontière des unités éloignées.

31 juillet, rupture des communications par routes, voies ferrées, téléphones et télégraphes ; saisie de locomotives françaises à leur arrivée ; placement de mitrailleuses sur les voies ferrées coupées ; concentration de troupes sur la frontière ; six classes de réservistes ont été rappelées.

(1) *Livre bleu*, n° 36, sir F. Bertie à sir E. Grey, 30 juillet.

de conciliation suggérée par M. Sazonoff, venait de déclarer à l'ambassadeur de Russie qu'il trouvait cette rédaction inacceptable pour l'Autriche (1). Ainsi, la diplomatie allemande persistait dans le rôle négatif qui avait été le sien depuis le début.

La tension croissante amenait la Grande-Bretagne à faire un nouveau pas en avant. Le prince Lichnowsky ayant questionné sir E. Grey sur les préparatifs militaires de l'Angleterre, le Secrétaire d'Etat répondait qu'ils n'avaient aucun caractère offensif, mais que, dans la situation présente, il était naturel de prendre quelques précautions. En Angleterre comme en France, on désirait le maintien de la paix; si l'on y prenait des mesures, ce n'était pas en vue d'une agression.

Les renseignements communiqués à sir E. Grey, au sujet des dispositions prises par l'Allemagne sur notre frontière, lui faisaient admettre qu'il ne s'agissait plus d'un conflit d'influence austro-russe, mais bien d'une guerre générale que pourrait déchaîner la première attaque. Il estimait avec M. Paul Cambon que le moment était venu d'envisager toutes les hypothèses et de les discuter en commun (2).

A Berlin, M. de Jagow, au lieu de donner lui-même la formule de l'intervention des quatre Puissances, comme l'avait demandé sir E. Grey, imaginait, « pour gagner du temps », de demander directement à l'Autriche sur quel terrain on pourrait causer utilement avec elle. C'était le moyen d'éliminer l'Angleterre, la France et l'Italie, en

(1) *Livre jaune*, p. 121, M. Jules Cambon à M. Viviani, 30 juillet.

(2) *Livre jaune*, p. 122, M. Paul Cambon à M. Viviani, 30 juillet. Cette procédure était prévue depuis 1912 (échange de dépêches des 22 et 23 novembre, *Livre jaune*, p. 167, 168).

confiant à M. de Tschirsky, pangermaniste et russophobe notoire, le soin d'amener l'Autriche à une attitude conciliante.

A M. Jules Cambon, M. de Jagow parlait de la mobilisation russe sur la frontière autrichienne : cette mesure compromettait le succès de toute intervention auprès de l'Autriche. Il pouvait en résulter une mobilisation générale pour cette Puissance et, par contre-coup, pour la Russie et pour l'Allemagne. M. Jules Cambon lui faisant remarquer que, d'après ses propres déclarations, le gouvernement allemand ne devait se considérer comme obligé de mobiliser que si les Russes mobilisaient sur la frontière allemande, M. de Jagow objectait que les autorités militaires insistaient pour éviter tout retard, c'est-à-dire toute perte de forces pour l'armée allemande. D'ailleurs, les paroles qu'il avait prononcées « ne constituaient pas, de sa part, un engagement ferme ». L'ambassadeur en déduisait que les chances de paix avaient encore décru (1).

Le lendemain, 31 juillet, dans la matinée, le prince Lichnowsky demandait formellement à sir E. Grey si l'Angleterre garderait la neutralité dans le conflit qui se préparait. Le Secrétaire d'Etat répondait que, si ce conflit devenait général, son pays ne pourrait rester neutre et que, notamment, si la France y était impliquée, il y serait également entraîné.

Le Cabinet s'était réuni, également dans la matinée. Après examen de la situation, il admettait néanmoins que, pour le moment, le gouvernement britannique ne pouvait garantir à la France son intervention. L'intention arrêtée était de s'entremettre pour obtenir de nous et de

(1) *Livre jaune*, p. 122-123, M. Jules Cambon à M. Viviani, 30 juillet.

l'Allemagne l'engagement de respecter la neutralité belge, mais on voulait attendre que la situation se développât pour envisager une intervention. C'était, évidemment, courir le risque d'arriver trop tard; il y avait contradiction entre les déclarations de sir E. Grey et les décisions du Cabinet.

M. Paul Cambon demandait si, pour intervenir, le gouvernement attendrait l'invasion du sol français. Tout indiquait de la part des Allemands des intentions d'agression prochaine. Si l'on voulait éviter le retour des erreurs commises par l'Europe en 1870, il fallait que l'Angleterre envisageât dès maintenant les conditions de son concours auprès de la France.

Sir E. Grey répondait que l'opinion du Cabinet ne s'était formée que sur la situation présente. Si celle-ci se modifiait, on en délibérerait de nouveau.

Le Président de la République avait adressé une lettre autographe au Roi d'Angleterre. Elle était remise le soir du 31 et l'ambassadeur de France comptait que cette démarche serait prise en sérieuse considération par le Cabinet, dans sa réunion du 1er août (1).

Le temps pressait, ce qui rendait d'autant plus fâcheuses les hésitations du gouvernement britannique. De Luxembourg, on mandait que les Allemands avaient fermé les ponts de Schengen, de Remich, de Wormeldange, sur la Moselle; ceux de la Sûre n'étaient pas condamnés, mais on ne laissait sortir de Prusse ni blé, ni bétail, ni automobiles. Le ministre d'Etat luxembourgeois prenait occasion

---

(1) *Livre jaune*, p. 123-124, M. Paul Cambon à M. Viviani, 31 juillet. La substance de ce télégramme se retrouve dans celui de sir E. Grey à sir F. Bertie, 31 juillet (*Livre bleu*, n° 49). Cf. le texte de la lettre du Président et de la réponse du Roi, 31 juillet et 1er août, Gaston Jollivet, *Six mois de guerre*, p. 31.

de ces faits pour nous demander une promesse officielle de respecter la neutralité de son pays. A la même demande le ministre d'Allemagne répondait : « Cela va de soi, mais il faudrait que le gouvernement français prît le même engagement » (1). On verra, par la suite, comment cette promesse fut tenue.

Cependant on travaillait encore à Londres et à Paris au maintien de la paix. Antérieurement, l'ambassadeur d'Allemagne avait informé sir E. Grey de l'intention où était son gouvernement de tenter la combinaison suivante : Après la prise de Belgrade et l'occupation des régions serbes voisines de la frontière, l'Allemagne chercherait à obtenir de l'Autriche la promesse de ne pas avancer davantage. Les Puissances s'efforceraient alors d'obtenir que la Serbie donnât des satisfactions suffisantes à l'Autriche, qui évacuerait le territoire occupé après les avoir obtenues. Bien qu'il fût très douteux que la Russie acceptât un programme s'éloignant tout à fait du sien, sir E. Grey s'y rallia, le 29 juillet, et le gouvernement français fit de même, le 31, en apportant au projet allemand quelques modifications de forme, destinées à ménager la légitime susceptibilité de son alliée (2).

Sur les entrefaites, on recevait à Pétersbourg la nouvelle du bombardement de Belgrade dans la nuit du 29 au 30 et la matinée suivante. Ce fait provoquait en Russie la plus vive émotion. On remarquait que les provocations autrichiennes, depuis le début de la crise, avaient constamment suivi les tentatives de conciliation de la Russie

(1) *Livre jaune*, p. 124. M. Mollard à M. Viviani, 31 juillet.

(2) *Livre jaune*, p. 125-126, M. Viviani aux ambassadeurs, 31 juillet. Ce texte ne donne aucune explication sur le fait que la suggestion de sir E. Grey, émise le 29 juillet, ne fut recommandée que le 31 par notre gouvernement à Pétersbourg.

et les conversations satisfaisantes entre Pétersbourg et Vienne.

Malgré tout, pour ne négliger aucune chance, si faible qu'elle fût, M. Sazonoff modifiait la formule qu'il avait adoptée précédemment (1).

« Si l'Autriche consent à arrêter la marche de ses troupes sur le territoire serbe et si, reconnaissant que le conflit austro-serbe a assumé le caractère d'une question d'intérêt européen, elle admet que les grandes Puissances examineront les satisfactions que la Serbie pourrait accorder au gouvernement austro-hongrois, sans porter atteinte à ses droits souverains et à son indépendance, la Russie s'engage à conserver son attitude expectante (2). »

La différence essentielle entre cette formule et la proposition allemande était que celle-ci admettait en premier lieu l'occupation de Belgrade et des territoires voisins de la frontière, formule très élastique et prêtant fort à la discussion. Au contraire, le texte russe mentionnait l'arrêt, sans doute immédiat, des troupes autrichiennes. De plus, M. Sazonoff stipulait que les satisfactions cherchées par les Puissances ne porteraient pas atteinte aux droits souverains et à l'indépendance de la Serbie. Il était donc douteux que l'entente pût se faire à cet égard, même si l'Allemagne et son alliée y apportaient autant de franchise et de bonne volonté que la Russie.

En communiquant aux ambassadeurs de France les résultats obtenus, et en constatant que la *première apparence d'ouverture* faite par l'Allemagne depuis le début de la crise avait obtenu l'acquiescement de la Russie, M. Viviani émettait donc des doutes sur l'avenir. Il faisait

(1) V. *supra*, p. 151.
(2) *Livre jaune*, p. 126, M. Paléologue à M. Viviani, 31 juillet.

remarquer que la constante attitude de l'Allemagne depuis le début ne pouvait encourager les espérances de paix. Tout en protestant sans cesse de ses intentions pacifiques, elle avait fait échouer les tentatives d'accord et n'avait cessé d'encourager par son ambassadeur l'intransigeance de Vienne. Ses préparatifs militaires, poursuivis depuis le 25 juillet, son opposition immédiate à la formule russe, déclarée inacceptable pour l'Autriche sans même que cette Puissance eût été consultée, toutes les impressions venues de Berlin imposaient la conviction que l'Allemagne avait en vue l'humiliation de la Russie, la désagrégation de la Triple Entente et, si ces résultats ne pouvaient être obtenus, la guerre (1).

Le 31 juillet, à 14 heures, Guillaume II adressait à l'Empereur de Russie une sorte de télégramme de rupture, conçu dans le sens de ceux qui l'avaient précédé. Ce document vaut d'être textuellement reproduit :

« Sur ton appel à mon amitié et ta prière de te venir en aide *(sic)*, j'ai entrepris une action médiatrice entre ton gouvernement et le gouvernement austro-hongrois.

« Pendant que cette action était encore en cours, tes troupes ont été mobilisées contre mon alliée l'Autriche-Hongrie; à la suite de quoi, ainsi que je te l'ai fait savoir, mon intervention est devenue presque illusoire. Malgré cela, je l'ai continuée.

« Je reçois à l'instant des nouvelles dignes de foi touchant de sérieux préparatifs de guerre également sur ma frontière orientale. Ayant à répondre de la sécurité de mon empire, je me vois forcé de prendre les mêmes mesures défensives.

(1) *Livre jaune*, p. 127, 31 juillet.

« Je suis allé jusqu'à l'extrême limite du possible dans mes efforts pour maintenir la paix. Ce n'est pas moi qui supporterai la responsabilité de l'affreux désastre qui menace maintenant tout le monde civilisé.

« En ce moment encore, il ne tient qu'à toi de l'empêcher. Personne ne menace l'honneur et la puissance de la Russie, qui eût bien pu attendre le résultat de mon intervention. L'amitié pour toi et ton royaume (*sic*) qui m'a été transmise par mon grand-père à son lit de mort, est toujours sacrée pour moi, et j'ai été fidèle à la Russie lorsqu'elle s'est trouvée dans le malheur, notamment dans ta dernière guerre. Maintenant encore, la paix de l'Europe peut être maintenue par toi, si la Russie se décide à suspendre ses mesures militaires qui menacent l'Allemagne et l'Autriche » (1).

Cette dépêche est instructive en ce sens qu'elle met à nu l'état d'âme du Kaiser à la veille du conflit. Sa mégalomanie, son orgueil insensé y éclatent à chaque ligne, dans les moindres phrases, dans le ton de magister qu'il prend à l'égard de son impérial cousin. Sa fourberie n'y apparaît pas moins. Ne dirait-on pas, à lire son télégramme, que c'est à la Russie qu'incombe la responsabilité de l'attaque si précipitée contre la Serbie, de la mobilisation partielle, puis générale en Autriche? Oublie-t-il donc que lui-même a pris des mesures militaires dès le 25 juillet au moins, avant que la Russie en eût arrêté aucune? Si, mu par un scrupule invraisemblable, Nicolas II se conformait à ses objurgations, cette capitulation n'aurait d'autre résultat que de laisser la Russie désarmée en face des préparatifs avérés de ses futurs adversaires. Jamais,

---

(1) *Livre blanc*, télégramme du 31 juillet, 2 heures du soir.

peut-on dire, l'impudence teutonne ne s'affirma plus brutalement que dans le télégramme impérial du 31 juillet.

Les menaces de Guillaume II ne tardaient pas à se réaliser : le même jour, à midi, son gouvernement décrétait le *Kriegsgefahrzustand*, l'état de danger de guerre, qui permettait de proclamer l'état de siège, de suspendre certains services publics et de fermer les frontières. En communiquant cette décision à M. Viviani, le soir à 19 heures. M. de Schœn ajoutait que le gouvernement allemand « exigeait » la démobilisation russe. Faute de réponse satisfaisante « dans les douze heures », il mobiliserait à son tour. La brutalité ne pouvait aller plus loin.

En même temps, M. de Schœn demandait à M. Viviani quelle serait l'attitude de la France en présence d'un conflit germano-russe. Il viendrait chercher la réponse le 1er août, à 13 heures.

M. Viviani avait l'intention de ne faire aucune déclaration à ce sujet; il répondrait simplement que la France s'inspirerait de ses intérêts. En attendant, il cherchait encore à obtenir que la Russie évitât absolument ce qui pourrait rendre la crise inévitable ou la précipiter (1).

A ce moment suprême, lui aussi, le gouvernement belge faisait tous ses efforts pour maintenir sa neutralité. De son propre mouvement, le ministre de France était venu lui déclarer que les troupes françaises n'entreraient pas en Belgique, même si des forces importantes étaient massées

---

(1) *Livre jaune*, p. 128-129. M. Viviani à M. Paléologue, 31 juillet. Un télégramme de M. Paléologue, 31 juillet, *ibid.*, p. 129, porte que la mobilisation générale russe a été ordonnée en raison de la mobilisation générale autrichienne et des mesures secrètes prises en Allemagne depuis six jours. La mobilisation générale autrichienne est de la nuit du 30 au 31. *Cf. Livre bleu*, n° 47. Les deux démarches contre la Russie et la France résultent des dépêches du chancelier en date du 31 juillet (*Livre blanc, annexes* 24 et 25).

sur les frontières de ce pays. Nous ne voulions pas avoir la responsabilité du premier acte d'hostilité à son égard et des instructions allaient être données dans ce sens. M. Davignon se flattait d'obtenir les mêmes assurances de la diplomatie allemande (1).

Sur les entrefaites, le ministre d'Angleterre informait M. Davignon que le gouvernement britannique avait demandé aux Cabinets de Paris et de Berlin, séparément, si chacun d'eux était prêt à respecter la neutralité belge pourvu qu'aucune autre Puissance ne la violât.

Sir Ed. Grey présumait d'ailleurs que la Belgique ferait tout son possible pour préserver sa neutralité et qu'elle comptait sur les autres Puissances pour l'observer et la maintenir.

A cette dernière communication, M. Davignon répondait de la façon la plus affirmative. Le ministre d'Angleterre paraissant un peu surpris de la rapidité avec laquelle avait été décidée « la mobilisation » (2), il répondait que les Pays-Bas avaient pris une décision identique avant la Belgique et que, d'autre part, la date récente de la réorganisation militaire belge imposait des mesures urgentes et complètes (3).

Au cours d'un entretien que le secrétaire général des Affaires étrangères avait avec M. de Bülow, le ministre allemand, il expliquait la portée des mesures prises en Belgique, montrant leur origine dans la volonté d'accomplir les obligations internationales du pays, sans qu'il y eût de sa part aucune trace de défiance envers ses voisins.

---

(1) *Livre gris*, circulaire de M. Davignon, 31 juillet. Ce télégramme est confirmé par celui de M. Klobukowski à M. Viviani, même date. *Livre jaune*, p. 129-130.

(2) Ou plutôt la mise sur pied de paix renforcé (V. *supra*, p. 147).

(3) *Livre gris*, circulaire de M. Davignon, 31 juillet.

Le secrétaire général demandait ensuite à M. de Bülow s'il avait connaissance d'un entretien survenu entre le prédécesseur du ministre d'Allemagne et lui, en 1911, et de la réponse transmise par ordre de M. de Bethmann-Hollweg.

Lors du dépôt du projet hollandais concernant les fortifications de Flessingue, certains journaux affirmaient qu'en cas de guerre franco-allemande, la neutralité belge serait violée par l'Allemagne (1). Le département belge des Affaires étrangères suggérait une déclaration faite au Parlement allemand comme de nature à calmer l'opinion et à calmer ses défiances. M. de Bethmann-Hollweg fit répondre qu'il était très sensible aux sentiments ayant dicté la démarche belge. « Il déclarait que l'Allemagne n'avait pas l'intention de violer notre neutralité, mais il estimait qu'en faisant publiquement une déclaration, l'Allemagne affaiblirait sa situation militaire vis-à-vis de la France qui, rassurée du côté du Nord, porterait toutes ses forces du côté de l'Est. »

Le secrétaire général rappelait encore qu'en 1913 M. de Jagow avait fait à la Commission du budget du Reichstag « des déclarations rassurantes quant au respect de la neutralité de la Belgique ».

M. de Bülow répondait qu'il était au courant de la conversation de 1911 et qu'il était certain « que les sentiments exprimés à cette époque n'avaient pas changé » (2).

Rappelons, d'après l'officieuse *Gazette de l'Allemagne*

---

(1) Le 2e *Livre blanc allemand* (Documents de Bruxelles I) contient l'extrait d'un rapport du baron Greindl, ministre de Belgique à Berlin, 23 décembre 1911, ayant trait à la fortification de Flessingue et nettement hostile à l'Entente.

(2) *Livre gris*, circulaire de M. Davignon, 31 juillet. Une annexe reproduit une lettre (2 mai 1913) du baron Beyens à M. Davignon au sujet des déclarations de M. de Jagow.

du Nord, les déclarations de M. de Jagow en 1913 (séance du 29 avril) : « La neutralité de la Belgique est déterminée par des conventions internationales et l'Allemagne est décidée à respecter ces conventions ». Puis : « La Belgique ne joue aucun rôle dans la justification du projet de réorganisation militaire allemand; celui-ci se trouve justifié par la situation en Orient. L'Allemagne ne perdra pas de vue que la neutralité belge est garantie par les traités internationaux ». On va voir combien ces promesses étaient mensongères.

VI

Entre Guillaume II et l'Empereur de Russie, l'échange de télégrammes prenait fin dans la journée du 1er août, aboutissant à une sorte d'impasse. A 14 heures, Nicolas II écrivait encore : « J'ai reçu ton télégramme, je comprends que tu sois obligé de mobiliser, mais je voudrais avoir de toi la même garantie que je t'ai donnée, à savoir que ces mesures ne signifient pas la guerre et que nous poursuivrons nos négociations pour le bien de nos deux pays et la paix générale si chère à nos cœurs.

« Notre longue amitié éprouvée doit, avec l'aide de Dieu, réussir à empêcher ces effusions de sang. J'attends avec confiance une réponse de toi » (1).

Guillaume II répondait dans la journée et sa réponse ne pouvait laisser aucune illusion à son impérial cousin :

« Je te remercie de ton télégramme; j'ai indiqué, hier, à ton gouvernement le seul moyen (2) par lequel la guerre pourrait encore être évitée.

(1) *Livre blanc*, télégramme du 1er août, 2 h. du soir.
(2) La démobilisation. V. *supra*, p. 146, 163.

« Bien que j'eusse demandé une réponse pour midi, aucun télégramme de mon ambassadeur contenant une réponse de ton gouvernement ne m'est encore parvenu. J'ai donc été contraint de mobiliser mon armée.

« Une réponse immédiate, claire et non équivoque... est le seul moyen de conjurer une calamité incommensurable. Jusqu'à ce que je reçoive cette réponse, il m'est impossible, à mon vif regret, d'aborder le sujet de ton télégramme. Je dois te demander catégoriquement de donner sans retard l'ordre à tes troupes de ne porter en aucun cas la moindre atteinte à nos frontières » (1).

Sans même attendre le résultat produit par ce télégramme, l'ambassadeur d'Allemagne remettait à Pétersbourg, le 1er août, à 19 h. 10, la note qui allait déclencher le plus épouvantable des conflits :

« Le gouvernement impérial s'est efforcé, dès le début de la crise, de la mener à une solution pacifique. Se rendant à un désir qui lui en avait été exprimé par S. M. l'Empereur de Russie, S. M. l'Empereur d'Allemagne, d'accord avec l'Angleterre, s'était appliqué à accomplir un rôle médiateur auprès des Cabinets de Vienne et de Saint-Pétersbourg, lorsque la Russie, sans en attendre le résultat, procéda à la mobilisation de la totalité de ses forces de terre et de mer. A la suite de cette mesure menaçante motivée par aucun présage militaire (*sic*) de la part de l'Allemagne, l'empire allemand s'est trouvé vis-à-vis d'un danger grave et imminent. Si le gouvernement impérial eût manqué de parer à ce péril, il aurait compromis la sécurité et l'existence même de l'Allemagne. Par conséquent, le gouvernement allemand se vit forcé de s'adres-

(1) *Livre blanc*, télégramme du 1er août, *sans indication d'heure.*

ser au gouvernement de S. M. l'Empereur de Toutes les Russies en insistant sur la cessation des dits actes militaires. La Russie ayant refusé de répondre à (n'ayant pas cru devoir répondre à) (1) cette demande et ayant manifesté par ce refus (cette attitude) que son action était dirigée contre l'Allemagne, j'ai l'honneur, d'ordre de mon gouvernement, de faire savoir à V. E. ce qui suit :

« S. M. l'Empereur mon Auguste Souverain, au nom de l'empire, relevant le défi, se considère en état de guerre avec la Russie » (2).

Est-il besoin de faire remarquer les omissions voulues, les affirmations mensongères, la hâte extrême dont témoigne ce document? Contre toute vérité, il ne mentionne pas la mobilisation générale austro-hongroise, les dispositions prises en Allemagne, bien que le tout ait entraîné la mobilisation russe. Il montre, une fois de plus, la résolution arrêtée d'infliger à la Russie une humiliation sans égale ou de lui faire une guerre qui, nécessairement, ensanglanterait une moitié de l'Europe.

Par un contraste choquant, mais probablement voulu et qui ne se produisait pas pour la première fois depuis le début de la crise, les ambassadeurs d'Autriche venaient de faire, le soir du 31 juillet, deux démarches dans un sens conciliant.

---

(1) Les mots entre parenthèses figurent dans l'original. Sans doute deux variantes avaient été préparées et, par erreur, la note les comprit toutes deux (Note du *Livre orange*).

(2) *Signé F. Pourtalès, Livre orange*, n° 76. Dans la soirée du 1er août, l'ambassadeur d'Angleterre demandait une audience à l'empereur qui l'accordait aussitôt. Sir G. Buchanan lui remettait une lettre du roi Georges V insistant pour la continuation des négociations en vue de la paix. L'empereur répondait que le comte de Pourtalès venait de remettre la déclaration de guerre. Cette remise résultait d'une dépêche du chancelier (*Livre blanc*, annexe 26), qui la prescrivait le 1er août, à 12 h. 52 pour 17 heures.

Le comte Szecsen venait déclarer à M. Viviani que son gouvernement, ainsi qu'il en avait avisé officiellement la Russie, n'avait aucune ambition territoriale et ne toucherait pas à la souveraineté d'Etat (*sic*) de la Serbie. Il répudiait de même toute intention d'occuper le Sandjak, mais ces déclarations de désintéressement ne conserveraient leur valeur que si la guerre restait localisée entre l'Autriche et la Serbie, une guerre européenne devant ouvrir des éventualités impossibles à prévoir. Puis l'ambassadeur laissait entendre que, si son gouvernement ne pouvait répondre aux Puissances parlant en leur nom, il pourrait sans doute le faire à la Serbie ou à une Puissance demandant ses conditions au nom de cette dernière. Peut-être y avait-il encore là « une possibilité ».

A Pétersbourg, l'ambassadeur était moins nuageux. Il déclarait à M. Sazonoff que son gouvernement consentait à entamer une discussion quant au fond de l'ultimatum adressé à la Serbie. Le ministre russe se tenait satisfait de cette assurance et proposait que les pourparlers eussent lieu à Londres, avec la participation des Puissances. Il annonçait l'intention de demander au gouvernement britannique de diriger cette négociation; il indiquait qu'il serait très important que l'Autriche arrêtât ses opérations en Serbie.

On semblait donc à la veille d'un arrangement, l'intransigeance autrichienne ayant brusquement fléchi. Mais l'attitude de l'Allemagne annulait en fait ces bonnes dispositions apparentes, attestant la volonté de faire la guerre, et de la faire à la France. Dans son entretien du 31 juillet avec M. Viviani, M. de Schœn priait le ministre de présenter au Président de la République ses hommages et ses remerciements. Il demandait que l'on voulût bien prendre « des dispositions pour sa propre personne ».

Déjà il avait mis en sûreté les archives de l'ambassade (1).

A Berlin, notre ambassadeur avait la même impression sur les intentions allemandes. L'ultimatum à la Russie ne pouvait qu'écarter les dernières chances de paix. On avait donc le droit de se demander si, dans ces conditions, l'acceptation de l'Autriche était sérieuse et n'avait pas pour unique objet de faire peser sur la Russie la responsabilité du conflit.

Dans la nuit du 31 juillet au 1er août, l'ambassadeur d'Angleterre adressait un appel pressant à l'humanité de M. de Jagow. Le secrétaire d'Etat répondait que la question était trop engagée et qu'il fallait attendre la réponse de la Russie à l'ultimatum allemand. Or, il résultait de ses propres déclarations que l'Allemagne exigeait la démobilisation russe non seulement sur la frontière allemande, mais aussi sur la frontière autrichienne, rendue menaçante par la mobilisation générale en Autriche. L'ambassadeur s'étonnait vivement d'une exigence aussi peu admissible.

D'ailleurs, le conflit n'existait qu'entre l'Autriche et la Russie. Ces deux Puissances acceptant de négocier, on ne pouvait comprendre que l'Allemagne rendît la crise insoluble, de son propre fait, au lieu de continuer à chercher une solution pacifique, en commun avec les autres Puissances (2).

Cependant, la question belge devenait très délicate. Sur l'ordre de leur gouvernement, les ambassadeurs britanniques à Paris et à Berlin demandaient, en cas de conflit franco-allemand, quelle serait l'attitude de chacune des deux Puissances vis-à-vis de la Belgique.

---

(1) *Livre jaune*, p. 133-134, circulaire de M. Viviani, 1er août.

(2) *Livre jaune*, p. 134-135, M. Jules Cambon à M. Viviani, 1er août.

A Paris, la réponse de M. Viviani était très nette. Il répétait que nous entendions respecter la neutralité belge. C'est au cas seulement où elle serait violée par une autre Puissance que nous pourrions être amenés à pénétrer sur le territoire belge, à titre de puissance garante (1).

A Berlin, l'accueil était tout autre. M. de Jagow répondait « qu'il prendrait les ordres de l'Empereur et du Chancelier, mais qu'il doutait qu'une réponse pût être donnée, car l'Allemagne ne pouvait ainsi découvrir ses projets militaires » (2). Ce mutisme avait son éloquence.

L'Allemagne ne cherchait plus, d'ailleurs, à dissimuler ses intentions. A Rome, l'ambassadeur allemand, M. de Flotow, avait fait part au marquis de San Giuliano, le soir du 31 juillet, de l'ultimatum remis à la Russie et de la question posée à la France. Par suite, il désirait connaître les intentions du gouvernement italien.

M. de San Giuliano répondait que la guerre éventuelle, ayant un caractère agressif, ne cadrait pas avec le caractère purement défensif de la Triple Alliance, et que l'Italie ne pourrait y participer (3). Ainsi l'infatuation et la maladresse des Austro-Allemands avaient pour premier résultat de les priver de la coopération italienne.

Cependant, M. de Schœn venait voir M. Viviani, le 1er août, à 11 heures et non à 13 heures, comme il avait déclaré la veille. Le Président du Conseil le mettait au courant des faits survenus : la proposition transactionnelle

---

(1) *Livre jaune*, p. 135, circulaire de M. Viviani, 1er août, confirmée par un télégramme du comte de Lalaing, 1er août, *Livre gris*, n° 13.

(2) *Livre jaune*, p. 135, M. Jules Cambon à M. Viviani, 1er août, confirmé par un télégramme du baron Beyens, même date, *Livre gris*, n° 14.

(3) *Livre jaune*, p. 136, M. Barrère à M. Viviani, 1er août.

anglaise prévoyant la suspension des préparatifs militaires russes, à la condition que les autres Puissances feraient de même; l'adhésion de la Russie à cette proposition; les communications du gouvernement autrichien déclarant ne vouloir ni s'agrandir en Serbie, ni même pénétrer dans le Sandjak et se disant prêt à discuter à Londres avec les autres Puissances le *fond même* de la question.

L'attitude de l'Allemagne contrastait avec ces faits, comme il était trop facile de le montrer. M. de Schœn ne relevait pas cette comparaison et se bornait à dire qu'il ignorait les développements survenus dans la question depuis vingt-quatre heures. Il y avait peut-être là une « lueur d'espoir » pour un accommodement. Pourtant aucune nouvelle communication ne lui était parvenue de son gouvernement : il allait s'informer.

Il ne faisait plus allusion à son départ immédiat et ne demandait pas de réponse à sa question au sujet de l'attitude éventuelle de la France, se bornant à dire qu'elle n'était pas douteuse.

Mais le gouvernement allemand continuait sur notre frontière les plus dangereux préparatifs. La France procédait à toutes les mesures militaires propres à la garantir contre une avance trop grande de la préparation germanique. Elle estimait que ses tentatives de conciliation n'auraient chance d'aboutir que dans la mesure où on la sentirait prête et résolue à toutes les éventualités (1).

Déjà l'attitude de l'Angleterre se précisait : Sir E. Grey marquait l'intention de saisir le Cabinet de la réponse allemande au sujet de la Belgique. Il demanderait l'autorisation de déclarer, le 3 août, à la Chambre des Com-

(1) *Livre jaune*, p. 136-137. M. Viviani aux ambassadeurs, 1er août.

munes, que le gouvernement britannique ne permettrait pas une violation de la neutralité belge.

En outre, les escadres anglaises étaient mobilisées et sir E. Grey proposait à ses collègues de faire connaître qu'elles s'opposeraient au passage du Pas-de-Calais par les escadres allemandes ou, si celles-ci venaient à passer, à toute démonstration sur les côtes françaises (1).

A Paris, tout en étant résolu à poursuivre jusqu'au bout, avec l'Angleterre, la réalisation d'un accord austro-russe, le gouvernement jugeait indispensable de lancer le décret de mobilisation générale. Le premier jour de la mobilisation était fixé au dimanche 2 août.

C'était une réponse obligée aux mesures déjà prises en Allemagne. Depuis plusieurs jours (2), le gouvernement impérial avait déclaré *l'état de danger de guerre*, paravent commode à l'abri duquel on procédait à la mobilisation proprement dite. De Pétersbourg on télégraphiait que M. de Pourtalès avait notifié au gouvernement russe cette dernière phase de la préparation et les renseignements recueillis à Paris confirmaient ce fait. Notre décret de mobilisation était donc une *mesure essentielle* de préservation, et nous n'en continuions pas moins nos efforts en vue d'une solution pacifique, ainsi qu'en témoignait une proclamation du Président de la République (3).

Comme le gouvernement belge, celui du Luxembourg demandait une assurance de neutralité aux deux puissances limitrophes. Chez nous, la réponse ne pouvait être

(1) *Livre jaune*, p. 137. M. Paul Cambon à M. Viviani, 1er août.

(2) V. *supra*, p. 163. Le décret de mobilisation était affiché vers 4 heures. Il avait été signé à 15 h. 40 (*Livre bleu*, n° 64).

(3) *Livre jaune*, p. 138-139. M. Viviani à M. Paul Cambon, 1er août. Il est à noter que le décret de mobilisation français précédait de quelques heures à peine la déclaration de guerre allemande à la Russie. V. *supra*, p. 167.

douteuse. M. Viviani réservait seulement le cas d'une violation de cette neutralité par l'Allemagne (1). Quant à cette dernière, on ne devait pas tarder à savoir quel serait son respect pour le territoire du grand-duché.

Sur les entrefaites, M. Jules Cambon annonçait de Berlin la mobilisation générale de l'armée et de la flotte. Le premier jour était, comme en France, fixé au 2 août (2). La guerre devenait à peu près certaine, mais elle n'était pas encore déclarée. L'Allemagne risquait encore de suprêmes tentatives pour obtenir la neutralité de l'Angleterre et même de la France dans le conflit probable.

Dès le 29 juillet, le chancelier allemand avait offert à sir E. Goschen, l'ambassadeur d'Angleterre à Berlin, « une forte enchère » pour s'assurer la neutralité britannique. Si cette neutralité était assurée, le gouvernement allemand donnerait toute assurance qu'il n'avait en vue aucune acquisition territoriale aux dépens de la France. Sir E. Goschen demandait si cette assurance s'étendrait aux colonies françaises. Le chancelier refusait de s'engager à cet égard.

Au sujet des Pays-Bas, il déclarait que, tant que les adversaires de l'Allemagne respecteraient leur intégrité et leur neutralité, le gouvernement allemand « serait prêt à promettre qu'il ferait de même ».

Quant à la Belgique, les opérations que l'Allemagne

(1) *Livre jaune*, p. 139-140, M. Mollard à M. Viviani, 1er août ; M. Viviani à M. Mollard, même date.

(2) *Livre jaune*, p. 140, M. Jules Cambon à M. Viviani, 1er août. La mobilisation allemande fut ordonnée le 1er août à 15 heures (correspondant à notre 16 heures (*Livre blanc, mémoire Bethmann-Hollweg*). D'après le baron Beyens (2e *Livre gris belge*, n° 20, cet ordre n'aurait été lancé que malgré l'opposition du chancelier, de M. de Jagow et de M. de Zimmermann, qui voulaient attendre. Cette opposition paraît invraisemblable.

pourrait être amenée à entreprendre sur son territoire dépendraient de ce que ferait la France; après la guerre, l'intégrité du sol belge serait respectée, si le pays ne se rangeait pas contre l'Allemagne » (1).

Ces suggestions étaient aussitôt rejetées par sir E. Grey. Ce que demandait l'Allemagne, en effet, c'est que la Grande-Bretagne promît de rester à l'écart, tandis qu'on saisirait les colonies françaises et qu'on écraserait la France, à la condition de ne rien prendre de son territoire propre.

Le secrétaire d'Etat estimait qu'un tel marché serait honteux pour la Grande-Bretagne. Elle courrait risque de voir la France affaiblie au point d'être désormais subordonnée à l'Allemagne. La bonne renommée de l'Angleterre ne s'en remettrait jamais.

Sir E. Grey n'acceptait pas davantage le marché concernant la Belgique (2).

Cependant, le gouvernement allemand faisait, au sujet de la neutralité belge, la réponse dont nous avons parlé (3). Sir E. Grey en exprimait de vifs regrets à l'ambassadeur d'Allemagne, l'opinion publique attachant une haute importance à cette question. Il ne cachait pas que, si la neutralité belge était violée, il serait très difficile d'enrayer la colère britannique.

Le prince Lichnowsky demandait alors si, au cas où l'Allemagne promettrait de respecter la neutralité de la Belgique, la Grande-Bretagne s'engagerait à rester neutre. Sir E. Grey refusait de prendre aucun engagement, les mains de l'Angleterre étant encore libres. L'ambassa-

---

(1) *Livre bleu*, n° 33, sir E. Goschen à sir E. Grey, 29 juillet.
(2) *Livre bleu*, n° 38, sir E. Grey à sir E. Goschen, 30 juillet.
(3) V. *supra*, p. 174.

deur le pressait de formuler les conditions moyennant lesquelles la Grande-Bretagne garderait la neutralité. « Il suggéra même l'intégrité de la France et de ses colonies. » Sir E. Grey refusait encore de s'engager (1).

Un singulier incident survenait à ce moment. Le 31 juillet, le prince Lichnowsky télégraphiait au chancelier von Bethmann-Hollweg : « Sir Edward Grey vient de m'appeler au téléphone et m'a demandé si je pensais pouvoir déclarer que nous n'attaquerions pas la France, si la France restait neutre dans une guerre germano-russe. J'ai dit que je pensais pouvoir assumer la responsabilité de cette déclaration » (2).

Comment sir E. Grey aurait-il pu risquer pareille proposition, contraire à tout ce que nous connaissons de ses conversations avec le prince Lichnowsky et surtout à nos sentiments qu'il ne pouvait ignorer? D'autre part, on ne peut guère admettre que le prince aurait pris sur lui de hasarder cette combinaison, sans y être déterminé par le gouvernement britannique ou, peut-être, par des ordres de Berlin.

Quoi qu'il en soit, le lendemain, 1er août, Guillaume II envoyait au roi George V un télégramme d'acceptation immédiate :

« Je viens de recevoir la communication de votre gouvernement (*sic*) m'offrant la neutralité de la France avec la garantie de la Grande-Bretagne. A cette offre était liée la question de savoir si, à cette condition, l'Allemagne n'attaquerait pas la France. Pour des raisons techniques, ma mobilisation qui a été ordonnée cet après-midi sur les

---

(1) *Livre bleu*, *Complément*, n° 123, sir E. Grey à sir E. Goschen, 1er août.

(2) D'après la *Gazette de l'Allemagne du Nord*, 20 août 1914. *Livre jaune*, p. 111.

deux fronts Est et Ouest, doit s'accomplir selon les préparatifs commencés.

« Des contre-ordres ne peuvent être donnés et votre télégramme (*sic*) est malheureusement venu trop tard. Mais si la France offre sa neutralité, qui sera alors garantie par la flotte et l'armée anglaise, je m'abstiendrai d'attaquer la France et j'emploierai mes troupes ailleurs. Je souhaite que la France ne montre aucune nervosité. Les troupes, sur ma frontière, sont en ce moment arrêtées par ordres télégraphiques et téléphoniques dans leur marche en avant au delà de la frontière française » (1).

Dans une dépêche au prince Lichnowsky, le chancelier ajoutait que, jusqu'au 3 août, à 19 heures, cette frontière ne serait pas franchie si l'assentiment de l'Angleterre était arrivé à Berlin (2).

Mais un télégramme du roi George V à l'Empereur allemand détruisait tout cet ingénieux échaufaudage : « ...Je pense qu'il s'est produit un malentendu à propos de la suggestion qui aurait été faite au cours d'une conversation amicale entre le prince Lichnowsky et sir Edward Grey, où ils discutaient comment un conflit armé entre l'Allemagne et la France pourrait être retardé jusqu'à ce qu'on eût trouvé un moyen d'entente entre l'Autriche-Hongrie et la Russie. Sir Edward Grey verra le prince Lichnowsky demain matin pour déterminer qu'il y a bien eu malentendu de la part de ce dernier » (3).

(1) Extrait de la *Gazette de l'Allemagne du Nord*, 20 août 1914, *Livre jaune*, p. 188.

(2) *Ibid.*, p. 189.

(3) *Ibid.*, p. 189. On remarquera que la conversation a eu lieu le 1er août et que le télégramme du prince est du 31 juillet. L'explication est donc insuffisante. De fait, sir E. Grey n'avait jamais proposé ni songé à proposer de garantir la neutralité française en cas de guerre germano-russe. Il s'était borné à dire que la Grande-Bretagne

Le lendemain, le prince télégraphiait au chancelier : « Les suggestions de sir Edward Grey, basées sur le désir de garder la neutralité, de la part de l'Angleterre, ont été faites sans accord préalable avec la France et ont été, depuis, abandonnées comme futiles » (1). Ainsi finissait cet inexplicable malentendu, si *malentendu* il y a. Peut-être n'y avait-il là qu'une suprême manœuvre des Allemands pour jeter la méfiance entre nous et la Russie.

Cet échange de télégrammes, parfois si confus, n'allait pas tarder à prendre fin, la situation tendant à devenir d'une netteté absolue. Le 2 août, le ministre d'Etat du Luxembourg, M. Eyschen, signalait à M. Viviani la violation du territoire grand-ducal par les Allemands. De grand matin, ceux-ci avaient passé les ponts de Wasserbillig et de Remich, pour se diriger vers le sud du pays et vers la ville de Luxembourg. Un certain nombre de trains blindés, avec des troupes et des munitions, avaient été acheminés de Wasserbillig sur cette ville, où l'on s'attendait à les voir arriver d'un instant à l'autre.

Le gouvernement luxembourgeois avait protesté contre cette violation auprès du représentant de l'Allemagne; il allait faire de même auprès du ministère des Affaires étrangères à Berlin (2).

Dans la même journée, M. Eyschen recevait du chancelier von Bethmann-Hollweg un télégramme portant que les mesures militaires prises en Luxembourg ne consti-

---

pourrait assurer la neutralité de la France si l'Allemagne restait neutre dans une guerre austro-russe. Il se peut que le prince Lichnowsky n'ait pas osé transmettre cette proposition à Berlin, qu'il l'ait donc dénaturée ou que M. von Bethmann-Hollweg ait *corrigé* lui-même les télégrammes de son ambassadeur (*Débats* du 28 août 1914).

(1) *Ibid.*, p. 189.

(2) *Livre jaune*, p. 140-141, M. Eyschen à M. Viviani, 2 août.

tuaient pas un acte hostile contre ce pays, mais bien uniquement des précautions destinées à garantir de l'attaque éventuelle d'une armée française l'exploitation des voies ferrées affermées à l'empire. Le Luxembourg serait complètement indemnisé pour les dommages éventuels (1). Cette ingénieuse explication dédaignait le traité de Londres (11 mai 1867) auquel, pourtant, la Prusse et la Confédération du Nord avaient été parties. Elle ne respectait pas davantage l'article 2 du traité du 11 novembre 1902 entre l'empire allemand et le grand-duché (2). Mais l'Allemagne ne s'embarrassait plus de telles misères!

D'ailleurs, on apprenait à Paris la déclaration de guerre de l'Allemagne à la Russie (3). Le territoire français avait été violé par les troupes allemandes le matin même, 2 août, à Cirey et près de Longwy. Elles marchaient sur cette petite place. Le poste douanier de Delle avait été pris deux fois sous un feu d'infanterie. Ces renseignements étaient aussitôt portés à la connaissance de nos représentants près des grandes Puissances, de l'Espagne et de la Turquie. Ils devaient faire remarquer le contraste entre les ordres donnés à chacune des deux armées (4). Dans une protestation adressée à l'ambassadeur d'Allemagne et confirmée à Berlin, M. Viviani signalait, en

---

(1) *Livre jaune*, p. 141, M. Mollard à M. Viviani, 2 août. Une note de M. de Schœn était dans le même sens (2 août, *ibid.*, p. 142).

(2) « La direction impériale s'engage à n'utiliser en aucun temps les lignes dont l'exploitation lui est confiée pour le transport des troupes ou de matériel de guerre. Au cas d'une guerre où l'Allemagne aurait à prendre part, la direction impériale n'utilisera les lignes exploitées pour aucun usage portant atteinte à la neutralité du Grand-Duché (*Un autre chiffon de papier*, par M. F. A. Helmer, *Matin* du 22 août 1915.)

(3) *Livre jaune*, p. 142, M. Paléologue à M. Viviani, et circulaire de M. Viviani, 2 août.

(4) *Livre jaune*, p. 143, circulaire de M. Viviani, 2 août.

outre, ce fait qu'au nord de Delle deux patrouilles du 5e chasseurs à cheval allemand avaient franchi la frontière le matin du 2 et pénétré jusqu'à Joncherey et à Boron, à plus de 10 kilomètres de la frontière. L'officier commandant la première avait brûlé la cervelle à un caporal d'infanterie, la première victime française d'une guerre qui devait en voir tomber de telles multitudes! Puis les cavaliers allemands avaient forcé les habitants à conduire en Allemagne les chevaux réunis à Suarce en vue de la réquisition. Le gouvernement français se bornait encore à protester formellement contre des faits que rien ne justifiait dans l'état présent des choses. Il en laissait l'entière responsabilité au gouvernement allemand (1).

Cependant la coopération britannique faisait un nouveau pas. A l'issue du Conseil du 2 au matin, sir E. Grey déclarait à notre ambassadeur : « Je suis autorisé à donner l'assurance que, si la flotte allemande pénètre dans la Manche ou traverse la mer du Nord, afin d'entreprendre des opérations de guerre contre la côte française ou la marine marchande française, la flotte britannique donnera toute protection en son pouvoir.

« Cette assurance est naturellement donnée sous la réserve que la politique du gouvernement de Sa Majesté sera approuvée par le Parlement britannique et ne doit pas être considérée comme obligeant le gouvernement de Sa Majesté à agir jusqu'à ce que l'éventualité ci-dessus mentionnée d'une action de la flotte allemande se soit produite ».

Sir E. Grey mentionnait ensuite la neutralité de la Belgique et du Luxembourg, établissant une différence marquée entre ces deux cas. Il rappelait, en effet, que la Con-

(1) *Livre jaune*, p. 145, M. Viviani à M. Jules Cambon, 2 août.

vention de 1867 au sujet du grand-duché différait du traité de 1839 relatif à la Belgique, en ce que l'Angleterre était tenue de faire respecter ce dernier sans le concours des autres Puissances garantes, tandis que, pour le Luxembourg tous les garants devaient agir de concert.

Pour l'Angleterre, la violation de la neutralité belge serait considérée comme un *casus belli*, malgré la pression que le monde des affaires, où l'influence allemande poursuivait des efforts tenaces, pourrait tenter d'exercer sur le gouvernement britannique (1).

En dépit de ses réticences, cette déclaration était accueillie avec satisfaction par M. Viviani, qui allait la communiquer aux Chambres dans la séance historique du 4 août.

On a vu que le gouvernement français n'avait pas hésité à promettre de respecter la neutralité belge. Le ministre d'Allemagne à Bruxelles, informé par M. Davignon, lui disait que, jusqu'alors, il « n'avait pas été chargé de faire une communication officielle », mais que le gouvernement belge connaissait « son opinion personnelle sur la sécurité avec laquelle » la Belgique avait le droit de considérer ses « voisins de l'Est ». M. Davignon ripostait que tout ce qu'il connaissait des intentions de ces voisins ne lui permettait pas de douter de leur parfaite correction vis-à-vis de la Belgique. Le gouvernement belge n'en attacherait pas moins le plus grand prix à la possession « d'une déclaration formelle dont la nation prendrait connaissance avec joie et reconnaissance » (2).

Le doute si discrètement exprimé n'était que trop fondé. Le soir même 2 août, à 19 heures, sans le moindre

(1) *Livre jaune*, p. 143-144, M. Paul Cambon à M. Viviani, 2 août. Cf. *Livre bleu*, n° 70, sir E. Grey à sir F. Bertie, 2 août.

(2) *Livre gris*, n° 19, circulaire de M. Davignon, 2 août.

avertissement, M. de Below-Saleske remettait à M. Davignon la note suivante, sous la mention *très confidentielle* (1).

« Le gouvernement allemand a reçu des nouvelles sûres, d'après lesquelles les forces françaises auraient l'intention de marcher sur la Meuse par Givet et Namur. Ces nouvelles ne laissent aucun doute sur l'intention de la France de marcher sur l'Allemagne par le territoire belge. Le gouvernement impérial allemand ne peut s'empêcher de craindre que la Belgique, malgré sa meilleure volonté, ne sera (*sic*) pas en mesure de repousser sans secours une marche française (*sic*) d'un si grand développement. Dans ce fait on trouve une certitude suffisante d'une menace dirigée contre l'Allemagne.

« C'est un devoir impérieux pour l'Allemagne de prévenir cette attaque de l'ennemi.

« Le gouvernement allemand regretterait très vivement que la Belgique regardât comme un acte d'hostilité contre elle le fait que les mesures des ennemis de l'Allemagne l'obligent de violer de son côté le territoire belge.

« Afin de dissiper tout malentendu, le gouvernement allemand déclare ce qui suit :

« I. L'Allemagne n'a en vue aucun acte d'hostilité contre la Belgique (2). Si la Belgique consent, dans la guerre qui va commencer, à prendre une attitude de neutralité

---

(1) La note était en allemand et la mention en français (de Gerlache, *La Belgique et les Belges pendant la guerre*, p. 317). Cf. *ibid*, p. 16, les assurances contraires données par les agents allemands avant la remise de l'ultimatum.

(2) Notons que, dès le 31 juillet, le gouvernement allemand prenait acte de prétendues marques d'hostilité données par la Belgique à son égard (*Livre bleu*, n° 53, 31 juillet, et *Livre gris*, n° 79, annexe). Voir également le 2e *Livre gris belge*, nos 116, 28 janvier 1915; 117, 6 février et 118, 13 mars.

amicale vis-à-vis de l'Allemagne, le gouvernement allemand de son côté s'engage, au moment de la paix, à garantir le royaume et ses possessions dans toute leur étendue.

« II. L'Allemagne s'engage, sous la condition énoncée, à évacuer le territoire belge aussitôt la paix conclue.

« III. Si la Belgique observe une attitude amicale, l'Allemagne est prête, d'accord avec les autorités du gouvernement belge, à acheter contre argent comptant tout ce qui est nécessaire à ses troupes et à indemniser pour les dommages causés en Belgique.

« IV. Si la Belgique se comporte d'une façon hostile contre les troupes allemandes et particulièrement fait des difficultés (*sic*) à leur marche en avant par une opposition de fortifications de la Meuse (*sic*) ou par des destructions de routes, de chemins de fer, tunnels ou autres ouvrages d'art, l'Allemagne sera obligée de considérer la Belgique comme ennemie.

« Dans ce cas, l'Allemagne ne prendra aucun engagement vis-à-vis du royaume, mais elle laissera le règlement ultérieur des rapports des deux Etats l'un vis-à-vis de l'autre à la décision des armes. Le gouvernement allemand a l'espoir justifié que cette éventualité ne se produira pas et que le gouvernement belge saura prendre les mesures appropriées pour l'empêcher de se produire. Dans ce cas, les relations d'amitié qui animent les deux Etats voisins deviendront plus étroites et durables » (1).

Tel est ce document célèbre. On ne saurait trop souli-

---

(1) *Livre gris*, n° 20. Une dépêche de M. Klobukowski à M. Viviani, 3 août, *Livre jaune*, p. 146, porte que l'ultimatum allemand accordait *sept heures* au gouvernement belge pour sa réponse. Le texte belge ne contient aucune indication de ce genre.

gner l'impudence naïve qu'il trahit, dans une rédaction aussi tortueuse et aussi fautive que le procédé allemand vis-à-vis d'un voisin. Ce qu'il affirmait de nos intentions d'envahir la Belgique pour marcher le long de la Meuse (et non sur la Meuse comme le porte la note), par Givet et Namur, ne supporte pas l'examen. Nous verrons plus tard que la concentration française était orientée toute entière vers le Nord-Est, c'est-à-dire vers la frontière allemande, et non vers le Nord, vers la frontière belge. La raison invoquée était donc un prétexte sans l'ombre de vraisemblance. C'est pourtant à l'abri de cette misérable invention que les Allemands se disposaient à violer un traité de neutralité (1) auquel la Prusse même était partie, sans parler des promesses maintes fois répétées à la tribune ou dans la correspondance diplomatique!

Pour commettre un pareil attentat, destiné à couvrir l'Allemagne d'une honte ineffaçable, quel était donc le motif réel? Celui d'éviter le front défensif de la France entre les Ardennes et la Suisse vers Bâle, de le tourner par la gauche en menaçant directement Paris par la vallée de l'Oise. Sans doute c'était un avantage pour l'ennemi. Encore fallait-il que cette invasion de la Belgique n'eût pas été prévue par l'état-major français. Autrement, la situation de l'envahisseur était à peine modifiée. Il trouvait devant lui, vers la trouée de l'Oise, la gauche française prête à la riposte. Il courait risque de se créer un nouvel adversaire dans l'armée belge. Enfin, il avait les

(1) L'article 5 du protocole du 20 janvier 1831 portait : « La Belgique formera un Etat perpétuellement neutre. Les cinq puissances lui garantissent cette neutralité perpétuelle, ainsi que l'inviolabilité de son territoire ». Le traité final est du 19 avril 1839. Cf. l'article 1er de la 5e convention de La Haye, 18 octobre 1907, signée par l'Allemagne (Voir ces textes, commandant de Gerlache, *op. cit.*, p. 9).

raisons les plus sérieuses de craindre que la violation du territoire belge ne lui donnât un quatrième ennemi dans la Grande-Bretagne.

Mais, en cette occasion, l'Allemagne trahissait son incurable incompréhension de la psychologie des autres peuples. Elle admettait comme probable que la Belgique, effrayée, se bornerait à une protestation platonique, que la Grande-Bretagne ferait de même ou interviendrait trop tard, après l'écrasement de la France. Les armées germaniques pourraient alors se tourner contre la Russie et l'envahir avec le concours des Austro-Hongrois. La guerre serait victorieusement terminée en quelques semaines. On sait comment ces calculs furent démentis.

Il est donc permis d'affirmer, semble-t-il, que l'Allemagne aurait eu tout avantage à respecter la neutralité belge, de façon à retarder le plus possible, sinon empêcher, l'intervention britannique. On a peine à croire que le résultat final n'eût pas été plus avantageux pour elle.

La note, ou plutôt l'ultimatum allemand, avait été remis dans la soirée du 2 août. Après une longue et douloureuse délibération qui se prolongea toute la nuit (1), le gouvernement belge arrêta les termes de sa réponse qui fut datée de 7 heures du matin le 3 août.

Cette note marquait le profond et douloureux étonnement suscité dans le gouvernement belge par les exigences allemandes. Les intentions prêtées à la France étaient en contradiction avec les déclarations formelles du gouver-

---

(1) A 1 h. 30 du matin, le ministre d'Allemagne allait voir le secrétaire général du ministre des Affaires étrangères pour lui déclarer, au nom de son gouvernement, que des dirigeables français avaient jeté des bombes et qu'une patrouille de cavalerie était entrée, le tout en territoire *allemand*. On en déduisait que nous pourrions faire de même en Belgique! Les informations allemandes étaient d'ailleurs fausses (*Livre gris*, n° 21).

nement de la République. D'ailleurs, si, contre toute attente, une violation de la neutralité belge devait être commise par les troupes françaises, la Belgique saurait remplir ses devoirs internationaux.

On rappelait ensuite que les traités de 1839, confirmés en 1870, consacraient l'indépendance et la neutralité belges sous la garantie de plusieurs Puissances, dont la Prusse. La note se terminait ainsi :

« La Belgique a toujours été fidèle à ses obligations internationales; elle a accompli ses devoirs dans un esprit de loyale impartialité; elle n'a négligé aucun effort pour maintenir ou faire respecter sa neutralité.

« L'atteinte à son indépendance dont la menace le gouvernement allemand constituerait une flagrante violation du droit des gens. Aucun intérêt stratégique ne justifie la violation du droit.

« Le gouvernement belge, en acceptant les propositions qui lui sont notifiées, sacrifierait l'honneur de la nation en même temps qu'il trahirait ses devoirs vis-à-vis de l'Europe.

« Conscient du rôle que la Belgique joue depuis plus de quatre-vingts ans dans la civilisation du monde, il se refuse à croire que l'indépendance de la Belgique ne puisse être conservée qu'au prix de la violation de sa neutralité.

« Si cet espoir était déçu, le gouvernement belge est fermement décidé à repousser, par tous les moyens en son pouvoir, toute atteinte à son droit » (1).

Irréfutable quant au fond et d'une parfaite dignité dans son expression, cette déclaration ne pouvait modifier les décisions arrêtées par l'Allemagne. Le 4 août, à 6 heures du matin, une lettre du ministre allemand en infor-

(1) *Livre gris*, n° 22.

mait M. Davignon : « ...Par suite du refus opposé... aux propositions bien intentionnées » du gouvernement impérial, celui-ci se verrait, « à son plus vif regret, forcé d'exécuter — au besoin par la force des armes — les mesures de sécurité exposées comme indispensables vis-à-vis des menaces françaises » (1).

De fait, le ministre d'Allemagne à La Haye se rendait, le 2 août, chez le ministre des Affaires étrangères pour exposer « la nécessité » où s'était trouvée l'armée allemande de violer la neutralité du Luxembourg. Il annonçait, pour le 3, une nouvelle communication. En effet, le matin du 3, il notifiait l'entrée des Allemands en Belgique, « pour éviter une occupation de ce pays par la France » (2).

D'après la presse française, le ministre de France à Bruxelles télégraphiait le matin du 3 août, à 2 h. 30, que trois dirigeables évoluaient au-dessus de la capitale belge et que les Allemands envahissaient la Belgique. Ils seraient devant Visé-sur-Meuse (3).

Une note officieuse d'origine française faisait prévoir que les Allemands limiteraient leur invasion aux provinces du Luxembourg belge et de Namur, afin de marcher sur le front Rochefort-Neufchâteau-Virton. C'était supposer que l'ennemi rétrécirait l'envergure de son mouvement

---

(1) *Livre gris*, n° 27. Le 3 août, M. de Jagow avouait encore que la Belgique ne pouvait répondre autrement à la demande de l'Allemagne (2e *Livre gris belge*, n° 25, 4 août; Gaston Jollivet, p. 34, reproduisant un récit du baron Beyens dans la *Revue des Deux-Mondes*). Cf. 2e *Livre gris belge*, n° 52, au sujet d'un entretien du baron Beyens avec M. de Zimmermann, le 5 août.

(2) *Livre jaune*, p. 145-146, M. Marcellin Pellet à M. Viviani, 3 août.

(3) Ces renseignements étaient inexacts, semble-t-il.

enveloppant, contre toutes ses traditions. Le contraire arriva.

Notre ministre à Bruxelles assurait le gouvernement belge que, s'il faisait appel à la garantie des Puissances contre la violation de sa neutralité par l'Allemagne, la France viendrait immédiatement à son aide; M. Davignon remerciait notre gouvernement de cet appui éventuel, tout en déclarant qu'il ne faisait pas encore appel aux Puissances. Ultérieurement, le gouvernement belge apprécierait ce qu'il y aurait lieu de faire (1). Ainsi, la Belgique montrait, jusqu'au dernier moment, le plus scrupuleux attachement à ses devoirs de neutralité.

Les menaces dirigées contre ce pays ne pouvaient qu'accélérer l'évolution du gouvernement britannique. Le 3 août, sir E. Grey autorisait M. Paul Cambon à faire savoir à M. Viviani que la principale de ses déclarations aux Communes serait la suivante :

« Dans le cas où l'escadre allemande franchirait le détroit ou rentrerait dans la mer du Nord pour doubler les îles britanniques dans le but d'attaquer les côtes françaises ou la marine de guerre française et d'inquiéter la marine marchande française, l'escadre anglaise interviendrait pour prêter à la marine française son entière protection, en sorte que, dès ce moment, l'Angleterre et l'Allemagne seraient en état de guerre » (2).

Le gouvernement allemand ne continuait pas moins

---

(1) *Livre jaune*, p. 146-147. M. Klobukowski à M. Viviani, 3 août. Notre attaché militaire offrait à la Belgique l'appui de cinq de nos corps d'armée (*Livre bleu*, n° 71, 3 août).

(2) *Livre jaune*, p. 147. M. Paul Cambon à M. Viviani, 3 août. D'après le dernier paragraphe de ce document, il semble que, le 3 août, le gouvernement britannique n'aurait pas encore eu connaissance de l'ultimatum à la Belgique, remis le 2 à 19 heures. La chose paraît peu vraisemblable. Notons que, par une maladresse sans excuse,

ses tentatives pour obtenir la neutralité anglaise. Le matin du 3 août, son ambassadeur à Londres venait prier avec insistance sir E. Grey de lui dire que cette neutralité ne dépendait pas du respect de la neutralité belge. Le secrétaire d'Etat se refusait à toute conversation sur ce sujet.

Sans se lasser, l'ambassadeur adressait à la presse une communication portant que, si l'Angleterre restait neutre, l'Allemagne renoncerait à toute opération navale et ne se servirait pas des côtes belges comme points d'appui (1). Ainsi, jusqu'au bout, la diplomatie allemande témoignait de sa naïve méconnaissance de l'âme anglaise.

Le jour même, 3 août, sir E. Grey faisait aux Communes sa déclaration relative à l'intervention de la flotte anglaise; il précisait celle qu'il avait préparée au sujet de la neutralité belge, et la lecture d'une lettre du roi Albert demandant l'appui de l'Angleterre touchait vivement l'assemblée. Celle-ci allait voter, le soir même, les crédits demandés et son appui était, dès ce moment, acquis au Cabinet. De plus en plus, l'opinion se prononçait en notre faveur (2).

Le gouvernement allemand avait encore recours aux plus méprisables inventions pour enrayer la marche des événements en Angleterre. Son ambassadeur descendait jusqu'à déclarer, dit-on, au Foreign Office que, le matin du 2 août, « quatre-vingts officiers français, en uniforme prussien, auraient essayé de traverser la frontière allemande, dans douze automobiles, à Walbeck, à l'ouest de

---

les Allemands manifestaient, dès avant le 3 août, une certaine hostilité contre l'Angleterre (*Livre bleu, Complément*, n°s 130, 1er août; 143 et 145, 3 août; 149 et 156, 2 et 4 août).

(1) *Livre jaune*, p. 147-148, M. Paul Cambon à M. Viviani, 3 août.

(2) *Livre jaune*, p. 148, M. Paul Cambon à M. Viviani. 3 août. Le *Livre bleu*, n° 72, reproduit la lettre du roi Albert.

Geldern » (1). Il fallait démentir ce conte absurde, malgré l'invraisemblance criante.

Mais l'Allemagne se décidait à jeter le masque vis-à-vis de nous, comme elle avait fait pour la Russie et la Belgique. Le 3 août, à 18 h. 45, M. de Schœn remettait à M. Viviani la lettre suivante, bien digne de clore une négociation où le gouvernement allemand avait donné tant de preuves de perfidie et de mauvaise foi :

« Les autorités administratives et militaires allemandes ont constaté un certain nombre d'actes d'hostilité caractérisée commis sur le territoire allemand par des aviateurs militaires français. Plusieurs de ces derniers ont manifestement violé la neutralité de la Belgique, survolant (*sic*) le territoire de ce pays; l'un a essayé de détruire des constructions près de Wesel, d'autres ont été aperçus sur la région de l'Eiffel, un autre a jeté des bombes sur le chemin de fer près de Karlsruhe et de Nuremberg.

« Je suis chargé, et j'ai l'honneur de faire connaître à Votre Excellence qu'en présence de ces agressions, l'Empire allemand se considère (comme) en état de guerre avec la France du fait de cette dernière puissance.

« J'ai en même temps l'honneur de porter à la connaissance de Votre Excellence que les autorités allemandes retiendront les navires marchands français dans des ports allemands, mais qu'elles les relâcheront si, dans les quarante-huit heures, la réciprocité complète est assurée.

« Ma mission diplomatique ayant ainsi pris fin, il ne me reste plus qu'à prier Votre Excellence de vouloir bien me munir de mes passeports et de prendre les mesures qu'elle jugera utiles pour assurer mon retour en Allema-

(1) *Livre jaune*, p. 148, M. Viviani à M. Paul Cambon, 3 août.

gne avec le personnel de l'ambassade, ainsi qu'avec le personnel de la légation de Bavière et du consulat général d'Allemagne à Paris... » (1).

Il est à peine besoin d'ajouter que les raisons mises en avant étaient mensongères, comme les Allemands eux-mêmes ont dû le reconnaître depuis. Jamais notamment, nos aviateurs n'ont jeté des bombes dans leur pays avant la déclaration de guerre. En revanche, M. de Schœn passait sous silence les faits positifs et bien autrement graves que lui avait signalés, le 2 août, M. Viviani (2). L'impudence ne pouvait guère aller plus loin.

Notre ambassadeur recevait donc l'ordre de demander ses passeports et de quitter immédiatement Berlin. Il protesterait, en même temps, par écrit, contre la violation de la neutralité luxembourgeoise, contre l'ultimatum adressé au gouvernement belge et enfin contre la fausse allégation d'un prétendu projet d'invasion de ces deux pays par les armées françaises (3).

Dans la soirée, on apprenait à Paris, de source officielle belge, que les Allemands avaient violé le territoire de ce pays à Gemmerich, dans la région de Verviers (4).

Dès qu'il avait connaissance de l'ultimatum à la Belgique, le gouvernement britannique adressait à l'Allemagne la protestation la plus énergique :

« ...Le gouvernement de S. M. est obligé de protester contre cette violation d'un traité que l'Allemagne a signé

(1) *Livre jaune*, p. 149.

(2) V. *supra*, p. 179. Pour les bombes de Nuremberg, voir *supra*, p. 185, note 1.

(3) *Livre jaune*, p. 150, M. Viviani à M. Jules Cambon, 3 août.

(4) *Livre jaune*, p. 151, circulaire de M. Viviani, 3 août. Sur le *Livre gris*, le même renseignement est daté du 4 août (nos 30 et 40). Cf. *Livre bleu*, n° 75, et 2e *Livre gris*, n° 119, 10 avril 1915.

aussi bien que nous-mêmes; il lui faut des assurances que la demande faite à la Belgique ne sera pas suivie d'effet et que sa neutralité sera respectée par l'Allemagne. Vous demanderez une réponse immédiate », télégraphiait sir E. Grey à sir E. Goschen (4 août) (1).

En même temps, il informait le gouvernement belge qu'il comptait sur le maintien de sa neutralité par tous les moyens en son pouvoir; que le gouvernement britannique l'aiderait à résister et qu'il était prêt à s'unir à la Russie et à la France pour offrir immédiatement à la Belgique une action commune et une garantie en vue du maintien de son intégrité et de son indépendance (2).

Sur les entrefaites, M. de Jagow télégraphiait au prince Lichnowsky, en des termes montrant de nouveau combien le gouvernement allemand tenait à s'assurer la neutralité britannique. Ce télégramme, aussitôt communiqué au Foreign Office, était ainsi conçu :

« Prière de dissiper tout soupçon qui pourrait subsister dans l'esprit du gouvernement britannique au sujet de nos intentions.

« Répétez positivement l'assurance formelle que, même en cas de conflit armé avec la Belgique, l'Allemagne ne s'annexera du territoire belge sous aucun prétexte.

« La sincérité de cette déclaration est prouvée par notre engagement solennel à l'égard de la Hollande de respecter strictement sa neutralité. Il est évident *que nous ne pourrions annexer profitablement du territoire belge sans nous agrandir en même temps aux dépens de la Hollande.*

« Faites bien comprendre à sir Edward Grey que l'armée

(1) *Livre bleu*, n° 72.
(2) *Livre bleu*, n° 76, sir E. Grey à sir F. Villiers, 4 août.

allemande ne saurait s'exposer à une attaque française par la Belgique, attaque qui a été envisagée selon des informations absolument sûres.

« L'Allemagne est donc obligée de ne pas tenir compte de la neutralité belge : c'est pour elle une question de vie ou de mort de prévenir l'avance de l'armée française » (1).

Ces assurances, ces affirmations mensongères ne changeaient rien aux décisions britanniques. Le même jour, sir E. Grey invitait l'ambassadeur à exiger du gouvernement allemand une réponse satisfaisante aux questions relatives à la neutralité belge. Elle devrait lui parvenir le soir même, avant minuit, faute de quoi sir E. Goschen demanderait ses passeports et déclarerait que le gouvernement britannique se voyait « obligé de prendre toutes les mesures en son pouvoir pour maintenir la neutralité de la Belgique et le respect d'un traité auquel l'Allemagne avait souscrit autant que la Grande-Bretagne » (2).

Dans cette même journée du 4 août, sir E. Goschen voyait une première fois M. de Jagow et lui demandait, au nom du gouvernement britannique, si l'Allemagne s'abstiendrait de violer la neutralité belge. Le secrétaire d'Etat répondait négativement, étant donné que la frontière avait déjà été franchie le matin.

Il s'étendait à nouveau sur les raisons de cet acte : « Il leur fallait pénétrer en France par la voie la plus rapide et la plus facile, de manière à prendre une bonne avance dans leurs opérations et s'efforcer de frapper quelque coup décisif le plus tôt possible. C'est pour nous, disait-il, une question de vie ou de mort, car, si nous avions

---

(1) *Livre bleu*, n° 74, 4 août.
(2) *Livre bleu*, n° 77, 4 août.

passé par la route plus au sud, nous n'aurions pu, vu le petit nombre des chemins et la force des forteresses, espérer passer sans rencontrer une opposition formidable, impliquant une grosse perte de temps. Cette perte de temps aurait été autant de gagné par les Russes pour amener leurs troupes sur la frontière allemande. Agir avec rapidité, voilà, ajoutait-il, le maître atout de l'Allemagne; celui de la Russie est d'avoir d'inépuisables ressources en soldats.

Sir E. Goschen répliquait que la violation de la frontière belge rendait la situation extrêmement grave; il demandait si l'Allemagne ne pourrait encore faire un pas en arrière et éviter ainsi des conséquences déplorables. M. de Jagow répondait que c'était impossible.

Dans l'après-midi, sir E. Goschen recevait le second télégramme de sir E. Grey et retournait voir M. de Jagow, auquel il transmettait la communication dont il était chargé. La réponse du secrétaire d'Etat était encore négative et sir E. Goschen annonçait sa demande de passeports.

Leur entretien avait lieu vers 19 heures. Après cet échange officiel de communications, ils avaient une brève conversation au cours de laquelle M. de Jagow exprimait « son poignant regret de voir s'écrouler toute sa politique et celle du chancelier », qui avait été de devenir amis de la Grande-Bretagne, et ensuite, par elle, de se rapprocher de la France.

Sir E. Goschen allait ensuite voir le chancelier, qu'il trouvait « très agité » et qui commençait de suite « une harangue » destinée à durer « environ vingt minutes ». « ...La mesure prise par le gouvernement de S. M. était terrible au dernier point; juste pour un mot — neutralité, un mot dont en temps de guerre on n'a si souvent tenu aucun compte — juste pour un chiffon de papier (1), la Grande-Bretagne allait faire la guerre à une nation à elle apparentée, qui ne désirait rien tant que d'être son amie. Tous ses efforts en ce sens ont été rendus inutiles par cette dernière et terrible mesure; la politique à laquelle il s'était voué depuis son arrivée au pouvoir était tombée comme un château de cartes ». Il s'écriait que ce qu'avait fait l'Angleterre était inconcevable : c'était « comme frapper par derrière un homme au moment où il défend sa vie contre deux assaillants ». Il tenait la Grande-Bretagne « pour responsable de tous les terribles événements qui pourraient se produire ».

Sir E. Goschen protestait avec force, montrant que c'était aussi, pour ainsi dire, « une affaire de vie ou de mort » aux yeux de l'Angleterre que de tenir un engagement solennel pris par elle. A défaut, qui pourrait jamais avoir confiance dans la parole de la Grande-Bretagne?

Le chancelier reprenait : « Mais à quel prix ce pacte aura-t-il été tenu? Le gouvernement britannique y a-t-il songé? » Sir E. Goschen essayait de faire comprendre à son interlocuteur que la crainte des conséquences ne pouvait guère être considérée comme une excuse pour la rupture d'engagements solennels, mais le chancelier « était dans un tel état d'excitation, il était si évidemment démonté par la nouvelle de notre action et si peu disposé à entendre raison que je m'abstins de jeter de l'huile sur le feu en argumentant davantage... ».

Un compte rendu télégraphique, remis au bureau central de Berlin un peu avant 21 heures, ne fut pas transmis à Londres.

Vers 21 h. 30, le sous-secrétaire d'Etat von Zimmer-

(1) *Just for a scrap of paper.*

mann venait voir sir E. Goschen et lui demandait si la remise de ses passeports équivaudrait à une déclaration de guerre. Sir E. Goschen lui répondait que ce n'était pas toujours le cas, mais que, dans l'occasion présente, le gouvernement britannique avait indiqué une heure après laquelle il se verrait forcé de prendre les mesures nécessitées par ses engagements. M. von Zimmermann répondit que c'était en fait une déclaration de guerre, puisque, de toute impossibilité, le gouvernement impérial ne donnerait les assurances requises ni le soir même, ni aucun autre soir (1).

M. von Zimmermann laissait à l'ambassadeur un supplément du *Berliner Tageblatt* annonçant la déclaration de guerre de l'Angleterre. Une foule de manifestants, déjà massés au dehors, poussaient des cris hostiles et jetaient des pierres. Un pavé tomba au milieu du salon où était réuni le personnel de l'ambassade. On téléphonait aussitôt à M. von Jagow, qui faisait déblayer la rue. Le secrétaire d'Etat vint ensuite exprimer à l'ambassadeur ses vifs regrets, imputant la responsabilité de l'incident au *Berliner Tageblatt* qui avait publié cette nouvelle sans y être autorisé.

Le lendemain 5 août, un aide de camp de l'Empereur venait déclarer à l'ambassadeur, sur le ton le plus acerbe, qu'il était chargé d'exprimer les regrets de son souverain au sujet du fait de la veille, avec ce correctif que le dit fait donnait une idée de ce que pensait le peuple allemand à l'égard de la Grande-Bretagne prenant parti pour d'autres contre ses vieux alliés de Waterloo. Jusqu'alors, Guillaume II avait été fier de ses titres d'amiral de la marine et de field-marshall de l'armée britannique. Après

(1) *Livre bleu*, n° 78, en date du 8 août.

ce qui venait de se passer, il était forcé de s'en dépouiller immédiatement.

Dans cette même journée du 4 août, le chancelier avait prononcé, à la tribune du Reichstag, quelques paroles qui resteront, pour toujours attachées à sa mémoire. Il s'agissait de la violation de la frontière belge : « Nous nous trouvons en cas de légitime défense et la nécessité ne connaît pas de lois.

« Nos troupes ont occupé Luxembourg et ont, peut-être, déjà pénétré en Belgique. Cela est en contradiction avec les prescriptions du droit des gens. La France a, il est vrai, déclaré à Bruxelles qu'elle était résolue à respecter la neutralité de la Belgique aussi longtemps que l'adversaire la respecterait. Mais nous savons que la France se tenait prête pour envahir la Belgique. La France pouvait attendre. Nous, pas. Une attaque française sur notre flanc dans la région du Rhin inférieur aurait pu devenir fatale. C'est ainsi que nous avons été forcés de passer outre aux protestations justifiées des gouvernements luxembourgeois et belge. L'injustice que nous commettons de cette façon, nous la réparerons dès que notre but militaire sera atteint.

« A celui qui est menacé au point où nous le sommes et qui lutte pour son bien suprême, il n'est permis que de songer au moyen de se dégager... » (1). Ces théories faciles ne devaient soulever aucune protestation en Allemagne.

Dans la journée, M. Davignon avisait les ministres de Grande-Bretagne, de France et de Russie de la violation du territoire belge : la Belgique faisait appel aux trois

(1) *Livre gris*, n° 35, le baron Beyens à M. Davignon, 4 août.

Puissances pour coopérer, comme garantes, à la défense du pays par son armée. Il annonçait que celle-ci assumerait la défense des places fortes (1), sans dire si elle bornerait son action à cette défense.

L'état de guerre était notifié par le gouvernement britannique à l'Allemagne à partir du 4 août, à 23 heures (2).

A cette même date, l'ambassadeur de France quittait Berlin avec son personnel, non sans être victime de grossiers manques d'égards qui contrastaient pleinement avec la courtoisie dont avait été entouré le départ de M. de Schœn (3).

Quant à notre ministre à Luxembourg, M. Mollard, il était contre tout droit sommairement invité à quitter son poste par l'autorité allemande et devait céder devant la force, non sans protestations (4).

Le même jour, 4 août, à 14 heures, le gouvernement français notifiait aux représentants des Puissances à Paris que l'état de guerre existait entre la France et l'Allemagne depuis le 3 août, à 18 h. 45. Il protestait auprès de toutes les nations civilisées contre la violation par l'empire allemand de ses engagements internationaux; il faisait toutes réserves quant aux représailles qu'il pourrait se voir amener à exercer contre un ennemi aussi peu soucieux de la parole donnée. Cette protestation solennelle

---

(1) *Livre gris*, n° 40. Cf. *Livre jaune*, p. 151, M. Klobukowski à M. Viviani, 4 août.

(2) *Livre gris*, n° 41.

(3) Cf. *Livre jaune*, p. 152, M. Bapst à M. Doumergue, 6 août. Plusieurs de nos consuls étaient pareillement traités à leur départ d'Allemagne. Cf. le rapport de M. d'Hennezel, vice-consul à Mannheim. *Débats* du 13 août 1914.

(4) Cf. *Livre jaune*, p. 157, 158, 159, M. Mollard à M. Doumergue et Annexe, 4 août.

et celle de la Belgique ne trouvaient pas dans le monde autant d'écho qu'il eût fallu.

VII

C'est ainsi que se terminait le prologue diplomatique de la Grande Guerre. On a vu dans quelles circonstances l'ultimatum autrichien fut remis à la Serbie, le 23 juillet. Sur les conseils de la France, de la Russie et de la Grande-Bretagne, le Cabinet de Belgrade accepta, presque sans aucune réserve, les conditions extrêmement dures que lui faisait l'Autriche-Hongrie. On apprit néanmoins avec étonnement que le ministre d'Autriche, après un examen de quelques minutes, avait jugé irrecevable la réponse serbe. La rupture s'ensuivait aussitôt. La veille, l'ambassadeur d'Allemagne était venu lire à notre ministre des Affaires étrangères une « note verbale », affirmant que le conflit austro-serbe devait rester localisé, sans intervention des Puissances, faute de quoi on pourrait redouter des « conséquences incalculables ». Une démarche analogue était faite le lendemain à Londres et à Pétersbourg. Ce langage menaçant contrastait singulièrement avec l'attitude pacifique dont la Triple Entente venait de donner la preuve. Néanmoins, elle engageait immédiatement une tentative de conciliation en invitant l'Allemagne à s'y associer. Mais ces efforts ne trouvèrent aucun écho à Berlin. Non seulement le gouvernement allemand ne paraissait nullement disposé à donner au Cabinet de Vienne les conseils amicaux qu'autorisait la situation, mais, dès le premier jour, il s'interposait entre l'Autriche et les autres Puissances. Le 28 juillet, l'Autriche déclarait la guerre à la Serbie, sans le moindre égard pour les Cabinets qui cherchaient alors à assoupir le conflit. Tout indiquait la volonté d'asservir les Serbes, contre ce qu'exigeait l'équilibre des Balkans, sanctionné par l'approbation récente des grandes Puissances.

La Triple Entente essayait encore de poursuivre ses négociations, qui se précisaient dans la proposition d'une action à quatre, en vue de ménager un règlement équitable du conflit.

L'Autriche n'en opérait pas moins une mobilisation partielle qui provoquait, le 29 juillet, la mobilisation des troupes russes de la frontière austro-hongroise. La Russie prenait soin d'aviser le gouvernement allemand que cette mesure n'était à aucun degré dirigée contre lui.

Tout ce que tentait la Grande-Bretagne, avec l'appui de la France et de la Russie, pour établir un contact entre l'Autriche et la Serbie, sous le patronage des grandes Puissances, se heurtait à un parti pris négatif de l'Allemagne. Cette situation faisait craindre des arrière-pensées de la part de cette dernière et, en effet, dès le 25 juillet au matin, elle avait pris des mesures préparatoires à la mobilisation. Après les avoir continuées les jours suivants, elle proclamait, le 31, l'*état de danger de guerre* qui permettait de poursuivre ces préparatifs dans un secret absolu.

Le même jour, elle adressait au gouvernement russe un ultimatum, sous prétexte que la Russie avait ordonné la mobilisation générale, simple réponse à celle de l'Autriche et aux mesures menaçantes de l'Allemagne. Cet ultimatum était d'autant plus inopportun que l'empereur Nicolas venait de demander à Guillaume II son intervention pacifique, et que le gouvernement russe acceptait une formule de nature à préparer un règlement amiable du conflit.

En même temps survenaient des actes nettement hostiles contre la France, démenti brutal des déclarations pacifiques que le représentant de l'Allemagne affectait de nous prodiguer. Il fallait prévoir une guerre déjà menaçante et la mobilisation générale était ordonnée en France, ainsi d'ailleurs qu'en Allemagne, le 1er août dans l'après-midi. Dès le lendemain, les troupes allemandes passaient notre frontière sur trois points, violant la neutralité du Luxembourg, garantie par la propre signature de leur gouvernement, et menaçant la neutralité belge. L'ultimatum du 2 août à la Belgique allait être suivi d'une agression caractérisée, tandis que, sur notre frontière, les attaques se multiplaient. Sur plus de quinze points elle était violée, des coups de feu étaient tirés sur nos douaniers et nos soldats; un avion allemand jetait trois bombes sur Lunéville (3 août).

La rupture définitive s'ensuivait, mais c'était l'Allemagne qui en prenait l'initiative. Bien qu'elle eût tous les torts, elle invoquait les prétextes les plus mensongers pour justifier une déclaration de guerre (3 août).

Pendant quarante-trois ans, nous avions supporté le poids si lourd du traité de Francfort, affirmé à maintes reprises l'esprit le plus conciliant, au point de consentir, en 1911, des sacrifices territoriaux en pleine paix pour donner quelque satisfaction aux ambitions allemandes en Afrique. De même, la Russie avait, en 1908 comme en 1912, poussé très loin la conciliation devant les exigences de l'Autriche-Hongrie. L'agression présente montrait que le conflit serbe n'était qu'un vain prétexte. Il s'agissait non pas d'imposer à Belgrade une humiliation sans exemple, mais d'anéantir l'influence russe dans les Balkans, d'y substituer l'hégémonie austro-allemande et aussi de disloquer la Triple Entente, malgré le rôle pacificateur qu'elle avait joué jusqu'alors. L'Allemagne et son humble vassale l'Autriche-Hongrie ne voulaient plus d'une politique d'équilibre basée sur le respect du droit des faibles et, pour tout dire, des libertés de l'Europe. Elle prétendait y substituer on ne sait quel rêve nébuleux de domination mondiale, échafaudé sur la plus frénétique mégalomanie qui se soit jamais emparée d'une nation. Mais, dès le début, la diplomatie allemande montrait l'incurable faiblesse qui résulte pour elle de son incompréhension de la psychologie étrangère. Elle avait compté sur la passivité de la Belgique et sur la neutralité de la Grande-Bretagne. La Belgique allait défendre héroïquement son indépendance, et la Grande-Bretagne devait jeter dans la lutte le poids toujours grandissant de sa flotte, de ses armées et de l'empire colonial le plus vaste du monde.

VIII

En France, bien que nous fussions peu disposés à prêter aux affaires balkaniques autant d'importance qu'il eût convenu, l'ultimatum à la Serbie avait, dès le début, motivé des appréhensions sérieuses. On le rattachait instinctivement à la longue série des provocations allemandes survenues depuis le débarquement de Tanger. Parmi les mieux informés, quelques-uns affichaient une entière sécurité, affirmant que la menace actuelle passerait comme les précédentes, sans que la guerre devînt une réalité. Mais la masse demeurait inquiète et ce sentiment s'accentuait, à mesure que se déroulaient les événements. Quand les hostilités austro-serbes eurent commencé, on comprit que les chances de paix générale se restreignaient. Mais la population n'en garda pas moins un calme apparent qui cachait une résolution profonde. Un mot bien souvent entendu au cours de cette semaine tragique, et dans les milieux les plus divers, est celui-ci : « Les Allemands nous cherchent [querelle]. S'il faut y aller, on ira! » Pour ceux qui, comme nous, avaient vu à Paris les journées qui précédèrent la guerre de 1870, le contraste était complet. Autant la grande ville retentissait de fanfaronnades, de cris, de chants en juillet 1870, autant elle montrait de dignité, de sang-froid et d'énergie contenue (1). Ceux qui ont vécu cette dernière période garderont l'inoubliable souvenir du Paris de 1914. Le 1er août, quand l'affiche de mobilisation générale apparut, le mouvement des rues s'accrut sans que le calme fût troublé. Déjà les premiers mobilisés s'embarquaient dans les gares. De la foule de parents et d'amis qui les accompagnaient se dégageait une impression générale de confiance et de force. Cette impression, tous ceux qui allaient parcourir la France, pendant les jours de fièvre que furent la mobilisation et la concentration, la ressentirent pleinement. On eût dit que la nation entière avait le sentiment de la sainteté de sa cause; elle évoquait les souvenirs d'un passé glorieux pour espérer de triomphants lendemains. Elle aspirait de toute son âme à libérer l'Europe du cauchemar de paix armée qui pesait sur elle depuis 1870. Les pères étaient prêts à se sacrifier pour que les enfants pussent être épargnés par la menace constante et par les horreurs de la guerre.

---

(1) Pourtant quelques troubles se produisaient, dus à diverses causes et surtout à l'agitation des anarchistes et de la fraction révolutionnaire des socialistes : le matin du 26 juillet un drapeau autrichien était brûlé devant l'ambassade par une centaine de manifestants, de race slave en majorité. Le 28, dans la soirée, des bagarres se produisaient sur les boulevards et dans certains quartiers entre pacifistes et patriotes. Le 4 août on saccageait plusieurs magasins appartenant à des Allemands ou des Austro-Hongrois.

Le 4 août restera une date inoubliable entre toutes. La Chambre des députés reçut lecture d'un message du Président de la République, rappelant éloquemment combien, depuis plus de quarante ans, la France avait consenti de sacrifices à la paix générale. Il évoquait les efforts accomplis récemment en vue de conjurer la guerre menaçante et rejetait sur l'Allemagne les responsabilités encourues en déclenchant le plus terrible des conflits. Il rappelait que, dans la lutte engagée, la France aurait « pour elle le Droit, dont les peuples, non plus que les individus, ne sauraient impunément méconnaître l'éternelle puissance ».

« Déjà, disait-il encore, de tous les points du monde civilisé viennent à la France les sympathies et les vœux. Car elle représente aujourd'hui, une fois de plus, devant l'univers, la liberté, la justice et la raison » (1).

Dans un discours unanimement applaudi, M. Viviani faisait l'historique de la crise qui venait de se terminer. Il rappelait qu'en 1875 l'Allemagne avait voulu nous porter les derniers coups et que la guerre avait été empêchée uniquement par l'intervention de la Russie et de la Grande-Bretagne. Tous les députés se levaient à ces mots et applaudissaient longuement.

« Depuis lors, la République française, disait-il, par la restauration des forces nationales et la conclusion d'accords diplomatiques invariablement pratiqués, a réussi à se libérer du joug qu'au sein même de la paix Bismarck avait su faire peser sur l'Europe.

« Elle a rétabli l'équilibre européen, garant de la liberté et de la dignité de chacun.

« Messieurs, je ne sais si je m'abuse, mais il m'appa-

(1) *Journal officiel* du 5 août.

raît que cette œuvre de réparation pacifique, d'affranchissement et de dignité définitivement scellés en 1904 et 1907, avec le concours génial du roi Edouard VII d'Angleterre et du gouvernement de la Couronne (*vifs applaudissements*), c'est cela que l'empire allemand veut détruire aujourd'hui par un audacieux coup de force... ».

Après avoir rappelé tous les sacrifices que nous avions faits au maintien de la paix, M. Viviani déclarait : « Ce qu'on attaque, ce sont les libertés de l'Europe, dont la France, ses alliés et ses amis sont fiers d'être les défenseurs.

« La France, injustement provoquée, n'a pas voulu la guerre, elle a tout fait pour la conjurer. Puisqu'on la lui impose, elle se défendra.... Nous sommes sans reproches. Nous serons sans peur. La France a prouvé souvent, dans des conditions moins favorables, qu'elle est le plus redoutable adversaire quand elle se bat, comme c'est le cas aujourd'hui, pour la liberté et pour le droit... » (1).

L'unanimité des députés applaudissait à ces nobles paroles. L'enthousiasme qui accueillait le discours de M. Viviani évoquait le souvenir d'un autre 4 août, dont la nuit, restée célèbre, vit les classes privilégiées de la nation abandonner leurs avantages dans un entraînement invincible vers un noble idéal de fraternité et de paix sociale. Pourquoi faut-il que cette *union sacrée*, ainsi qu'on l'a justement appelée, n'ait pu durer aussi longtemps que les circonstances mêmes qui l'avaient fait naître?

(1) *Journal officiel* du 5 août.

CHAPITRE V

LES ADVERSAIRES EN PRÉSENCE

L'armée française. — Ses effectifs. — Son matériel. — L'armée allemande. — Comparaison avec l'armée française. — L'armée belge. — L'armée anglaise. — Comparaison générale des deux groupes d'adversaires.

La France mesure 536.464 kilomètres carrés, avec une population de 39.601.599 habitants seulement, la moins dense de celles que nous allons étudier. Il convient d'ajouter que les colonies et pays de protectorat ajoutent à ces chiffres 10.984.700 kilomètres carrés et 40.566.000 habitants, dont 1.057.400 kilomètres carrés et 7.084.701 habitants pour l'Algérie et la Tunisie seulement.

Le budget annuel en dépenses s'élevait à 4.738.603.534 francs (1913); le budget de la guerre à 983.224.371 francs, dont 820.459.660 francs pour les troupes métropolitaines, 42.848.925 francs pour les troupes coloniales et 119.905.591 francs de dépenses extraordinaires.

Le service obligatoire et personnel a été introduit en France par la loi du 27 juillet 1872, issue directement de la guerre de 1870-71. Elle a été plusieurs fois modifiée, notamment par la loi du 7 août 1913, qui a rétabli le service de trois ans et complété la loi du 21 mars 1905.

Les jeunes gens atteints d'infirmités graves ou de constitution trop faible sont seuls exemptés du service militaire. Tous les autres sont incorporés soit dans le service armé, soit dans le service auxiliaire, si des infirmités légères permettent qu'ils remplissent certains emplois sédentaires. Il n'y a aucune espèce de dispense.

L'armée active se recrute par appels annuels du contingent, par engagements volontaires et rengagements.

La durée totale du service militaire est de vingt-huit ans, dont trois dans l'armée active, onze dans la réserve de celle-ci, sept dans l'armée territoriale et sept dans la réserve de cette armée.

Cette durée compte du 1er octobre de l'année où le jeune homme est inscrit sur les tableaux de recensement, c'est-à-dire de l'année qui suit celle où il a accompli ses dix-neuf ans. L'incorporation a lieu au plus tard le 10 octobre.

Des dispositions spéciales régissent le recrutement des troupes coloniales. Les indigènes y entrent d'ailleurs pour plus de moitié.

Le contingent de 1910 comprenait 315.452 inscrits sur lesquels on a pu appeler 247.028 hommes, dont 219.400 pour le service armé. Ce contingent annuel a une tendance constante à diminuer, en raison de la faible natalité. Comme chacun sait, la population s'accroît en France avec une extrême lenteur et surtout par l'effet de la prolongation de la vie moyenne; le nombre des naissances annuelles tend même à devenir inférieur à celui des décès. C'est l'un des grands dangers de l'heure présente.

L'effectif *théorique* de l'armée était au 1er janvier 1913 de 31.611 officiers et 613.717 hommes. L'adoption du service de trois ans l'a très sensiblement accru.

En vertu de la loi du 23 décembre 1912, l'infanterie comprend 173 régiments, dont 164 à 3 bataillons de 4 compagnies; 8 régiments dits de forteresse, à 4 bataillons et un régiment stationné en Corse à nombre variable de bataillons; 31 bataillons de chasseurs à pied, dont 18 à 4, 5 ou 6 compagnies et, éventuellement, un groupe cycliste de 3 pelotons; 13 bataillons de chasseurs alpins à 4, 5 ou 6 compagnies; 4 régiments de zouaves à nombre variable de bataillons à 4 compagnies; 12 régiments de tirailleurs indigènes, constitués de même, mais ayant en outre une compagnie de dépôt; des régiments étrangers à nombre variable de bataillons et de sections de mitrailleuses, de sections montées, avec un dépôt de deux compagnies; 5 bataillons d'infanterie légère d'Afrique, à nombre variable de compagnies; des compagnies sahariennes; le régiment de sapeurs-pompiers de la ville de Paris, qui compte encore dans l'armée on ignore pourquoi, puisqu'il ne combat en aucun cas (1).

L'infanterie constitue un certain nombre de régiments de réserve, en principe un par corps actif, ne comptant que deux bataillons.

L'armée territoriale comprend, en outre, 145 régiments, de composition variant selon les ressources de la subdivision; 7 bataillons territoriaux de chasseurs; 12 bataillons territoriaux de zouaves.

Chaque régiment d'infanterie comprend 2 ou 3 sections de mitrailleuses.

L'infanterie est armée du fusil à répétition modèle 1886-1893, de 8 m/m.

La cavalerie se compose de 91 régiments, dont 10 de troupes d'Afrique, tous à 5 escadrons, dont 4 de guerre, sauf pour les 6 régiments de spahis qui comptent 5 escadrons de guerre.

Il y a une section de mitrailleuses par brigade.

---

(1) Il a même plu à un ministre, envieux d'une popularité facile, de faire décorer le drapeau de ce corps, contre la règle qui veut que cet honneur soit conféré seulement après la prise d'un drapeau ennemi.

En principe, chaque corps d'armée comprend un régiment de cavalerie légère (exceptionnellement 2 ou 3), destiné à fournir la cavalerie divisionnaire et de corps d'armée; les autres régiments forment 10 divisions à 6 régiments, appartenant à trois types différents (lourde, mixte, légère). Chacune est dotée d'un groupe à cheval et d'une compagnie cycliste (1).

La cavalerie est armée du sabre, de la carabine et, pour une partie des régiments de dragons, de la lance modèle 1890.

L'organisation de l'artillerie a été réglée par la loi du 24 juillet 1909, modifiée le 15 avril 1914.

Cette arme comprend 62 régiments d'artillerie de campagne à 3 ou 4 groupes de 3 batteries de 4 pièces et 5 groupes autonomes en Algérie-Tunisie, soit 635 batteries montées de 75, dont 17 stationnées en Algérie-Tunisie; 24 batteries montées de 155 (Rimailho); 34 batteries d'artillerie lourde; 22 batteries de montagne, dont 8 en Algérie-Tunisie; 30 batteries à cheval; 75 batteries à pied, dont 7 en Algérie-Tunisie; au total 820 batteries, dont 687 d'artillerie légère et 133 d'artillerie lourde de campagne, de siège ou de place. La répartition des batteries entre les diverses catégories ainsi qu'entre les régiments peut être modifiée par décret.

Des 687 batteries d'artillerie légère, les 30 batteries à cheval, seules, sont destinées à recevoir un canon plus léger que le 75 des batteries montées. Mais, par suite d'hésitations regrettables, ce matériel ne fut mis que partiellement en service avant le 1er août 1914. Il faut d'ail-

---

(1) Lourde, 2 régiments de cuirassiers et 4 de dragons; mixte, 2 régiments de cuirassiers, 2 de dragons et 2 de légère; légère, 4 de dragons et 2 de légère.

leurs noter que l'application de la loi du 15 avril avait été réglée en trois échelons. La plupart des créations et transformations auraient lieu le 1er mai 1914. Le 1er juillet seulement, on devait créer 9 batteries lourdes, 3 batteries de montagne, 3 états-majors de régiments d'artillerie lourde (1er, 3e, 5e régiments); on devait enfin transformer 2 états-majors de régiments d'artillerie à pied en états-majors d'artillerie lourde (2e et 4e régiments) et créer 3 états-majors de groupes d'artillerie d'Afrique.

Le 1er octobre 1914 auraient lieu la création de 3 batteries lourdes et divers changements d'effectifs. La guerre nous surprit donc en pleine réorganisation de notre artillerie, avant que la loi de 1914 eût pu produire son entier effet.

Nous montrerons plus loin en quoi l'artillerie française était inférieure à l'artillerie allemande. Il convient d'ajouter que le personnel de notre artillerie de campagne avait sur l'ennemi l'avantage d'une connaissance plus approfondie des nouvelles méthodes de tir, méthodes que les Allemands nous avaient empruntées après les avoir longtemps dédaignées. Jointe à la supériorité marquée du 75 sur le 77, cette circonstance devait souvent nous donner l'avantage quand l'artillerie lourde allemande ne pouvait intervenir.

Le génie comprenait 8 régiments, dont 1 de chemins de fer et 1 de télégraphistes. Ces régiments comptaient eux-mêmes 26 bataillons comportant un nombre de compagnies variant de 3 à 7; le 26e (7 compagnies) était consacré à l'Algérie-Tunisie.

Les troupes d'aéronautique étaient constituées par 7 compagnies, dont 4 d'aérostiers et 3 d'aviateurs, par 10 sections aéronautiques et 1 compagnie de conducteurs. Nous verrons que l'effectif de nos troupes de communication et d'aéronautique était très sensiblement inférieur à celui des Allemands.

D'une manière générale, on peut affirmer que la préparation technique, ainsi que la plus grande partie du matériel, était inférieure chez nous. Il n'y a guère que la mobilisation, l'emploi des chemins de fer pour la concentration et pour la suite des opérations qui se soient révélés au moins égaux dans les deux pays (1).

Les troupes coloniales méritent une mention toute particulière; alors qu'en Allemagne on n'a pu les utiliser que pour la défense des colonies, les nôtres devaient prendre une part importante à la guerre continentale.

L'armée coloniale est autonome; ses cadres sont distincts de ceux de l'armée métropolitaine.

Elle comprend 16 régiments d'infanterie coloniale, dont 12 en France, 2 au Tonkin, 1 en Cochinchine, 1 en Chine; 5 bataillons formant corps (Diégo-Suarez, Madagascar, Sénégal, La Guadeloupe, Nouvelle-Calédonie), 2 compagnies formant corps (Guyane, La Martinique), 1 régiment de tirailleurs annamites, 4 régiments de tirailleurs tonkinois, 4 régiments et 8 bataillons de tirailleurs sénégalais, dont 1 en Algérie, 3 régiments de tirailleurs malgaches.

La cavalerie compte 2 escadrons indépendants de spa-

---

(1) Lors de l'offensive en Lorraine et en Belgique, lors du recul sur la Marne, de la reprise de l'offensive et de la course à la mer, on transporta en chemin de fer d'un point à un autre du front plus de 70 divisions exigeant plus de 6.000 trains. Sur certaines lignes la circulation journalière atteignit 220 trains dans les deux sens.

En septembre, octobre, novembre, nos automobiles transportèrent au moins 350.000 hommes sur un parcours de 20 à 120 kilomètres. Le tonnage du matériel dépassa 3.500 tonnes par armée. Les automobilistes transportèrent en outre de 7.000 à 32.000 blessés par mois et par armée, dont 140.000 pour le seul mois de septembre.

lis sénégalais, 1 escadron indigène du Congo et du Chari, 1 escadron indigène en Indo-Chine.

L'artillerie coloniale comprend en France 3 régiments, soit 36 batteries, dont 18 à pied et 6 de montagne; 4 régiments et 2 groupes indépendants aux colonies, un certain nombre de compagnies d'ouvriers et d'artificiers.

En outre, il existe au Maroc 6 régiments mixtes à 3 bataillons, dont 1 bataillon colonial et 2 de tirailleurs sénégalais. Trois autres bataillons coloniaux sont provisoirement détachés au Maroc.

Le territoire français, y compris l'Algérie-Tunisie, est divisé en 21 régions de corps d'armée, correspondant chacune à un corps d'armée actif. Les deux gouvernements militaires de Paris et de Lyon chevauchent sur plusieurs corps d'armée, sans que, pour Lyon du moins, la nécessité en apparaisse nettement.

A la mobilisation, l'armée française doit constituer normalement 21 corps d'armée, plus 1 corps d'armée colonial. Nous verrons que, pour une raison inconnue, le 19e corps ne fut pas formé, ce qui réduisit à 20 le nombre de nos corps d'armée, déjà inférieur de près d'un quart à celui des corps d'armée allemands. On constitua, en outre, des divisions de réserve à deux brigades de trois régiments de deux bataillons; il y en eut une, en principe, par corps d'armée. Elles furent réunies, au début, par deux ou par trois, sous le nom de groupes de divisions de réserve, ce qui constitua des unités fort lourdes, dont l'encadrement et la composition générale laissaient grandement à désirer. A ce point de vue encore, nous étions nettement inférieurs aux Allemands, qui mirent en ligne, dès le début, un nombre de corps d'armée de réserve à peu près équivalent à celui des corps actifs. Ils formèrent, en outre, des unités d'ersatz, qui n'avaient chez nous aucun analogue. Quant à leurs divisions de landwehr et de landsturm, elles trouvèrent leur contrepartie dans les divisions territoriales constituées peu à peu chez nous, sans préparation suffisante. On en formait encore le 1er août 1915, après un an de guerre. Plus de prévoyance aurait conduit à de meilleurs résultats.

II

L'empire allemand mesure à peu près la même surface que la France (540.827 kilomètres carrés au lieu de 536.464) (1), mais sa population est beaucoup plus dense (64.925.993 habitants au recensement de 1910, au lieu de 39.601.599, recensement de 1911). En 1913, on l'évaluait à 66.835.000 habitants.

Le budget total de l'Empire est, en dépenses (exercice de 1913-14), de 5.696.033.205 marks, dont 2.449.759.127 marks de dépenses permanentes; 1.127.639.588 marks de dépenses une fois faites et 118.634.500 marks de dépenses extraordinaires. Sur ces sommes, le budget de la guerre prélève 775.385.283 marks de dépenses permanentes; 580.599.957 marks de dépenses une fois faites, et 14.700.000 marks de dépenses extraordinaires.

Le chef suprême et direct de l'armée allemande (*Oberfeldherr*) est l'Empereur. Il a sous ses ordres quatre armées particulières relevant chacune de leurs ministres de la Guerre respectifs : les armées prussienne, saxonne, wurtembergeoise et bavaroise. Celle-ci est la seule qui ait conservé une autonomie à peu près complète. Ce n'est

(1) Une grande partie de ces renseignements est extraite de l'*Etat militaire de toutes les nations du monde*, 1914, paru chez Berger-Levrault.

qu'à la mobilisation qu'elle passe sous le commandement direct de l'Empereur. L'armée prussienne comprend un certain nombre de contingents des petits Etats. Les uns sont directement incorporés dans les troupes prussiennes; les autres forment des corps spéciaux, mais administrés par la Prusse; enfin, le grand-duché de Bade constitue un corps d'armée, dont les éléments sont, en principe, stationnés sur le territoire grand-ducal.

Tout Allemand en état de porter les armes est *wehrpflichtig*, c'est-à-dire susceptible d'être appelé, de l'âge de dix-sept ans à celui de quarante-cinq ans révolus. De vingt ans accomplis au 31 mars de l'année où il a trente-neuf ans révolus, l'Allemand est astreint au service effectif (*dienstpflichtig*). Il sert dans l'armée active pendant un temps qui varie de 3 ans dans la cavalerie à 1 an dans le train; dans la réserve, de 6 ans et 6 mois à 4 ans et 6 mois, selon l'arme; dans la landwehr du 1er ban, de 3 à 5 ans; dans la landwehr du 2e ban, le reste du temps.

Le *landsturm* comprend deux bans : dans le 1er figurent tous les hommes de dix-sept à trente-neuf ans non classés dans les catégories précédentes; dans le 2e, tous les hommes de trente-neuf à quarante-cinq ans provenant du 2e ban de la landwehr et du 1er ban du landsturm.

L'incorporation dans l'armée active a lieu après la vingtième année révolue ou dans les deux années suivantes. On appelle d'ordinaire, en sus du contingent fixé, 8 ou 9 % des recrues destinées à parer au déchet. Les corps de troupes sont ainsi maintenus au-dessus de l'effectif budgétaire.

Les recrues en surnombre (*überzahlig*), les soutiens de famille, les hommes momentanément inaptes ou d'une aptitude moindre, sont classés dans la réserve de recrutement (*Ersatzreserve*), où ils comptent pendant 12 ans et

6 mois. Cette catégorie de réservistes n'a aucune analogie en France, de même que celle des volontaires d'un an (*einjährige Freiwillige*), où se recrutent une grande partie des officiers et sous-officiers de réserve.

Les règles qui président au recrutement en Allemagne sont beaucoup plus élastiques que les nôtres; elles sont surtout dictées par le souci de l'intérêt militaire, ce qui n'est pas toujours le cas en France. Les ressources en hommes étant abondantes et tendant à s'accroître, on peut ménager, dans une large mesure, les intérêts de la population civile, tout en n'incorporant que des recrues physiquement aptes à servir.

Sur les 1.289.868 hommes examinés en 1912, il y avait 557.608 jeunes gens de vingt ans comparaissant pour la première fois. Ces chiffres ne comprennent ni ceux qui ne se sont pas présentés, ni ceux restés introuvables.

Du total indiqué ci-dessus, 40.413 avaient devancé l'appel; 239.717 ont été incorporés dans l'armée active et la marine; 137.922 dans la landwehr du 1er ban et 90.207 dans l'ersatzreserve.

Le total des incorporations de 1912 s'élève à 286.908 hommes pour l'armée de terre et à 22.004 pour la marine (1).

La loi du 13 avril 1913 a porté l'effectif budgétaire de l'armée allemande au maximum qu'il ait jamais atteint en temps de paix. Il est, en chiffres ronds, de 36.000 officiers, 110.000 sous-officiers, 661.000 *Gefreiten* et simples soldats, auxquels il convient d'ajouter environ 6.000 employés supérieurs, 4.000 employés subalternes et 18.000 volontaires d'un an, soit au total 835.000 hommes. Avec

(1) *Revue militaire des armées étrangères*, février 1914, p. 329 et suiv.

les incorporations en surnombre, cet effectif atteint au moins 870.000 hommes au printemps (1).

Au 1er janvier 1914, l'armée allemande comprenait huit inspections, correspondant sans doute à autant d'armées en cas de mobilisation; 25 corps d'armée à deux divisions, 1 division de cavalerie destinée à être portée à onze lors de la mobilisation. Le corps d'armée allemand diffère du nôtre, surtout en ce qu'il ne comprend pas d'artillerie de corps. La proportion de l'artillerie qui lui est affectée est très sensiblement supérieure, ainsi que nous le verrons.

L'infanterie allemande comprend 217 régiments, tous à 3 bataillons de 4 compagnies, plus une compagnie de mitrailleuses; 18 bataillons de chasseurs à 4 compagnies et une compagnie de mitrailleuses. Le total des bataillons est de 669 avec 2.676 compagnies et 235 compagnies de six mitrailleuses. En outre, 18 compagnies cyclistes sont affectées aux bataillons de chasseurs.

L'infanterie est armée du fusil à magasin du modèle 1898, du calibre de 7 m/m 9; la vitesse initiale de la balle S est de 860 mètres, c'est-à-dire très supérieure à celle de notre balle D, qui est de 700 mètres seulement. Mais la balle française est plus lourde et conserve mieux sa force de pénétration. Inférieure au point de vue balistique, l'arme allemande est supérieure comme chargement et mécanisme. On peut admettre qu'elle est préférable dans l'ensemble (2).

---

(1) L'*Almanach de Gotha* de 1914 donne les chiffres suivants pour 1913 : 30.000 officiers, 3.339 médecins ou vétérinaires, 2.953 payeurs, 517 chefs de musique, 1.236 armuriers et selliers, 105.117 sous-officiers, 647.811 soldats et 157.816 chevaux; au total 791.002 hommes et 157.816 chevaux.

(2) Cf. Général Maitrot, *Les armées françaises et allemandes. Leur*

Les mitrailleuses françaises et allemandes se valent à peu près comme mécanisme. Leur nombre est très sensiblement supérieur dans l'armée allemande.

La cavalerie compte 110 régiments à 5 escadrons, sauf 3 qui en ont 4; au total 547 escadrons, tous armés de la lance, du sabre et de la carabine. Il y a, en outre, onze détachements de mitrailleuses à six pièces, destinés à être attachés aux divisions de cavalerie.

L'artillerie de campagne compte 100 régiments, d'ordinaire à deux groupes de 3 batteries; quelques-uns ont, en outre, des batteries à cheval; un régiment par corps d'armée attelle un groupe d'obusiers de campagne, sauf pour le XVe corps et la garde qui n'en ont point.

Au total, l'artillerie de campagne compte 609 batteries montées et 33 batteries à cheval, soit 642 batteries à six pièces, moins les batteries à cheval qui n'en ont que quatre, comme les nôtres.

Le canon est du modèle 1896 A, du calibre de 77 m/m, à tir rapide, avec boucliers. L'obusier léger de campagne est du modèle 1898, de 105 m/m, à affût rigide, avec bêche de crosse. Il est à noter que le corps d'armée allemand dispose de 144 pièces légères, 72 par division d'infanterie, soit 54 canons de 77 (9 batteries de 6 pièces) et 18 obusiers de 105 (3 batteries de 6 pièces); au total 24 batteries.

Le corps d'armée français n'a que 120 canons de 75 (30 batteries à 4 pièces), sans aucun obusier. Ces 120 canons sont répartis en deux artilleries divisionnaires et une artillerie de corps, ce qui constitue une cause d'infériorité vis-à-vis du corps d'armée allemand, où l'unité du commandement est mieux assurée.

---

artillerie, leur fusil, leur matériel, comparaison, p. 10-12. Notons qu'un fusil à magasin, tirant la même cartouche que le 1886, fut mis en service pendant la guerre et se montra supérieur à l'ancien.

Notre canon de 75 est nettement supérieur à celui de 77 (1), mais il n'en a pas moins des défauts assez sérieux : son champ de tir horizontal trop limité permet à un objectif qui se déplace rapidement de lui échapper aisément. Il est trop lourd. 2.125 kilos pour la pièce attelée avec trois servants; enfin, son champ de tir vertical lui interdit toute action contre les dirigeables et aéroplanes, à moins d'être monté sur affût spécial.

La pièce de 77 a les mêmes défauts, sauf pour le poids, qui est de 945 kilos au lieu de 1.140 pour le canon en batterie. Mais, attelée, la pièce allemande, avec ses cinq servants, pèse à peu près autant que la nôtre. Elle est donc aussi difficile à déplacer dans des terres lourdes comme l'argile de la Woëvre.

Notre artillerie légère de campagne ne comporte aucun obusier, ce qui est certainement une cause d'infériorité vis-à-vis des Allemands. Ceux-ci peuvent agir contre des objectifs protégés par des abris, alors que nous ne le pourrions pas. Leur obusier de 105 est à tir rapide, sa portée de 6.000 à 7.000 mètres; il lance un shrapnel brisant du poids de 14 kilos, contenant 1.600 grammes d'explosif.

Vis-à-vis de nos batteries de 75, ces obusiers défilés derrière un village, un bois, un remblai seront insaisissables; leurs projectiles sont beaucoup plus puissants. On s'était rendu compte de cette infériorité chez nous, encore qu'imparfaitement, et des études avaient abouti à la création d'un obusier de 105 qui aurait été adopté, sans

(1) D'après Bernhardi, *L'armée d'aujourd'hui*, traduction Etard, I, p. 110, le canon de 75 est supérieur au 77 au point de vue balistique ; il permet plus de stabilité pendant le tir. Mais il est beaucoup plus lourd : son bouclier protège moins complètement ; les changements d'axe de tir sont difficiles et lents.

une solution ingénieuse inventée par le capitaine Malandrin. A l'aide de moyens très simples, cet officier transformait à volonté en tir courbe le tir rasant de nos canons de 75, sans que la charge dût être modifiée. Le canon pouvait être instantanément changé en obusier. On adopta ce procédé avec enthousiasme, sans se rendre compte qu'il constituait une solution nécessairement imparfaite. L'obus de 75 ne pèse que 7 k. 250 et ne peut donc se comparer à l'obus de 105 qui pèse 14 kilos. En outre, l'angle de chute du projectile, si l'on fait usage du système Malandrin, est au maximum de 15°, tandis que celui de l'obus allemand peut aller à 35°. Le nôtre sera donc impuissant sur certains objectifs qu'atteindrait aisément le projectile allemand. Une fois de plus, il est prouvé que certaines économies coûtent cher (1).

Ce qui vient d'être dit s'applique uniquement à l'artillerie légère de campagne. Notre infériorité devient écrasante si l'on tient compte de l'artillerie lourde.

L'artillerie à pied allemande comprend 24 régiments à 2 bataillons, généralement à 4 batteries, plus 1 régiment d'instruction également à 2 bataillons et 1 batterie d'expériences. C'est un total de 48 bataillons, sans les bataillons d'instruction, formant 187 batteries, auxquelles sont rattachés 30 détachements d'attelage. La loi de 1913 portait ces nombres à 226 batteries, avec 36 détachements.

A la mobilisation, chaque corps d'armée comprend : 1 bataillon d'obusiers de 15 % à 4 batteries de 4 pièces, plus 1 colonne légère et 8 colonnes de munitions fournies par l'artillerie à pied. En outre, certaines armées constitueraient des bataillons d'obusiers de 15 % composés comme les précédents, et d'autres de mortiers de 21 %

(1) Général Maîtrot, *op. cit.*, p. 22-38.

(à 2 batteries de 4 pièces), 1 colonne légère et 4 colonnes de munitions. Enfin, l'artillerie lourde de campagne allemande comprend encore des canons de 105 et de 130.

L'obusier de 15 %m est une pièce à tir rapide, sans bouclier et de modèle récent (1902). Elle peut tirer deux à trois coups par minute et sa portée serait de 7.400 mètres. Son projectile pèse 40 kilos et contient 8 kilos d'explosif. Il fournit jusqu'à 700 éclats et aucun bouclier ne lui résiste.

Le poids de la pièce attelée est de 2.838 kilos.

Le canon de 105 envoie à 10.500 mètres, avec une précision remarquable, un projectile de 18 kilos. Le poids de cette pièce attelée est de 2.900 kilos. L'obus du mortier de 21 %m pèse 119 kilos et sa portée maxima serait de 8.500 mètres.

Notons encore que l'armée allemande possédait un canon de 105 Krupp contre aéroplanes et dirigeables, auquel nous n'avions à opposer qu'un petit nombre de 75 sur affûts spéciaux. Ce canon de 105 pouvait en hauteur atteindre 11.400 mètres et sa portée maxima était de 13.500 mètres.

De même, il existait un canon à bombes ou torpilles aériennes, très puissant dans la guerre de positions (1). Nous n'avions rien à lui opposer au début.

Au total, le corps d'armée allemand comprend, outre ses 144 pièces légères, un *minimum* de 16 obusiers lourds auxquels le corps d'armée français n'a *rien* à opposer. Le canon Rimailho de 155 fait, en effet, partie de l'artillerie lourde d'armée. Autrement dit, il sera généralement partout où l'on n'en aura que faire. Nous n'en possédons que 8 groupes de 3 batteries, soit 24 batteries, à peu près

(1) Bernhardi, I, p. 117, 120.

une par corps d'armée. En outre, il ne peut-être comparé ni comme puissance, ni comme effet moral aux pièces lourdes allemandes. Sa portée n'est que de 6.500 mètres et son transport exige deux voitures, d'où la nécessité de le monter sur le terrain de combat, c'est-à-dire une cause d'infériorité (1).

La situation réelle de notre artillerie en face de celle des Allemands n'avait pas manqué de préoccuper beaucoup de bons esprits, dans l'armée et au dehors. Ils se heurtaient, le plus souvent, à un parti pris fait d'ignorance, d'indifférence ou d'aveuglement. On affectait de croire que notre 75 pouvait suppléer à tout, on redoutait la complication naissant de la diversité des calibres pour le ravitaillement. Un officier général très connu, ancien membre du Conseil supérieur de la guerre, écrivait :

« ...S'il plaisait aux Allemands d'augmenter encore le nombre des canons de leurs corps d'armée, il faudrait s'en réjouir et non les imiter; ce serait folie d'encombrer les colonnes et les champs de bataille d'une quantité d'artillerie telle qu'il n'y resterait plus de place pour l'infanterie » (2). Il écrivait encore : « On a vu plus haut le cas qu'il faut faire de ces *canons longs*, portant à 7 ou 8 kilomètres et dont il suffira de se rapprocher... le jour par des cheminements défilés pour se trouver, vis-à-vis d'eux, à deux de jeu » (3).

Il ne reconnaît à l'artillerie lourde que « l'aptitude à exécuter du tir courbe » (4). Il se demande : « Quel mobile a donc poussé les peuples balkaniques à encombrer

(1) Cf. Général Maîtrot, *op. cit.*, p. 39-46.
(2) Général Percin, *Le combat*, 1914, p. 252.
(3) *Ibid.*, p. 255.
(4) *Ibid.*, p. 257.

leurs équipages de campagne d'une pareille artillerie? Ces peuples ont voulu faire comme les Allemands, sans se demander si cela était utile ou non.

« Ferions-nous comme les peuples balkaniques? Il ne faut pas que l'imitation de l'Allemagne soit la règle de nos gouvernants » (1).

Que dire de ces assertions après les enseignements des guerres du Transvaal, de Mandchourie et des Balkans? Le simple bon sens n'eût-il pas dû les interdire? Ces déformations totales du jugement n'étaient pas une extrême rareté dans l'artillerie française. Ne prête-t-on pas à un autre général de cette arme le mot fameux : « On a toujours trop d'artillerie » ?

Non seulement le corps d'armée français n'avait ni obusiers légers ni pièces lourdes à opposer aux Allemands, mais il est un fait positif, c'est que l'approvisionnement en munitions était insuffisant. Avant la guerre, plusieurs écrivains militaires autorisés, dont les généraux Langlois et Maîtrot, avaient évalué à 3.000 coups par pièce l'approvisionnement à constituer en temps de paix. Dès le début de la guerre, on dut reconnaître que nos réserves étaient insuffisantes et l'arrêt après la victoire de la Marne semble n'avoir pas eu d'autre cause. On avait travaillé, mais insuffisamment, à l'amélioration de la terrible situation où était l'armée en 1905. « Il n'y avait pas 700 coups par pièce dans les arsenaux. Si l'Allemagne avait marché à ce moment, c'était la défaite certaine » (2).

---

(1) P. 258.

(2) Général Maîtrot, p. 66. Le ministre de la Guerre Etienne déposa le 27 février 1913 un projet de loi portant ouverture d'un crédit de 500 millions pour la fabrication de canons et de munitions. Ce projet ne fut définitivement voté que le *12 juillet 1914*. Encore le crédit était-il réduit de 500 à 420 millions et le programme ramené de 800 à 745 millions.

La supériorité allemande en artillerie lourde de campagne s'étendait aussi à l'artillerie de siège et de place. Elle possédait un certain nombre de « parcs légers de siège », constitués dès le temps de paix et comprenant, outre les pièces lourdes de campagne, des pièces plus puissantes encore telles que le canon de 13 $^{c}/_{m}$, un mortier de 28 $^{c}/_{m}$ et d'autres dont le calibre et la nature étaient tenus secrets (1).

La France n'a que la pièce de 120, le canon court ou long de 155 (2), dont la portée est de 9.000 mètres au maximum, le mortier de 220, dont l'obus de 98 kilos atteint une portée de 5.400 mètres au plus, et celui de 270 dont l'obus de 228 kilos porte à 7.000 mètres. Ces deux dernières pièces sont tout à fait vieillies et les premières ne valent guère mieux. On peut donc dire que, chez nous, l'artillerie de siège et de place est à peine existante. Pourtant nos grandes usines, telles que le Creusot, ont créé d'excellentes pièces de ce genre, dont quelques-unes ont pu faire leurs preuves à l'étranger. Nous n'en sommes pas moins restés au matériel constitué immédiatement après la guerre de 1870, avant les immenses progrès accomplis par l'artillerie.

Notons encore que l'on savait, avant le mois d'août 1914, l'adoption par les Autrichiens d'une artillerie lourde « absolument remarquable » et dans laquelle figurait un mortier de 305 $^{m}/_{m}$. On pouvait prévoir que ce matériel serait, en cas de besoin, prêté à leurs alliés. Certains travaux en exécution sur les voies ferrées de l'Allemagne

(1) Notons pourtant que Bernhardi (I, p. 132) signale une nouvelle pièce Krupp de 355, ayant une vitesse initiale de 935 mètres pour un projectile de 620 kilogr. et une force vive de 27,650 t. m. à la bouche.

(2) Nous négligeons les pièces de 95, qui sont des pièces de campagne d'ancien modèle et ne peuvent guère jouer que des rôles accessoires.

du Sud et de l'Autriche, semblaient justifier cette hypothèse (1).

Le corps des pionniers est fortement constitué en Allemagne. Il compte 35 bataillons à 4 compagnies, destinés à être portés à 44. De ces 44 bataillons, 18 groupés en 9 régiments seraient affectés aux places et 26 aux corps d'armée.

Aux 35 bataillons existant le 1er janvier 1914 étaient rattachés 35 détachements de projecteurs (2).

Enfin, l'armée allemande comprend encore des *troupes de communication* fortement constituées : 2 brigades des chemins de fer, chacune de 2 régiments à 2 bataillons; 1 bataillon bavarois; au total, 36 compagnies, plus 3 compagnies d'exploitation;

10 bataillons, dont 2 bavarois, de télégraphistes; au total 43 compagnies, dont 16 de télégraphie sans fil;

8 compagnies de téléphones de forteresses;

6 bataillons d'aérostiers, soit 17 compagnies et 1 détachement d'attelages;

5 bataillons d'aviateurs (14 compagnies) et 1 compagnie d'expériences;

4 compagnies d'automobilistes, 1 détachement saxon et 1 détachement wurtembergeois.

En matière de dirigeables, l'Allemagne possède une supériorité que compense celle de nos aviateurs, sinon de notre matériel d'aviation et de l'ensemble de cet important service (3).

---

(1) V. le général Maitrot, *loc. cit.*, p. 49-56.

(2) D'après l'*Etat militaire de toutes les nations du monde*, il n'y aurait que 26 détachements de projecteurs.

(3) Cf. Bernhardi, I. p. 173, 180.

Le train comporte 25 bataillons à 3 compagnies (1).

La véritable force de l'armée allemande réside dans ses cadres, bien qu'ils ne vaillent plus ceux de 1870, en raison de l'énorme extension qu'ils ont pris depuis cette époque. Néanmoins, le corps d'officiers, recruté avec soin, ayant au plus haut point le sentiment du devoir professionnel, tenant de beaucoup la première place dans la nation, est assurément l'un des meilleurs du monde. Mais sa composition et ses traditions l'éloignent du soldat; son instruction générale est souvent peu étendue et il affecte à l'égard de la population civile une morgue que les Allemands eux-mêmes ne supportent pas toujours volontiers, en dépit de leur discipline innée et de leur respect fanatique pour « la livrée du roi ».

Le sous-officier allemand participe des défauts et des qualités du corps d'officiers. C'est un aide indispensable pour celui-ci. Mais sa composition a également souffert de l'extension indéfinie des cadres depuis 1870 et du développement industriel et commercial du pays, qui restreint le nombre des vocations militaires. On lui reproche sa brutalité à l'égard du soldat, non sans raison.

L'Allemand constitue un excellent outil de guerre par son patriotisme, souvent très ardent, par son esprit de discipline, par sa docilité native. Mais il n'est pas aussi « débrouillard » que le soldat français, il n'a pas autant d'élan et d'initiative; il n'a pas pour ses officiers l'attachement que témoigne souvent celui-ci, quand ils le méritent; il est séparé d'eux par des différences de castes qui paraissent un anachronisme au XXe siècle.

Si l'on résume les principaux traits de l'armée alle-

(1) Un certain nombre de ces unités, pour les armes les moins importantes, étaient encore à créer en août 1914.

mande, on peut conclure que, vis-à-vis de la nôtre, elle avait certains éléments de supériorité incontestable.

Les effectifs, en raison du chiffre de la population, pouvaient être plus aisément renouvelés; ils représentaient, d'ailleurs, dès le début, une force numérique supérieure à la nôtre, même en faisant abstraction des formations de réserve et de landwehr dont nous ignorions le chiffre futur.

Le matériel, surtout celui d'artillerie, valait aux Allemands un autre genre de supériorité (1). Enfin, ils avaient sur nous l'avantage d'une organisation, créée uniquement au point de vue de la guerre et avec un rare esprit de suite. Chez nous, dans l'élaboration des lois militaires, on fait souvent intervenir des considérations politiques ou simplement électorales; on a longtemps attaché plus d'importance à la guerre religieuse qu'à celle contre l'étranger; c'est à peine si l'on croyait à cette dernière. On ne saurait donc s'étonner de voir, en 1914, la préparation allemande beaucoup plus complète que la nôtre. En Allemagne, le Kaiser est le chef réel et incontesté de l'armée. Il a la liberté entière du choix des cadres et constitue à sa guise les échelons supérieurs. Le ministre de la Guerre et le chef d'état-major général ne dépendent que de lui. Tout le monde sait qu'en France il n'en est pas de même. Le Président de la République n'est qu'un chef nominal, élu pour sept ans. Les ministres, ceux de la Guerre et de la Marine compris, relèvent du Parlement et, en dernière analyse, de la Chambre beaucoup plus que du Président. Choisis en raison de circonstances le plus souvent tout

(1) Notons encore que Bernhardi (I, p. 186) prévoyait l'emploi des grenades à main qui devait prendre un si grand développement pendant la guerre. A notre connaissance, chez nous il n'avait été prévu rien de pareil.

à fait étrangères à leurs fonctions, ils sont renversés avec la plus grande facilité par des Chambres irresponsables, représentant une fraction restreinte du corps électoral. Ils ne peuvent apporter ni esprit de suite, ni unité de vues dans la préparation de la guerre. Celle-ci s'opère, vaille que vaille, sous l'intervention constante des commissions législatives, des groupes, des membres du Parlement, de la presse même. Les plus intéressés, à savoir les cadres de l'armée, sont trop souvent les derniers à être consultés. Quoi de surprenant, dès lors, si notre organisation, si notre préparation se révèlent inférieures à celles d'un adversaire qui, depuis des années, sait que la guerre peut survenir et qu'*il faut* la préparer?

Sans doute, le commandement allemand n'est pas exempt de faiblesses, ainsi que la guerre devait le montrer. Il vit trop sur les souvenirs de 1870-71 et ne s'est pas encore rendu compte que ses triomphes d'alors étaient dus en premier lieu à l'infériorité de ses adversaires comme nombre et comme matériel, aux fautes grossières de leur commandement, à leur manque absolu de préparation. Mais si la composition des plus hauts échelons de la hiérarchie souffre parfois des caprices, des idées préconçues de l'Empereur, si la faveur impériale ne va pas toujours au plus digne et si des postes élevés sont encore acquis à la naissance beaucoup plus qu'au mérite, il n'y a eu en Allemagne rien d'équivalent.....

Sous d'autres rapports, notre infériorité par rapport à nos adversaires n'était que trop réelle. Une grande guerre n'est pas seulement l'affaire de l'armée; elle rentre avant tout dans les attributions les plus importantes du gouvernement qui, tout en laissant au commandement la liberté nécessaire, doit sans cesse exercer son action sur les armées et sur la population civile. Or, en France, il n'est pas exagéré de dire que le pouvoir directeur du gouvernement est singulièrement gêné, au point d'en être quelquefois paralysé. Des trois pouvoirs dont l'accord doit présider à notre vie sociale, le Sénat et le Président de la République tendent de plus en plus à s'effacer devant la Chambre des députés. Le premier n'a guère qu'un rôle d'enregistrement dans la majorité des cas; son opposition est souvent illusoire en pratique. Quant au Président, sa liberté d'action, restreinte en réalité au choix des ministres, est rendue vaine par ce simple fait que la Chambre peut renvoyer ces ministres sur le moindre geste, *ad nutum*. C'est donc, de plus en plus, la Chambre qui devient le pouvoir dirigeant; les contre-poids imaginés pour limiter son action se montrent d'une impuissance toujours croissante. Entre le gouvernement, qui devrait agir, et le pouvoir législatif, qui devrait contrôler, la frontière tend à disparaître. Peu à peu, les députés envahissent le domaine du pouvoir exécutif, sans en porter la responsabilité.

Une brochure publiée à la veille de la guerre met en lumière les inconvénients majeurs de cette confusion. Elle est de M. Sembat, député, membre influent du parti socialiste unifié, ce qui devait lui valoir d'être ministre des Travaux publics au cours de la guerre. Il fit même preuve dans ce poste d'une rare incapacité.

Son ouvrage, publié en octobre 1913, avait atteint en décembre sa quinzième édition. Il porte un titre original : *Faites un Roi, sinon faites la paix*. Le succès très réel qu'il obtint était dû surtout à la part de critique qu'il contenait au sujet de nos institutions.

M. Sembat juge, en effet, avec la dernière sévérité, la machine gouvernementale. En toute occasion, il insiste sur l'incohérence de notre action, sur la dissolution qui nous guette (1). Il affirme l'impossibilité d'aller « à la guerre sous des Jules Favre, des Poincaré, des Barthou, des Trochu, des Gambetta, des Clemenceau » (2). Il reproduit, en la faisant sienne, cette opinion de M. Charles Maurras : « Admettez-vous qu'une nation puisse se passer

(1) P. VI.
(2) P. IX.

de gouvernement? Ce gouvernement peut-il sans inconvénient manquer de toutes les qualités d'intelligence et de volonté? Peut-il se passer de durée, de continuité, de cohérence? » (1).

D'après lui, l'Etat est aussi incapable de mener à bien une mobilisation qu'il l'est de diriger un réseau de voies ferrées (2). Il arrive à ce beau résultat que, sur un franc de crédits, soixante-quinze centimes sont perdus. S'il y a cinq sous de bien employés, on peut s'estimer heureux. Pour M. Sembat, il en est tout autrement chez les Allemands. Là, chaque mark est voté avec la certitude qu'il sera dépensé utilement (3).

Cette faiblesse, ces gaspillages sont le résultat obligé de l'incompétence ministérielle, compliquée du jeu constant des influences privées, des renouvellements incessants. Comment administrer un grand pays, quand la direction incombe à des personnalités sans compétence, destinées à être rapidement remplacées par d'autres qui ne valent pas mieux? (4).

M. Sembat est hostile à la guerre, et il ne le cache pas. Pour lui, la forme républicaine implique l'esprit pacifique et s'oppose aux vues belliqueuses. « La République militariste, la République nationaliste, la République guerrière, ce n'est pas une doctrine, c'est une bévue » (5). Il croit encore à la puissance des mots, dans un monde qui n'obéit qu'à la force la plus brutale. Il déplore donc que la République n'ait plus l'ambition de devenir mondiale, comme en 1848. Il estime que nos

(1) P. 4.
(2) P. 13.
(3) P. 20.
(4) P. 21, 26.
(5) P. 59, 61.

aïeux étaient sages de « croire à la République universelle et à l'irrésistible expansion des idées libérales » (1). Il ne prévoit guère le rôle que l'artillerie lourde et les torpilles vont jouer prochainement, sans parler de l'incendie, du pillage et du reste.

Il n'a pas assez de sarcasmes contre l'alliance russe, mais il juge que, si l'Espagne était en république comme le Portugal, « personne ne serait tenté de chercher querelle à la Fédération des républiques occidentales » (2).

Il explique les idées belliqueuses que laissent percer les Allemands par l'angoisse et la peur du Russe. Il n'a garde d'y contredire. Quant à Guillaume II, il célèbre ses idées pacifiques : elles vont de pair avec « les bonnes intentions du peuple allemand » (3). La *Sozial demokratie* est pacifique, elle aussi. N'a-t-on pas vu au meeting de Treptow, en pleine crise d'Agadir, « trois cent mille ouvriers berlinois criant « A bas la guerre ! » ? (4).

Dans ces conditions, M. Sembat se montre hostile au jeu des alliances opposées : Ce « n'est pas un système de paix, mais de guerre » (5). Il est non moins contraire à une politique qui viserait la reprise, même pacifique, de l'Alsace-Lorraine. Nous comptons à tort sur le secours de l'Angleterre, qui nous corne impitoyablement aux oreilles : « Votre alliance! A aucun prix! Je m'en moque! » (6). — « Si la guerre éclatait entre l'Allemagne et nous, l'Angleterre, tiraillée entre ceux qui voudraient marcher et ceux qui résisteraient, demeurerait immobile ». Si, par hasard, elle intervenait, « notre destin serait réglé avant

---

(1) P. 63.
(2) P. 68.
(3) P. 79, 86, 87.
(4) P. 131.
(5) P. 91.
(6) P. 146, 177.

qu'un débarquement de 200.000 hommes fût possible » (1).

Le remède à cette situation est facile, pour M. Sembat du moins. Il suffirait de conclure une entente et même, en bon français, une alliance avec l'Allemagne (2). Ce serait inaugurer un nouvel âge d'or, conduisant tout droit à faire des nations européennes une vaste fédération. Dans l'alliance rêvée, le futur ministre de la Défense nationale verrait l'embryon des Etats-Unis d'Europe (3).

Tel est ce livre attristant. Il constitue le plus terrible des réquisitoires contre le régime politique de la France en 1913; il est fait pour décourager nos amis et remplir de joie nos futurs adversaires; il laisse entrevoir pour nous le plus redoutable avenir. Bien que l'auteur s'en défende, il est écrit sous l'empire des plus folles illusions. Il montre, dans un parti dont l'influence politique n'est que trop grande chez nous, une complète ignorance de l'Allemagne et même de l'étranger. Il montre aussi comment certains parlementaires, eux-mêmes, apprécient les résultats de l'ingérence du Parlement dans les actes du pouvoir exécutif. Il ne laisse rien à espérer de la conduite politique d'une guerre éventuelle. Est-il nécessaire d'ajouter que, très souvent, les opinions émises par M. Sembat sont empreintes d'une exagération évidente?

Nous venons de mentionner brièvement ce qui concerne l'état moral de la France. Heureusement, l'armée se présentait sous ce rapport dans de meilleures conditions que l'ensemble du pays.

Nous avons dit que le canon de 75 était l'un de nos

(1) P. 182.
(2) P. 129, 202 et suiv.
(3) P. 230.

éléments de supériorité, plus que compensé par le défaut d'artillerie lourde. Les services administratifs et les états-majors ont fait depuis 1870 de très grands progrès. L'Ecole de guerre a joué un rôle capital dans ce développement en répandant de saines connaissances militaires, en nous dotant de l'unité de doctrine si nécessaire à l'unité d'action.

Le plus sérieux, presque le seul de nos éléments de supériorité, réside dans les cadres que n'a point touchés le virus politique, et dans le soldat. Les premiers ont fait preuve d'un dévouement d'autant plus méritoire que bien souvent il restait ignoré; leur action sur le soldat a été d'autant plus grande qu'ils partageaient ses privations et ses dangers, qu'ils savaient entretenir en lui l'entrain et la constance dans les heures les plus critiques. Ils avaient appris à imposer leur autorité sans brusquerie, sans se croire d'une essence supérieure, comme l'officier allemand.

Notre soldat a montré, dès les premiers jours, qu'il avait gardé ses traditions de nos plus belles époques militaires. Il y a longtemps qu'on l'a dit : Autant le Français est un médiocre soldat quand il combat pour une cause indifférente, sous des chefs qu'il ne peut respecter comme tels, autant il se surpasse aisément quand il mène une guerre justifiée, sous des officiers qu'il estime et qu'il aime. On serait volontiers tenté de lui reprocher son laisser-aller, sa tenue souvent négligée, sa familiarité excessive à l'égard de ses chefs; mais, vienne le combat, il se révèle le plus obéissant, le plus dévoué des subordonnés; le nombre sera immense des actes de dévouement et de sacrifice accomplis au cours de la guerre, presque toujours obscurément et sans espoir de récompense (1).

II

La Belgique mesure 29.456 kilomètre carrés; sa population, très dense, s'élève à 7.516.730 habitants. En 1913, son budget total atteignait 770.347.437 francs en dépenses, dont 78.041.147 francs pour le ministère de la Guerre, et 9.501.800 pour la gendarmerie (2).

La loi du 14 décembre 1909 sur le recrutement, avait introduit en Belgique le principe du service obligatoire, avec ce tempérament qu'il ne pouvait être appelé plus d'un fils par famille et que les ministres du culte catholique étaient totalement exemptés. Le vote de la loi du 30 août 1913 a substitué à ce régime celui du *service généralisé*. Tout Belge âgé de vingt ans révolus, qui ne peut arguer d'un cas de dispense totale ou partielle, est appelé à concourir à un tirage au sort en vue de la formation de la *milice*, c'est-à-dire du contingent annuel. Ce contingent est fixé par la loi à 49 % des inscrits (environ 60.000 hommes) (3).

En 1913, l'effectif de paix n'est que de 3.452 officiers.

---

(1) Cf. G. Lanson, *L'épopée au Journal Officiel*, *Revue de Paris*, 1er décembre 1914, p. 147, et Emile Nolly, *Gens de guerre au Maroc*, *ibid*, p. 137; C. Bonnet, *Réflexion sur la mort d'un soldat*, *Revue* du 1er-15 octobre 1916, p. 42, etc.

(2) Au total 89.829.225 francs pour 1914, dont 7.980.000 de dépenses extraordinaires (*Revue militaire des armées étrangères*, janvier 1914).

(3) La plupart des renseignements concernant l'armée belge sont empruntés à l'*Etat militaire de toutes les nations du monde* déjà cité ou à la *Revue militaire des armées étrangères*.

44.061 hommes de troupe et 10.435 chevaux. Les *miliciens* (appelés) doivent huit ans de service dans l'armée active et cinq ans dans la réserve. Mais la durée de présence effective sous les drapeaux varie de quinze mois pour l'infanterie à deux ans pour les troupes à cheval.

Il n'y a en Belgique rien d'analogue à la landwehr ni au landsturm. A leur place subsiste encore une *garde civique* rappelant notre ancienne garde nationale. Son rôle essentiel est de contribuer à maintenir l'ordre public, tout en pouvant concourir à la défense du pays. Elle comprend tous les hommes valides de vingt et un à cinquante ans. Jusqu'à trente-deux ans révolus, ils font partie du premier ban et ensuite du second. Le nombre des séances d'exercices annuels est de dix au plus. La garde civique comprend aussi des corps de volontaires.

La loi du 30 août 1913 porte l'effectif de guerre à 340.000 hommes, soit 150.000 pour l'armée de campagne, 130.000 pour l'armée de forteresse (garnisons d'Anvers, de Liège et de Namur), 60.000 pour les réserves d'alimentation et les services auxiliaires.

L'armée belge du temps de paix comprend 6 divisions d'armée et 1 division de cavalerie. De ces 6 divisions 4 sont à 3 brigades mixtes et 2 à 4 brigades mixtes.

Les positions fortifiées de Liége et de Namur relèvent respectivement des commandants des 3ᵉ et 4ᵉ divisions, chacune à 4 brigades, dont une désignée pour la position correspondante.

La division d'armée comprend, en outre, 1 régiment de cavalerie divisionnaire à 4 escadrons, 1 régiment d'artillerie divisionnaire à 11 batteries, dont 6 d'obusiers et 2 de réserve; 1 bataillon du génie divisionnaire à 2 compagnies; 1 corps divisionnaire de transport; 1 dépôt divisionnaire.

Chaque brigade mixte comprend 1 régiment d'infanterie à 3 bataillons à 4 compagnies, 1 compagnie de mitrailleurs, 3 états-majors de bataillons *bis*, 3 états-majors de bataillons *ter* (bataillons de forteresse), une école.

Au 13e de ligne (4e brigade mixte de la 4e division d'armée, Namur), les bataillons sont à 3 compagnies; au 14e de ligne (4e brigade mixte de la 3e division d'armée, Liége), il y a 4 bataillons, 4 états-majors de bataillons *bis* et 4 états-majors de bataillons *ter*, mais tous ces bataillons sont à 3 compagnies. Les compagnies actives de ces régiments ont, par contre, 5 pelotons (nos sections) au lieu de 4.

L'artillerie de la brigade mixte doit comprendre, en principe, 1 groupe de 3 batteries de 4 pièces de 75. Il n'existait que 2 batteries en mai 1914.

Il y a un dépôt de cavalerie divisionnaire commun à la cavalerie des 6 divisions d'armée; il ne comprend qu'un cadre d'escadron.

Le régiment d'artillerie divisionnaire comprend 3 groupes de 3 batteries montées de 75, 2 groupes d'obusiers légers incomplètement constitués en mai 1914, 2 batteries montées de réserve. Le régiment de la 6e division comprend, en outre, 1 groupe de 3 batteries à cheval de 75.

Le bataillon du génie divisionnaire comprend 1 compagnie de pionniers-pontonniers et 1 compagnie de pionniers.

Le corps divisionnaire des transports compte 2 compagnie actives (3 à la 2e division, Anvers) et 4 compagnies de réserve (5 aux 3e, 4e, 6e divisions, la 5e étant pour les positions fortifiées de Liége, de Namur et pour la division de cavalerie).

Le dépôt divisionnaire, qui est une réserve d'alimentation, comprend 1 compagnie de dépôt, 1 batterie de dépôt, 1 compagnie de dépôt pour le corps des transports.

La division de cavalerie compte 3 brigades, 1 bataillon cycliste à 3 compagnies, 1 groupe de 3 batteries à cheval 1 compagnie de pionniers-pontonniers cyclistes, 1 dépôt divisionnaire, 1 corps divisionnaire de transports.

Chaque brigade est à 2 régiments de 5 escadrons. Le dépôt ne compte qu'un escadron pour toute la division, 1 compagnie pour le bataillon cycliste, 1 batterie, etc.

Le corps des transports est formé de la 7e compagnie (réserve) du corps des transports de la 6e division d'armée.

La position fortifiée d'Anvers a son état-major organisé dès le temps de paix comme les divisions et les brigades. Elle comprend 1 régiment d'artillerie de place (5 bataillons actifs à 4 batteries et 1 bataillon à 5 batteries de première réserve); 1 régiment d'artillerie de côte (1 bataillon actif et 1 bataillon de première réserve à 3 batteries); 1 brigade de troupes techniques de siège, comprenant 1 régiment d'artillerie de siège, soit 4 bataillons actifs à 4 batteries, 1 parc de siège, 1 bataillon de réserve à 4 batteries et 1 dépôt; 1 régiment du génie, soit 2 bataillons actifs de forteresse, 4 bataillons de réserve de forteresse, 1 dépôt central du génie; il existe, en outre, 5 compagnies spéciales du génie (chemins de fer, télégraphie, aviation, torpilleurs, aérostiers) et 1 corps de transport, la 7e compagnie (active) du corps de transport de la 2e division d'armée.

Les positions de Liége et de Namur ont moins de troupes : 12 batteries actives de forteresse, 4 batteries de réserve et 1 batterie de dépôt pour Liége; 9 batteries actives, 3 batteries de réserve et 1 batterie de dépôt pour Namur. Chaque position possède 1 bataillon actif du génie de forteresse à 3 compagnies (pontonniers, télégraphie et projecteurs, sapeurs-mineurs).

Enfin, le corps des transports pour Liége comme pour Namur ne compte qu'une compagnie (réserve), la 7e des 3e et 4e divisions d'armée.

L'effectif minimum de paix est, en principe, de 55.374 hommes de troupe.

La garde civique *active* est constituée dans les communes de plus de 10.000 habitants et dans les places fortes. Elle comprend 50.000 hommes environ qui serviraient d'appoint à l'armée de campagne. En outre, les volontaires de la garde civique comptent 4.300 hommes d'infanterie, 500 cavaliers, 3.300 artilleurs dont 2.100 du premier ban. Le reste de la garde civique comprend environ 100.000 hommes, en 272 compagnies. Ce n'est guère qu'une force nominale.

On voit que l'armée belge ne répond que dans une certaine mesure aux exigences particulières de la défense du pays. On peut la considérer comme un compromis, souvent ingénieux, entre le système de la nation armée et celui de la conscription.

Il faut bien dire que, longtemps, la réforme militaire préconisée par la gauche, s'est heurtée à l'hostilité de la droite catholique toute puissante en Belgique (1). Ce n'est que, devant l'évidence des menaces touchant sa neutralité que le pays s'est résigné à des lois nouvelles qui heurtaient violemment ses traditions et ses coutumes.

---

(1) En 1909, la *vieille droite*, dirigée par M. Wœste, avait encore montré une irréductible opposition au service d'un fils par famille. C'est après Agadir que les idées se modifiaient et que M. Wœste lui-même adhérait au projet de M. de Broqueville, d'ailleurs lui aussi conservateur et catholique (*L'armée belge au début de 1914*, *Revue mil. de l'Etr.*, avril 1914, p. 413.) Cf., *Résurrection*, par M. Caix de Saint-Amour, *Revue hebd.* du 30 janvier 1915.

En outre, les tendances des Flamands à constituer une sorte d'Etat dans l'Etat belge n'étaient pas pour favoriser une réforme de cette nature. Ils répugnaient le plus souvent à un accroissement des charges militaires, dont ils sentaient moins la nécessité que les Wallons, plus voisins de la frontière menacée.

A la mobilisation, l'armée belge de campagne comprend 6 divisions d'armée et 1 division de cavalerie dont l'effectif total théorique est de 4.630 officiers, 173.301 hommes, 37.549 chevaux, 4.482 voitures et 1.554 automobiles. Mais ces chiffres ne devaient être atteints qu'en 1917.

La division d'armée mobilisée est forte de 3 ou 4 brigades mixtes, 1 régiment de cavalerie, 1 régiment d'artillerie, 1 bataillon du génie, 1 corps des transports, 1 section de télégraphie.

La brigade mixte est de 2 régiments d'infanterie à 3 ou 4 bataillons (1), plus 1 compagnie de mitrailleuses, ces éléments provenant tous du régiment du temps de paix dédoublé; 1 groupe d'artillerie, 1 peloton de gendarmerie à cheval. Le total est de 6 ou 8 bataillons, 2 compagnies de mitrailleuses, 3 batteries.

Le régiment de cavalerie divisionnaire est à 4 escadrons; celui d'artillerie de 4 groupes de 75 et de 2 groupes d'obusiers (y compris les groupes des brigades). Ces chiffres ne s'appliquent pas aux 3e et 4e divisions, qui sont à 4 brigades et comptent par suite 1 groupe de 75 en plus.

Le génie comprend, outre le bataillon à 2 compagnies (l'une de pionniers, l'autre de pontonniers), 1 section de télégraphie.

Le corps des transports comporte un train de combat,

(1) 4 pour la 14e brigade seulement (Liége).

1 train de vivres, 1 train de bagages, 1 service divisionnaire de l'arrière, le tout fort de 6 compagnies, dont 4 de réserve.

La division d'armée compte donc au total de 18 à 22 bataillons, de 6 à 8 compagnies de mitrailleurs, 4 escadrons, 12 ou 15 batteries de 75 et 6 batteries d'obusiers, 2 compagnies du génie, 6 compagnies des transports. L'effectif en hommes de troupe varie de 25.600 à 31.000 hommes. C'est un petit corps d'armée, très mobile, fortement encadré et nécessairement d'un gros rendement. La brigade mixte y joue le rôle de la divison chez nous.

La division de cavalerie est à 3 brigades, 1 groupe à cheval de 3 batteries, 1 bataillon cycliste à 3 compagnies, 1 compagnie de pionniers-pontonniers cyclistes, 1 corps des transports, 1 dépôt, 1 section de télégraphie. Les régiments sont mobilisés à 4 escadrons, comme ceux de la cavalerie divisionnaire.

L'armée de forteresse, qui doit compter 130.000 hommes, est destinée à défendre les trois positions fortifiées que nous avons citées. Ces troupes sont constituées à la mobilisation au moyen de réservistes des classes les plus anciennes, ce qui ne leur assure qu'une faible cohésion. Toutefois, l'artillerie de forteresse, de siège et de côte, les troupes techniques du génie et l'infanterie destinées à la garde des forts de la Meuse existent dès le temps de paix et se mobilisent par le rappel de leurs réservistes.

La position fortifiée d'Anvers est défendue par 4 brigades d'infanterie, chacune de 3 régiments à 3 bataillons et 1 compagnie de mitrailleuses, au total 36 bataillons et 12 compagnies de mitrailleuses; 1 régiment de 6 escadrons de forteresse; 40 escadrons à pied; 4 groupes de 75 et 2 groupes d'obusiers remplacés provisoirement par des canons de 87 m/m, ancien modèle; 1 régiment d'artillerie de place à 5 bataillons de 4 batteries et 4 batteries de deuxième réserve, plus 1 bataillon à 5 batteries de première réserve et 5 batteries de dépôt. Les troupes techniques de côte comprennent 1 régiment, soit 2 bataillons, 10 batteries actives, de première réserve ou de dépôt, 1 compagnie de torpilleurs et de chaloupes canonnières; enfin, la brigade de troupes techniques de siège comprend 1 régiment d'artillerie à 24 batteries; 1 régiment du génie à 6 bataillons de 4 compagnies (24 compagnies).

Il existe, en outre, 1 compagnie de chemins de fer et 1 corps des transports à 2 compagnies.

La position de Liége est gardée par 12 pelotons supplémentaires actifs (1), 4 régiments de forteresse représentant 13 bataillons, 4 compagnies de mitrailleurs, 1 groupe monté de 75 à tir rapide (provisoirement du 75 à tir accéléré), 16 batteries de forteresse, dont 4 de réserve; 1 bataillon du génie à 4 compagnies; 1 corps des transports.

La garnison de la position de Namur est un peu plus faible : 9 pelotons d'infanterie active, 4 régiments à 3 bataillons, soit 12 bataillons de forteresse, 4 compagnies de mitrailleurs, 1 groupe monté de même composition, que pour Liége, 12 batteries de forteresse, dont 3 de réserve; la composition du génie et du corps des transports sont également identiques pour les deux positions.

Il est à noter que l'adoption de la nouvelle loi et des charges qu'elle entraînait coïncidaient avec une évolution marquée de l'esprit national belge. En mai 1914, une revue militaire (2) française signalait un « véritable éveil de l'esprit militaire belge », que tant d'années de paix

(1) 5e peloton des compagnies du régiment actif.
(2) *Revue militaire des armées étrangères*, p. 582.

constante avaient assoupi depuis le siège d'Anvers, en 1832. On pouvait prévoir, dès lors, que la force morale des Belges irait de pair avec l'accroissement très sensible de leurs forces matérielles résultant de la loi de 1913.

III

La Grande-Bretagne mesure seulement 314.377 kilomètres carrés, mais sa population est de 46.184.500 habitants (1913) et son empire colonial atteint 29.503.800 kilomètres carrés, c'est-à-dire environ 58 fois la superficie de la France ou de l'Allemagne, avec 376.684.800 habitants. Le budget du royaume s'élevait, en dépenses, à environ 6.072.383.850 francs (242.895.354 livres sterling) (1912-1913); le projet de budget de la guerre était de 819.332.640 francs pour l'exercice 1914-1915, dont 125.998.740 francs de dépenses *non effectives*, c'est-à-dire ne concourant pas à accroître les forces de l'armée (retraites, pensions, etc) (1).

Le recrutement de l'armée anglaise s'opérait encore, en août 1914, par voie d'engagements volontaires. Son organisation était réglée par la loi du 2 août 1907, qui l'avait partagée en armée de campagne (***Field force*** ou *Expeditionary force*) destinée à servir au besoin hors du royaume, et armée territoriale (***Territorial Army***), qui défendrait le territoire national.

L'armée de campagne comprend l'armée permanente (***Regular Army***) et sa réserve (***Army Reserve***). Les engagements pour la première sont reçus et plus souvent provoqués par des sergents recruteurs, parmi les jeunes

(1) *Revue militaire de l'Etranger*, juin 1914, p. 774. Cf. l'*Etat militaire de toutes les nations.*

gens de 18 à 25 ans. Leur durée minima varie de deux à huit ans. Les hommes de bonne conduite sont admis à se rengager jusqu'à ce qu'ils aient accompli vingt et un ans de service, ce qui leur donne droit à une retraite. Les autres et ceux qui ne désirent pas rester sous les drapeaux passent dans la réserve à l'expiration du temps de service actif et y complètent douze ans de service total. Ils peuvent ensuite s'y rengager pour quatre ans.

La réserve spéciale (*Special Reserve*) a remplacé l'ancienne milice et sert d'intermédiaire entre l'armée régulière et l'armée territoriale. Les hommes de 18 à 35 ans peuvent y contracter un engagement de six ans et rengager ensuite par périodes de quatre ans, jusqu'à 40 ans révolus. Ils ne font que six mois de service actif et une période annuelle de quinze jours.

L'*armée territoriale* a remplacé les anciens *volontaires* et la milice de cavalerie nommée *yeomanry*. Les engagements y sont reçus pour quatre ans, entre dix-sept et trente-cinq ans. Ils peuvent être prolongés par périodes d'un an à quatre ans jusqu'à quarante ans pour les soldats, jusqu'à cinquante ans pour les sous-officiers. Ces engagements sont résiliables, sauf en cas de mobilisation, sous certaines conditions (préavis et même paiement d'un dédit).

On s'efforce en outre de constituer une réserve de l'armée territoriale, dont le nom indique assez l'objet. Une *réserve technique* est composée de volontaires qui, sans avoir jamais servi, peuvent être utilisés comme les médecins, vétérinaires, ingénieurs, etc. La *réserve nationale* comprend tous les anciens militaires disposés à offrir leurs services en cas de crise (*national emergeney*).

Pour l'exercice 1913-1914, les effectifs prévus et réels étaient les suivants :

Armée régulière et cadres de la réserve spéciale	168.500	156.110
Réserve régulière.............	147.000	146.756
Réserve spéciale.	80.120	63.089
Force territoriale. ,............	312.890	249.185

Au total, avec d'autres catégories de moindre importance, l'effectif budgétaire était de 809.410 et l'effectif réel de 716.583, c'est-à-dire très sensiblement inférieur, surtout en ce qui concerne l'armée territoriale.

L'armée régulière comprenait, en 1914, 4 régiments d'infanterie de la garde à 1, 2 ou 3 bataillons; 2 brigades de tirailleurs, chacune à 4 bataillons; 67 régiments de ligne à 2 bataillons et 2 sections de mitrailleuses. Depuis le 16 septembre 1913, le bataillon était à 4 compagnies au lieu de 8, formation archaïque que l'Angleterre fut la dernière à conserver en Europe.

L'infanterie est armée du fusil Lee-Enfield transformé, modèle 1903, du calibre de 7 m/m 7.

La cavalerie compte 31 régiments, dont 3 de la garde (*Household cavalry*). Tous sont à 3 escadrons et 1 détachement de *pom-poms* Maxim (canons de petit calibre analogues à notre 37 m/m). La cavalerie est armée du sabre et de la carabine; les dragons et les lanciers ont en plus la lance, mais celle-ci n'est emportée en campagne que contre des troupes irrégulières. On la considère surtout comme une arme de parade, à l'inverse de ce qui se passe en Allemagne.

L'artillerie forme encore un seul corps (*Royal artillery*), qui ne comporte aucune formation de régiment ou de groupe, la seule unité secondaire permanente étant la batterie.

L'artillerie de campagne compte 147 batteries montées,

dont 18 d'obusiers et 25 batteries à cheval. Il existe, en outre, 6 batteries lourdes, 8 batteries de montagne (aux Indes), 99 compagnies d'artillerie de forteresse (*Garrisons-Artillery*).

La pièce en usage dans les batteries de campagne est un canon à tir rapide de 8 %m 38 pour les batteries montées et de 7 %m 62 pour celles à cheval.

Le génie comprend 86 compagnies, dont 20 de campagne (15 à pied et 5 montées), 32 de place et de côtes, 3 de pontonniers, 1 d'aérostiers, 13 de télégraphistes, 3 de chemins de fer, 3 de topographes, 1 de signaux optiques, des dépôts.

Le *corps aéronautique* comprend 7 escadrilles de 12 appareils, 1 escadre de dirigeables et cerfs-volants, 1 atelier de réparations.

Le *train* compte 87 compagnies.

Il y a lieu de tenir compte d'un fait capital, c'est que beaucoup de ces unités sont stationnées aux colonies ou dans l'Inde et ne seraient qu'en partie disponibles au cas d'une mobilisation. Ainsi, sur 157 bataillons d'infanterie, 82 seulement stationnent dans la métropole, 23 aux colonies et 52 dans l'Inde.

Nous négligeons certains éléments stationnés aux colonies et qui n'ont qu'une importance locale, comme la *Royal Malta Artillery*.

L'*infanterie montée* spéciale à l'armée anglaise a été supprimée en février 1914.

En cas de guerre extérieure, la *Field Force* se compose de 6 divisions d'infanterie, 1 corps de cavalerie. La division d'infanterie est à 3 brigades de 4 bataillons, 1 escadron divisionnaire, 3 groupes montés à 3 batteries, 1 groupe d'obusiers à 2 batteries, 1 batterie lourde (au total 12 batteries), 2 compagnies de sapeurs, 1 compagnie de télégraphistes.

Le corps de cavalerie comprend 4 brigades de 9 escadrons et 4 batteries à cheval. Les 2 brigades d'infanterie montée ont été remplacées, en 1914, par 2 nouvelles brigades de cavalerie, dont l'une était encore à organiser en juin de cette année (1).

Le total de la *Field Force*, moins la cavalerie, comprenait donc 73 bataillons, 66 batteries montées (canons ou obusiers), 6 batteries lourdes, 6 batteries à cheval, 12 compagnies de sapeurs et 6 de télégraphistes, 3 compagnies d'aérostiers et 2 équipages de ponts. Le total des combattants devait être de 136.159 hommes, dont 4.409 officiers, 62.216 chevaux ou mulets, 456 canons, 168 mitrailleuses et 7.936 voitures. Les troupes d'étapes et les services techniques y ajouteraient 16.406 hommes (dont 1.095 officiers), 6.100 chevaux ou mulets et 943 voitures.

Une partie de ce corps expéditionnaire était destiné à faire face aux éventualités subites, assez fréquentes en raison de l'immense empire colonial de la Grande-Bretagne : c'était la *Striking Force*, groupée d'ordinaire au camp d'Aldershot. Elle représentait à peu près la valeur d'un corps d'armée continental (2 divisions d'infanterie et 1 brigade de cavalerie).

En cas de guerre, la réserve spéciale (ancienne milice) devait former 101 bataillons d'infanterie, dont 74 adjoints aux régiments actifs, 2 régiments irlandais de cavalerie, 31 batteries de campagne, 15 compagnies d'artillerie de forteresse et 7 unités du génie consacrées surtout aux chemins de fer.

Enfin, la *Territorial Force* était encore incomplètement

---

(1) *Revue militaire des armées étrangères*, juin 1914, p. 782.

formée. Elle devait constituer 14 divisions d'infanterie à 3 brigades de 4 bataillons, 1 régiment de cavalerie, 3 groupes montés, etc.; 14 brigades de cavalerie à 3 régiments et 1 batterie à cheval.

Au cours de l'exercice 1912-1913, sur un effectif réel de 265.911 hommes, 1.848 officiers et 19.481 hommes seulement de l'armée territoriale s'étaient fait inscrire pour servir éventuellement à l'extérieur du Royaume-Uni.

En résumé, l'armée britannique était constituée surtout en vue des guerres hors d'Europe. Sur le continent européen, son faible effectif, l'insuffisance de ses réserves en cadres et en hommes de troupe devaient constituer de gros désavantages. Mais si ses cadres étaient peu nombreux, ils avaient le bénéfice de campagnes nombreuses au Soudan, dans l'Inde, dans le Sud Africain. Ils étaient entraînés par la pratique des sports et avaient, en outre, la *self reliance*, la confiance en soi qui fait de l'Anglais un adversaire redoutable. Les débuts des guerres entreprises par les troupes britanniques sont toujours difficiles : elles souffrent de l'insuffisance de la préparation et souvent d'erreurs commises dans la direction initiale. Mais la ténacité anglaise intervient, les lacunes de l'organisation se comblent et le plus souvent l'entreprise si mal commencée se termine en un succès complet.

V

Dans ce qui précède, on a étudié simplement les armées appelées à prendre part aux opérations sur le front occidental. Les armées russe, autrichienne, monténégrine et serbe, auxquelles il faudrait joindre dans la suite les armées italienne, bulgare et turque, sont naturellement restées en dehors de notre cadre présent. Toutefois nous indiquerons sommairement les forces économiques des deux groupes d'adversaires en présence (1). Il ne faut pas oublier, en effet, qu'une grande guerre n'est plus le choc de deux ou plusieurs armées de métier. C'est la lutte entre deux ou plusieurs nations, qui mettent en jeu toutes leurs ressources en hommes, en argent et en matières quelconques.

Il ressort d'un tableau établi en utilisant les renseignements les plus sérieux que le groupe de la France et de ses alliés, y compris leurs dépendances hors d'Europe, détient :

Plus de moitié des terres, des habitants, du blé, de la flotte marchande et du commerce extérieur du globe;

Un tiers de la houille, du minerai de fer et des chemins de fer.

Le groupe de l'Allemagne et de ses alliés ne possède que des quantités sensiblement inférieures, soit :

Un quart de la houille.

Un cinquième du minerai de fer et du commerce extérieur;

Un dixième des habitants, du blé, des chemins de fer et de la marine marchande;

Un vingt-cinquième des terres du globe.

Si l'on élimine les possessions hors d'Europe, ce qui ne permet pas, pour la Grande-Bretagne et la France, par exemple, une évaluation exacte des ressources économiques, on obtient des proportions différentes. Pour le groupe français :

Moitié de la flotte marchande;

---

(1) D'après B. Fayolle, *Les forces économiques des puissances belligérantes avant la guerre*, Berger-Levrault.

Un peu plus du tiers du blé et du commerce extérieur;

Du tiers au quart de la houille, du minerai de fer et des chemins de fer;

Un cinquième des habitants;

Un vingtième des terres.

Le groupe germanique dispose de :

Un centième des terres;

Un treizième des habitants;

Un quart de la houille;

Un cinquième du minerai de fer;

Un dixième du blé, des chemins de fer et de la marine (1).

Il résulte des chiffres précédents que le groupe français est beaucoup plus puissant que le groupe allemand, mais moins dense, moins développé comme industrie. Moins bien outillé, sauf pour la marine marchande, il a, relativement à sa population, une production minérale bien moindre et finalement gagne moins.

Un individu appartenant au groupe germanique dispose de deux fois plus de houille, de minerai de fer et de chemins de fer qu'un individu comptant au groupe français. C'est, de toute évidence, un avantage considérable pour l'Allemagne et ses alliés.

Elle en possède un autre, non moindre : c'est sa situation centrale par rapport à ses adversaires qu'elle isole les uns des autres. Ce fait fâcheux dès le début, pour nous, l'est devenu encore davantage par suite de l'acces-

(1) A la fin de juillet 1914, l'encaisse or de l'Allemagne atteignait 1.755 millions de francs; celui de l'Autriche, 1.309 millions; au total, 3.064. Celui de l'Angleterre, 1.268 ; celui de la Russie, 4.306 ; celui de la France, 4.104 ; au total, 9.678 millions, soit plus de trois fois l'encaisse des puissances centrales.

sion de la Turquie et de la Bulgarie à la Double Alliance, de la conquête de la Serbie et d'une grande partie de la Roumanie, sans parler de la Macédoine grecque, livrée aux Bulgaro-Germains par la traîtrise du roi Constantin.

La densité du réseau ferré allemand, celle, moindre, du réseau austro-hongrois donnent aux empires centraux la possibilité de porter facilement de l'un à l'autre front de grandes masses de troupes.

En ne tenant compte que des voies d'un fort rendement, les Allemands disposent de sept lignes continues conduisant de la frontière russe à la frontière belge et française. Ce sont, du nord au sud, une ligne allant de Dantzig, par Stettin, Altona, Brême, Munster sur Aix-la-Chapelle; une autre venant de Memel, Kœnigsberg, se raccorde à Dantzig avec la précédente mais continue d'autre part sur Berlin, Hanovre, Dusseldorf et Aix; une troisième vient de Stalüponen, par Allenstein, Thorn, Posen, Cassel, Cologne, et continue sur Aix; une quatrième venant de Kalich, passe à Lissa, Glogau, Leipzig, Coblentz, pour aboutir d'une part à Malmédy, d'autre part à Luxembourg et à Metz, par Trèves; la cinquième, partant de la frontière russe, passe à Breslau, Dresde, pour aboutir vers Nancy; la sixième venant de Tarnowitz par Neisse, Prague, Nuremberg, Stuttgart, Strasbourg, aboutit à notre frontière par Sarrebourg; la septième, partie de Cracovie, passe par Vienne, Munich, Ulm, pour aboutir en Alsace vers Belfort (1).

Ces sept lignes principales, complétées par un réseau

---

(1) D'après le schéma reproduit dans l'*Illustration* du 12 décembre 1914, p. 468. L'auteur d'*Une guerre de chemins de fer*, *Lectures pour tous* du 1er mai 1915, p. 943, cite neuf lignes de la frontière russe à la nôtre, mais plusieurs ont des parcours communs.

secondaire très dense en Allemagne, permettent aux Puissances centrales d'user pleinement des avantages de la *ligne intérieure.* Ce que Frédéric II ne put accomplir qu'avec une extrême difficulté en raison de l'insuffisance des moyens de communication, était devenue relativement facile pour les Austro-Allemands de 1914.

CHAPITRE VI

LES DOCTRINES DE GUERRE EN PRÉSENCE

Les doctrines allemandes de guerre. — Idées de Bernhardi. — Idées de Schlieffen. — Ce qu'elles ont de commun. — Les doctrines françaises. — L'Ecole de guerre et son enseignement. — Les conférences du colonel de Grandmaison. — Le règlement sur la conduite des grandes unités. — Le règlement sur le service en campagne. — Ce que les doctrines françaises et allemandes ont de commun.

I

L'un des écrivains militaires les plus connus d'Allemagne, le général von Bernhardi, a publié, à l'automne de 1911, un important ouvrage consacré à l'étude théorique de la guerre d'aujourd'hui (1). Il a cherché à y grouper, sous une forme aussi condensée que possible, les résultats de longues années d'études, de travaux préparatoires, de façon à permettre au lecteur d'embrasser l'ensemble des éléments qui constituent à l'époque présente un grand conflit entre peuples civilisés. Par sa notoriété, par les situations qu'il a occupées en Allemagne, Bernhardi est autorisé à émettre des opinions raisonnées sur ces graves sujets. On peut croire que sa manière de voir est l'une de celles qui prévalaient dans son pays au début de la Grande Guerre.

---

(1) Traduction française de M. Etard, parue en 1913, à la librairie Chapelot, 2 vol. in-8°. Le général von Bernhardi a résumé la substance de ses idées dans un article de la *Deutsche Revue* paru en avril 1914, *Technik und Kriegführung.*

Trop souvent, dans l'étude de l'art militaire, on s'attache uniquement au passé, pour en appliquer les résultats au présent, sans tenir compte des conditions nouvelles. Il nous souvient d'un écrivain militaire très connu en France pour son érudition, le général P..., qui, se promenant à cheval suivi de son officier d'ordonnance, lui montrait brusquement d'un geste le paysage et lui demandait : « Ça ne vous rappelle rien? » L'officier regardait, médusé. « Eh bien! c'est le théâtre du combat de Valoutina! » Et, comme conclusion : « Vous ne savez rien, Monsieur ». De fait, le dit général semblait surtout occupé, aux manœuvres, à chercher les *précédents*, comme on dit en style d'état-major, et à y conformer sa conduite présente. On ne sera pas surpris d'apprendre que le résultat était le plus souvent très médiocre.

Pour Bernhardi, au contraire, « la prochaine guerre ne se déroulera sûrement pas dans les mêmes conditions que les dernières. Les expériences de la guerre ne peuvent jamais se transporter directement dans l'avenir. La pensée créatrice doit anticiper sur l'expérience de l'avenir... » (1).

Ce n'est pas que lui-même ne se soit pas aventuré à des prédictions que l'événement a bientôt montrées absolument fausses. Le général n'avait nullement prévu la guerre de positions, le rôle prépondérant de l'artillerie dans la bataille, l'effacement total de la cavalerie et bien d'autres nouveautés. Pour lui, l'infanterie devra faire des marches plus longues que jamais, se déployer beaucoup plus tôt que dans les guerres précédentes. Il estime encore que les pertes causées par le fusil sont plus considérables que celles résultant du canon (2). Il ne croit pas à

(1) Traduction Etard, II, p. 100.
(2) Tome II, p. 21.

un emploi aussi intensif de la fortification de campagne qu'il a été dans le Sud-Africain ou la Mandchourie (1). Pour lui, ces travaux ne seront d'aucune utilité dans l'offensive (2). Il n'admet pas la possibilité, pour les positions fortifiées, de donner finalement l'avantage à leurs défenseurs (3). Il compte que, dans la prochaine guerre, l'Allemagne se gardera bien de se défendre derrière des remparts et des fossés. « Le génie du peuple allemand nous en préservera ». Il croit donc à une guerre de mouvements et d'opérations beaucoup plus qu'à une guerre de positions (4).

Pour lui, comme d'ailleurs pour tous les techniciens allemands de l'époque actuelle, l'offensive est la seule forme de la guerre qui promette un succès réel. Aussi, s'attache-t-il particulièrement au rôle de la cavalerie, qu'il est bien loin de croire déchue de son ancienne importance : « Un chef d'armée qui s'est fait une notion juste de la nature de la guerre moderne doit considérer comme un de ses devoirs les plus essentiels d'accroître la cavalerie d'une façon très considérable et de se préoccuper du remplacement des chevaux. La prochaine guerre confirmera la justesse de cette opinion (5). »

Au cours de son ouvrage, il revient constamment sur les avantages tactiques et stratégiques de l'offensive. Il prétend démontrer, « de la façon la plus irréfutable », que l'attaque est non seulement en soi la forme la plus sûre de la conduite de la guerre, mais qu'elle a encore gagné aujourd'hui en supériorité (6). Non seulement il

(1) I, p. 123.
(2) II, p. 7 et suiv.
(3) II, p. 101 et suiv.
(4) II, p. 250.
(5) Bernhardi, traduction citée, II, p. 464.
(6) II, p. 456.

convient d'attaquer le plus possible, mais il faut mener cette attaque avec la plus entière vivacité : « Il faut procéder offensivement, autant que les circonstances le permettent, il faut remporter la victoire dans le plus bref délai, en rassemblant les troupes à l'improviste dans la direction tenue pour décisive et en livrant le combat à l'endroit décisif » (1). En termes moins obscurs, il convient de procéder par l'offensive énergique, en utilisant la surprise et en concentrant son action sur le point décisif. Ce sont là des préceptes qui n'ont rien de subversif et qui ont été répétés sous d'autres formes depuis qu'il y a un art militaire.

Cette question de l'énergie dans l'offensive paraît, avec raison, capitale à Bernhardi. Il pense à cet égard comme Clausewitz dans son ouvrage célèbre. Pour lui, il faut toujours rechercher le plus grand succès possible avec l'énergie la plus extrême (2). On ne doit recourir à la défensive que s'il est impossible de faire autrement : « Il faut donc, en principe, examiner spécialement chaque situation à la guerre pour voir si elle n'est pas susceptible d'une solution offensive, et c'est seulement quand une tentative de ce genre paraît sans issue, que l'on a le droit de se décider à prendre la défensive » (3).

Sur ce point, le général von Bernhardi se sépare entièrement de Clausewitz qui, on le sait, considère la défensive comme la forme la plus puissante de la guerre. Il convient d'ajouter que, dans l'esprit du célèbre théoricien, la défensive n'est jamais inerte et qu'elle se lie toujours à la volonté arrêtée de reprendre l'offensive sitôt que faire se peut. Mais, même avec cette restric-

(1) II, p. 458.
(2) II, p. 216.
(3) II, p. 220.

tion, la thèse de Clausewitz n'est pas celle de Bernhardi (1). Il croit au contraire que les conditions de la guerre moderne ont accru la supériorité de l'offensive en tant que stratégie, et cette opinion paraît justifiée. Il est évident, en effet, que les chemins de fer, les automobiles, le télégraphe et tant d'autres inventions nouvelles se prêtent au déplacement rapide des armées et que cet avantage est plutôt pour l'assaillant, qui sait où et quand aura lieu l'attaque, qu'à l'assailli qui l'ignore en thèse générale.

Bernhardi reconnaît d'ailleurs que, tactiquement, l'attaque est plus difficile que jamais (2). On ne saurait s'en étonner, étant donné les progrès immenses accomplis par les armes de toute nature et aussi par la technique du combat. Le rôle du commandement en est devenu beaucoup plus lourd. Il exige une préparation sérieuse, de longues réflexions, l'étude de l'histoire militaire. « Le temps du général de parade est passé à tout jamais et, même dans des situations moyennes, le simple routinier succombera devant l'esprit hardi qui sait où il va » (3).

A plusieurs reprises, le général revient sur la nécessité de mener vivement l'offensive. Pour l'assaillant, jamais, dit-il, un combat ne peut-être décidé trop rapidement; pour l'assailli, jamais il ne peut durer assez longtemps. Aussi ne croit-il pas que la longue durée des batailles futures s'impose nécessairement. Il admet, au contraire, que, si certaines actions se sont prolongées pendant plusieurs jours dans les guerres récentes, c'est par suite de circonstances particulières, telles que la fatigue ou

(1) II, p. 32.
(2) II, p. 33.
(3) II, p. 229.

l'énergie insuffisante de l'assaillant. On saisit aisément le fond de sa pensée : c'est que, pour l'armée allemande organisée, armée, instruite, commandée comme elle l'est, la décision ne saurait tarder (1).

Ce fait que Bernhardi croit à une guerre de mouvements et de manœuvres a pour conséquence qu'il est contraire à la multiplication des unités de réserve et de landwehr (2), par cette simple raison que ces formations improvisées sont moins aptes à la marche que les unités actives. On sait que c'est l'inverse qui s'est produit et que jamais les formations de complément n'avaient pris un développement aussi considérable que dans les armées allemandes de 1914-1917.

Le même motif lui paraît s'opposer à la multiplication dans les corps d'armée des services secondaires, tels que l'artillerie (*sic*), les colonnes de munitions, les éléments d'aérostation (3). Le renforcement qu'ils procurent n'est qu'apparent, car il diminue la capacité de marche et de manœuvre de l'ensemble.

Si Bernhardi est partisan de l'offensive, il reconnaît pourtant qu'elle peut avoir ses inconvénients. Il n'est donc pas d'avis d'attaquer dans tous les cas, même au cours d'un combat démonstratif, comme le veut l'auteur de *Der Krieg der Gegenwart* (4). Il croit qu'une attaque démonstrative, une fausse attaque, comme on disait au temps de Turenne, est devenue actuellement impossible en raison des pertes qu'elle entraînerait et de la contre-

(1) II, p. 236-247.

(2) II, p. 460.

(3) II, p. 461.

(4) *Deutsche Revue*, janvier 1909. Bernhardi paraît attacher une grande importance à cet article non signé, mais provenant sans doute d'une haute personnalité militaire. M. G. Hanotaux l'attribue au maréchal von Schlieffen.

attaque qui en résulterait fatalement : « L'attaque engagée avec une demi-volonté ou même avec l'intention de se borner à une démonstration, porte toujours en elle le germe d'une défaite » (1). Quand on ne veut pas pousser l'attaque à fond, il faut donc se borner à la défensive ou éviter le choc de l'ennemi.

Une école très puissante en Allemagne préconise l'enveloppement tactique comme la seule forme conduisant à un succès complet. Nous aurons l'occasion d'en parler plus longuement. Le général von Bernhardi ne croit cet enveloppement justifié que s'il se produit par surprise et si l'assaillant possède la supériorité numérique (2). Il n'admet pas du tout que ce doive être la règle de l'action tactique, ainsi que le croit le feld-maréchal von Schlieffen. Il juge, au contraire, que chaque situation particulière a sa solution spéciale, qu'il n'y a pas de procédé infaillible et qu'à vouloir toujours appliquer la même forme tactique, on s'expose aux pires éventualités.

C'est ainsi qu'il admet la nécessité, dans certains cas, de l'attaque centrale par enfoncement, comme la pratiquait Napoléon et comme les Japonais ont fait à Moukden. Il désapprouve donc l'affirmation du règlement d'exercice de l'infanterie allemande : « La combinaison de l'attaque de front et de l'attaque enveloppante est la plus sûre garantie du succès » (3). Il estime que ce principe est aussi faux que dangereux, car, non seulement il n'est pas toujours applicable, mais, s'il était admis dans la pratique, il permettrait à l'adversaire de prendre sûrement des mesures pour y parer.

Néanmoins, le général von Bernhardi constate avec

---

(1) II, p. 64.
(2) II, p. 72.
(3) § 392.

regret que l'idée de l'enveloppement décidant la victoire domine en Allemagne. On y voit, dit-il avec humour, le *Schibboleth* de la victoire (1). Ce peut être le contraire, car la prétendue nécessité de cet enveloppement conduit à de singulières conséquences. Ainsi l'auteur de *Der Krieg der Gegenwart* préconise un déploiement stratégique linéaire aboutissant à une bataille générale sur un front d'égale étendue.

Or, cette bataille « parallèle » ne peut visiblement conduire à aucun résultat décisif sans l'enveloppement des ailes, ce qui exige un affaiblissement dangereux du front et supprime en outre toute initiative du chef. Une fois le mouvement offensif déclenché, il s'opère jusqu'au bout sans son intervention, suivant un programme immuable. Bernhardi estime, et nous l'en croyons volontiers, que cette conception mécanique de la guerre ne peut sûrement conduire à la victoire. C'est un mécanicien qu'elle exige pour son exécution et non un chef. Bernhardi préfère ce qu'il nomme quelque peu improprement la « conception géniale », qui laisse le champ libre à l'imagination et à la volonté du général en chef. Elle a ce grand avantage de subordonner à l'esprit les conditions matérielles, dont il faut se servir sans se laisser dominer par elles (2).

Au cours de son ouvrage, Bernhardi est amené à préciser ses vues pour le cas d'une guerre analogue à celle de 1914. « Si l'Allemagne avait à soutenir une double guerre contre la France et la Russie, il serait désirable au point de vue politique de porter d'abord un coup aussi foudroyant que possible à la France, dont l'hosti-

(1) II, p. 94-99.
(2) II, p. 169.

lité contre nous serait assurément plus active que celle de la Russie. On aboutit aux mêmes conclusions si l'on considère que la France sera beaucoup plus vite prête que la Russie... On peut espérer battre les Français avant que les Russes soient à craindre. On peut considérer aussi qu'une victoire rapide sur la France paralyserait aussitôt le commandement russe et aurait un effet rafraîchissant sur l'Angleterre qui, peut-être, n'inclinerait pas à prendre parti pour les Français ».

Ces fortes raisons militeraient pour une attaque initiale contre la France. Mais Bernhardi fait entendre alors un autre son de cloche. Le front ouest est beaucoup plus facile à défendre que le front est. Berlin serait donc exposé à une menace très sérieuse si, pendant que le gros des Allemands était retenu à l'ouest, les Russes étaient vainqueurs sur leur frontière. On serait donc obligé, avant de prendre un parti, d'examiner l'ensemble de la situation. Si, par exemple, les Autrichiens combattaient avec l'Allemagne et les Anglais avec la France, la Russie disposerait de forces beaucoup moindres pour marcher sur Berlin. En outre, suppose Bernhardi, l'offensive franco-anglaise s'opérerait par la Belgique et la Hollande, tournant la barrière du Rhin et menaçant la base navale allemande de la mer du Nord. L'hostilité passionnée de la France et de l'Angleterre contre la fortification de Flessingue (1) laisse assez clairement apercevoir ce plan, bien entendu au jugement de Bernhardi. Il faudrait donc, dans le cas visé, courir au plus pressé et répondre à cette offensive par une contre-offensive immédiate, en rejetant à l'avenir l'opération contre la Russie (2).

(1) V. *supra*, p. 165.
(2) II, p. 272-273.

On voit que le général nous prête volontiers le mépris de la neutralité belge, dont son propre pays devait donner à bref délai l'inoubliable témoignage. Il se doublerait même de la violation du territoire néerlandais. En 1911, Bernhardi eût sans doute été fort embarrassé si on lui avait demandé sur quelles données précises il échafaudait son opinion.

D'ailleurs, il examine également l'hypothèse d'une violation du sol belge par l'Allemagne. « Quand, écrit-il, on néglige toutes les conditions politiques », on peut se représenter une guerre offensive de l'Allemagne contre la France, l'aile nord des Allemands s'avançant par échelons d'armée à travers la Hollande et la Belgique, l'extrême droite le long de la mer, tandis que, dans le sud, les Allemands esquiveraient le choc et se déroberaient par l'Alsace et la Lorraine vers le nord, pour laisser à l'adversaire la route libre sur l'Allemagne du Sud. Il résulterait de ce mouvement que la gauche française serait obligée à un changement de front désavantageux. Un succès des Allemands dans le Nord les amènerait immédiatement à Paris et troublerait les organes vitaux de l'armée française, bien avant qu'elle eût obtenu des succès décisifs dans l'Allemagne du Sud. Sa droite y serait même très compromise, sa ligne de retraite devant être aisément menacée du nord (1).

On voit que c'est l'idée générale de la manœuvre allemande avant la bataille de la Marne, avec cette différence que le mouvement réel eut moins d'amplitude vers le nord et que la gauche allemande resta pour ainsi dire immobile au lieu de se replier sous la pression française, de façon à nous attirer au delà du Rhin. Notons aussi que,

(1) II, p. 337.

dans l'idée de Bernhardi, le sort de la Hollande est inséparable de celui de la Belgique. Il n'est pas seul à penser ainsi en Allemagne (1).

Dans l'hypothèse précédente, Paris est le principal objectif des Allemands. Aux yeux de Bernhardi, c'est non seulement la capitale de la France, mais son centre de puissance militaire. Avec Paris, la France vit et tombe. Il n'est pas probable qu'après sa chute la province résiste victorieusement (2).

En somme, ce qui ressort nettement de l'ouvrage du général prussien, c'est l'idée que l'offensive la plus énergique est seule capable de donner de grands résultats. Cette offensive ne doit pas être enserrée dans des formes étroites; il faut, au contraire, qu'elle se plie aux circonstances. Elle peut donc prendre la forme d'un enveloppement simple ou double, ou encore d'une attaque centrale par enfoncement. Il n'est pas de formule s'appliquant à tous les cas. On va voir qu'en Allemagne tous ne pensent pas de même.

II

Le feld-maréchal comte von Schlieffen, ancien chef d'état-major de l'armée prussienne, a publié une étude intitulée *Cannae*, dans une revue dépendant de cet état-major (3). Comme son titre l'indique, cet important ouvrage est consacré à la bataille de Cannes et surtout aux déductions qu'en tire l'auteur aux points de vue stratégique et tactique. Il y a lieu de remarquer tout

(1) V. *supra*, p. 192.

(2) II, p. 279.

(3) *Vierteljahrshefte für Truppenführung und Heereskunde*, 1909-1913.

d'abord que nous sommes incomplètement renseignés sur la célèbre victoire d'Annibal et qu'il est peut-être imprudent d'édifier tout un système de guerre sur une base aussi fragile.

Quoi qu'il en soit, Schlieffen voit dans cette bataille le type même de l'action décisive, le triomphe de l'art. On sait qu'Annibal, avec des forces inférieures en nombre, sut opposer une sorte de rideau à la masse compacte des troupes romaines, renforcer et étendre ses ailes au point qu'elles parvinrent à envelopper leur adversaire et à le détruire entièrement. Sans doute, le résultat fut surprenant, mais il faut bien dire qu'il tint en grande partie à la formation beaucoup trop dense des troupes romaines. La victoire d'Annibal fut donc faite surtout de la faiblesse tactique de son ennemi.

Le maréchal von Schlieffen veut pourtant tirer de ce cas très particulier une règle générale d'action. Il en déduit que l'objectif de l'attaque principale ne doit être en aucune circonstance le front, mais bien les flancs et les derrières. Plus loin l'action est portée contre ces derniers, plus grand est le succès. Ces principes posés, l'auteur en cherche la vérification dans les campagnes de Frédéric II et dans celles qui suivirent, notamment celle de 1870. Peut-être, dans cette recherche, laisse-t-il voir la fâcheuse influence de l'*idée préconçue* qu'il reproche si justement au prince Frédéric-Charles d'avoir admise le 15 août 1870 ? Autrement dit, il voit dans les faits, non leurs enseignements naturels, mais ce qui peut fortifier sa thèse. C'est un procédé coutumier à certains savants allemands, nous l'avons vu (1).

Nous glisserons sur les appréciations concernant les

---

(1) V. *supra*, p. 36 et suiv.

événements antérieurs à 1870, parce que les conditions de la guerre s'éloignaient alors beaucoup trop de ce qui est actuellement. Chacun sait que le plan primitif de Moltke prévoyait une bataille décisive sur la Sarre, aboutissant à l'enveloppement de l'armée française. Cette manœuvre échoua entièrement. Le maréchal von Schlieffen l'attribue surtout aux fautes des exécutants, bien qu'il doive reconnaître que le mouvement enveloppant prescrit à l'armée du Prince royal était inexécutable dans les conditions données. Chez nous, le général Foch en fait porter la responsabilité sur les méthodes de Molke lui-même. Il y a sans doute de la vérité dans ces deux opinions. Un fait certain est que les ordres donnés par Steinmetz et Frédéric-Charles auraient eu les plus fâcheuses conséquences s'ils avaient été rigoureusement exécutés. La seule ville de Sarrebruck avait été donnée comme objectif de marche à quatre corps d'armée en première ligne et à deux en deuxième ligne. Il ne pouvait en résulter qu'un désordre effroyable. Le maréchal en déduit qu'il y a tout avantage à marcher sur un très large front, en ordre déployé, comme on doit livrer bataille. Il réprouve entièrement la marche en bataillon carré qu'affectionnait Napoléon (1).

Au sujet de la bataille du 16 août, Schlieffen attire avec raison l'attention sur le danger des idées préconçues, qui conduisent, selon l'expression récemment admise, à « l'action sur hypothèse ». On sait que, la veille du 15 août, Frédéric-Charles ne chercha dans les renseignements qu'il recevait que la confirmation du concept qu'il s'était fait de la situation : les Français étaient déjà

(1) Cf. capitaine Daille, *Essai sur la doctrine stratégique allemande d'après La Bataille de Cannes, par le feld-maréchal de Schlieffen*, p. 66 et suiv.

en pleine retraite sur la Meuse et même sur la Marne. Dès lors, il s'agissait avant tout pour la IIe armée de courir à la Meuse.

Les dispositions prises sous l'influence de cette idée furent telles que deux corps d'armée seulement, IIIe et X^e, sur les seize corps allemands entrés en France, prirent part à la bataille décisive du lendemain. Sans doute, il y avait de la faute du prince, mais Moltke était-il sans reproche, comme paraît l'admettre le maréchal? Il avait basé toute son action sur ce principe : « Tenir pour vraisemblables les dispositions qui paraissent le plus avantageuses pour l'ennemi ». Dès lors, les renseignements n'ont plus la même importance. On est tenté d'y chercher la confirmation de l'hypothèse admise. Pourtant le maréchal admet encore ce principe. Il est permis de dire, sans doute, que c'est là une règle singulièrement dangereuse. Dans un foule de cas, on a vu une armée prendre une direction que tout paraissait lui déconseiller; témoin l'armée de Châlons marchant sur Montmédy. Devant un ennemi manœuvrier, sachant faire usage de la surprise, l'échec de l'armée conduite suivant les principes de Moltke serait souvent probable (1).

Quant à la journée même du 16 août, Schlieffen y voit l'éclatante confirmation de cette idée qu'attaquer, attaquer sans cesse, attaquer sans regarder en arrière, sans compter les pertes, est parfois le seul parti à prendre devant un ennemi très supérieur. Si les IIIe et X^e corps s'étaient tenus sur la défensive, ils étaient perdus (2). Il y a du vrai dans ces affirmations, avec ce correctif qu'un procédé applicable devant Bazaine eût été singu-

(1) Capitaine Daille, p. 73-75.
(2) Capitaine Daille, p. 77 et suiv.

lièrement dangereux devant un général, même de troisième ordre, mais respectueux de ses devoirs et animé de la volonté de vaincre.

Dans cette même bataille du 16 août, le maréchal voit la confirmation d'une de ses idées maîtresses : l'impuissance des attaques de front, prononcées par des masses profondes contre des forces même très inférieures en nombre. Il y aurait beaucoup à dire sur cette conclusion, qui ne tient pas compte des formations défectueuses de l'infanterie française et aussi de l'action prépondérante de l'artillerie allemande, supérieure en tous points à la nôtre.

Quant à la marche des armées, au lieu de s'accomplir sur deux routes seulement, comme pour l'armée du Rhin, elle doit s'opérer sur autant d'itinéraires parallèles qu'il y a de corps d'armée, l'intervalle entre ceux-ci pouvant atteindre huit kilomètres. Quand on approche de l'ennemi, ce dispositif est encore trop profond, il convient de multiplier les colonnes, en marchant par division ou même par brigade (1).

Contrairement au général von Bernhardi, Schlieffen ne croit pas au succès de l'attaque centrale par enfoncement. Il préfère de beaucoup l'action par enveloppement des ailes, suivant l'exemple d'Annibal à Cannes. La conclusion est qu'il faut constituer fortement les armées d'ailes et disposer les réserves à proximité d'elles. Il y a même lieu d'adopter cette disposition dès l'établissement du plan de transport sur la base de concentration, de façon à gagner du temps pour l'exécution. La ligne sera donc constituée telle qu'elle devra livrer la bataille décisive.

(1) Capitaine Daille, p. 82.

De ces considérations, il résulte, au jugement de Schlieffen, que la tactique linéaire, abandonnée depuis Iéna, s'impose de nouveau pour l'infanterie comme pour l'artillerie. Les batailles de l'avenir apparaîtront comme la lutte de lignes opposées à d'autres lignes. Le vainqueur sera celui qui aura pu déborder le flanc, ou mieux les flancs, de l'adversaire et réaliser l'enveloppement (1).

En résumé, voici comment le maréchal imagine la guerre future : les armées se portent en avant, formées en une longue ligne de bataille contre la ligne adverse, beaucoup plus courte et articulée en profondeur.

Les ailes constituent des échelons avancés, destinés à se rabattre contre les flancs de l'ennemi, tandis que la cavalerie, poussée en avant, gagnera les derrières (2).

Si ces ailes sont formées de corps séparés, elles opèrent leur concentration sur le champ de bataille, en utilisant tout le réseau routier dont elles peuvent disposer. Cette concentration tardive, qu'affectionnait Moltke, est pour son disciple « la manœuvre la plus parfaite qu'un chef d'armée puisse réaliser ».

Comme Bernhardi, Schlieffen prévoit pour les divisions de cavalerie « un rôle immense », en quoi il paraît s'être lourdement trompé. Il ne cesse de prêcher « l'extension des fronts », qui conduit à une rigidité absolue, à l'exclusion de toute manœuvre, et exige une exécution d'autant plus impeccable que les fronts sont plus étendus et les armées plus nombreuses. Pratiquement, il

---

(1) Capitaine Daille, p. 84.

(2) Dans ses conférences bien connues de 1911, le colonel de Grandmaison faisait remarquer que les manœuvres impériales allemandes de 1908 et de 1909 montraient l'application de ces deux principes : marche en plusieurs colonnes largement espacées, manœuvre débordante préconçue.

supprime l'intervention personnelle du chef en cours d'opérations. Une fois déclenché, le mouvement offensif s'accomplit selon un rite arrêté par avance, mécaniquement, peut-on dire (1).

Nous avons vu ce que pense le général von Bernhardi de cette doctrine de guerre, qui ne tient compte ni des circonstances, ni de l'adversaire. On a dit d'elle, fort justement, que c'est le système d'un chef d'état-major irresponsable, comme l'était Moltke. En face d'un ennemi manœuvrier, il serait dangereux par essence. Rappelons qu'en août 1870, malgré les dispositions prises par le chef d'état-major du roi Guillaume, si, le 2, au lieu de la ridicule démonstration de Sarrebruck, les 120.000 ou 130.000 hommes disponibles de l'armée française avaient exécuté un mouvement offensif dans le Palatinat, ils n'auraient rencontré que les IIIe et IVe corps prussiens sur les 200.000 adversaires déjà concentrés sur la rive gauche du Rhin. Le résultat probable eût été un grave échec initial pour les Allemands.

Notons encore que, pour la durée probable de la guerre, Schlieffen se rapproche de Bernhardi. Il écrit, dans *Der Krieg des Gegenwarts* : « Il n'est pas possible de faire de la stratégie d'épuisement quand l'entretien de millions d'hommes entraîne des milliards de dépenses ».

On voit qu'en somme les doctrines de Bernhardi et de Schlieffen n'ont guère de commun que la recherche passionnée de l'offensive (2). Le premier la veut modelée selon les circonstances, c'est-à-dire variant ses formes

---

(1) Capitaine Daille, p. 86-88.

(2) De même, dans ses conférences, le colonel de Grandmaison signale en Allemagne une foi véritablement aveugle dans l'efficacité d'une offensive sans arrière-pensée. La violence de l'acte et le mépris de l'adversaire rachèteraient toutes les erreurs.

d'après des données très variables. Le second croit à l'infaillibilité d'un procédé unique, le double enveloppement des ailes adverses, avec ses conditions préliminaires du large déploiement stratégique et de l'extension des fronts. C'est la seconde de ces doctrines qui paraît avoir prévalu aux premiers temps de la guerre actuelle, non sans offrir des chances de succès à un adversaire manœuvrier et dégagé de toute routine, fût-elle basée sur les résultats obtenus il y a des siècles par le plus illustre des Carthaginois.

III

Après la guerre de 1870, on considéra chez nous comme acquis, non sans raison, que le commandement français avait montré une grande infériorité. On engloba dans cette condamnation le principal de ses aides, à savoir le corps d'état-major, bien que, pour ce dernier, il eût été facile de plaider les circonstances atténuantes.

C'est de ce mouvement de réaction qu'est sortie l'Ecole supérieure de guerre. Créée en 1876 et fonctionnant tout d'abord en même temps que l'école d'état-major, elle ne prit guère son entier développement avant 1882-1883. A partir de cette dernière date, elle a joué un rôle capital dans la formation de nos cadres supérieurs et dans l'établissement d'une doctrine de guerre qui manquait complètement à l'armée française.

Pendant longtemps, sous l'influence de causes diverses, nous avions dédaigné les enseignements à tirer des campagnes de Napoléon, tandis qu'on faisait tout le contraire en Allemagne. Nos revers de 1870 eurent en cela leur contre-coup comme en toute autre chose. On étudia passionnément chez nous les guerres de l'Empire, et l'Ecole de guerre fut la première à bénéficier de ce puissant mouvement d'idées. On s'attacha surtout à la *manœuvre*, plus séduisante pour l'esprit des jeunes officiers que le détail infini des procédés au moyen desquels le Maître organisait, entretenait et faisait mouvoir ses armées. On parut donc viser à faire des manœuvriers, bien que tous les élèves de l'Ecole de guerre ne fussent pas appelés à devenir des commandants d'armée (1). Mais, malgré la distinction de la plupart des professeurs, l'enseignement ne tarda pas à prendre un caractère dogmatique, presque schématique. Dans le but de faciliter l'enseignement, on était conduit à présenter une image simplifiée de la guerre, parfois éloignée de la réalité. Quelquefois même, on employait le procédé bien connu de certains savants allemands, à savoir non pas d'établir les principes d'après l'étude des faits, mais de chercher dans ces faits ce qui peut renforcer des principes déjà établis. Il n'est pas besoin d'insister sur le danger de pareille méthode.

Elle conduit à donner le pas aux déductions théoriques sur la pratique, aux solutions mathématiques sur le simple bon sens. Or, ces solutions sont toujours fausses à la guerre, parce que les éléments du problème varient à l'infini, l'homme tout le premier. Il n'est pas de solution générale s'appliquant à tous les cas; il est autant de solutions que de cas particuliers, et le nombre de ceux-ci est immense.

Le dogmatisme de l'enseignement eut un autre inconvénient grave; il donna un rôle trop important à la mémoire dans la préparation à l'Ecole de guerre et même

---

(1) Cf. G. Hanotaux, *Théorie de la bataille des frontières*, *Revue hebd.*, 22 juillet 1916, p. 451 et suiv. et la préface du général Ruffey pour l'ouvrage du capitaine Daille, *Essai sur la doctrine stratégique allemande*, p. XIX et suiv.

dans l'examen de sortie (1). L'indépendance du jugement devint un défaut, de même que l'originalité des idées. On appliqua plus ou moins le célèbre : « Nul n'aura de l'esprit hors nous et nos amis ». En outre, le passage à l'Ecole eut pour résultat de rendre les ambitions plus ardentes, sans qu'elles fussent toujours justifiées. Comment supposer que les « petits-neveux intellectuels de Napoléon » se contenteraient d'une carrière modeste? C'est ainsi que prirent leur vol certaines poussées d'ambition frénétiques dont nous avons vu les effets au cours de la guerre actuelle, parfois non sans détriment pour l'armée et le pays. Sous ce rapport, les officiers qu'on a plaisamment baptisés de *Jeunes Turcs* devaient dépasser toute mesure.

Quoi qu'il en soit, on voyait surtout chez nous dans l'œuvre de Napoléon la manœuvre, c'est-à-dire le mouvement réglé par la pensée en vue de la bataille. Or, le mouvement n'est qu'un des moyens du Maître.

En outre, le dogmatisme de la manœuvre aboutit au *Schibboleth* de l'offensive. Taper, enfoncer, bourrer, devint le mot d'ordre (2). Certes, il y avait du bon dans cette doctrine de l'offensive à tout prix. Nous lui devons la résurrection de l'esprit militaire, qui allait être chez nous l'un des faits les plus saillants des dernières années. Mais elle n'était pas non plus sans inconvénients sérieux. Elle supposait, en particulier, une guerre de manœuvres, une guerre de plein air où les évolutions seraient faciles et à grande envergure, c'est-à-dire rien d'analogue à ce qui s'est réellement présenté sur le front occidental, dès la fin de septembre 1914. Comme nous le verrons, nos

---

(1) Cf. Marc Villers, *La doctrine napoléonienne et la guerre, 1914-1916*, *Revue hebd.*, 29 juillet 1916, p. 594 et suiv.

(2) G. Hanotaux, *loc. cit.*, p. 452.

états-majors n'avaient pas prêté une attention suffisante aux faits historiques les plus récents, peut-être parce qu'ils ne portaient pas la marque napoléonienne. Ils témoignaient d'un regrettable défaut d'imagination et d'invention, préférant s'en tenir au cliché et à la routine du passé (1). L'application servile des procédés de Napoléon n'est pas moins fautive que leur dédain l'a été en 1870. Si les grands principes de l'art de la guerre restent vrais et resteront toujours tels, leur application varie selon les progrès accomplis dans les armées. N'est-ce pas le Maître lui-même qui a dit que la Tactique devait changer tous les dix ans?

Les guerres du Sud-Africain, de Mandchourie et des Balkans avaient montré l'importance de la fortification de campagne et de l'artillerie lourde. Ces indications restaient inaperçues de la plupart. On considérait que ces campagnes, conduites dans des conditions toutes spéciales, ne pouvaient fournir des renseignements applicables à une grande guerre européenne. Des esprits fort distingués, le général Langlois en tête, se montraient hostiles à l'artillerie lourde de campagne. Il ne croyait pas à la possibilité pour l'artillerie de déloger d'une position un ennemi de moral intact. Il voulait y joindre la menace de l'infanterie, c'est-à-dire l'attaque. Il allait jusqu'à écrire ce qui suit : « Des canons lourds, dans une artillerie de campagne dont la mobilité doit être une des qualités maîtresses, sont un encombrement inutile, et le transport de leurs pesants projectiles, surtout sur routes, est une grosse complication. Qu'ils restent dans les équipages de siège. Il ne doit y avoir, dans les batteries de

(1) Marc Villers, *loc. cit.*, p. 598 et suiv.

campagne, qu'une sorte de canon... Notre 75 est apte à toutes les tâches en rase campagne » (1).

En 1911, le colonel de Grandmaison (2) faisait, aux officiers de l'état-major de l'armée, deux conférences dont le retentissement était très grand et qui exerçaient une influence marquée sur les règlements alors en préparation (3). Pleines de vues originales, exprimées sous une forme qui ne l'étaient pas moins, ces études donnent une idée très nette de la façon dont on entendait alors chez nous la conduite de la guerre.

Grandmaison se défend de tout schématisme : « Plus encore que dans toute autre matière militaire, il n'y a, dans la conduite des grandes unités, que des *cas particuliers* » (4). Ceci posé, il constate aux manœuvres, contrairement au règlement, le besoin constant « de s'engager d'emblée sur un grand front, au lieu de s'élargir progressivement au fur et à mesure des progrès du combat ». Cette tendance à l'élargissement des fronts a des causes multiples, parmi lesquelles figurent surtout « la préoccupation du débordement et le sentiment de la supériorité des attaques convergentes dans l'état actuel de l'armement » (5).

La préoccupation du débordement paraît à Grandmaison l'une des caractéristiques du combat d'aujourd'hui. C'est que, dans la défensive, être débordé peut devenir plus rapidement irréparable qu'autrefois. Dans l'offensive, le

---

(1) *L'artillerie de campagne en liaison avec les autres armes*, cité par G. Hanotaux, *loc. cit.* Cf. l'opinion du général Percin, *supra*, p. 222.

(2) Atteint mortellement sur l'Aisne, comme général commandant un corps d'armée.

(3) *La notion de sûreté et l'engagement des grandes unités*, Berger-Levrault, 1912, 3e mille.

(4) *Loc. cit.*, p. x.

(5) *Loc. cit.*, p. 3.

combat de front est si long, si coûteux, si incertain que tous les moyens semblent bons pour tenter d'en éviter l'épreuve. Le colonel ne cache pas que ces craintes lui paraissent justifiées et qu'il n'est nullement hostile à l'élargissement des fronts : « Le véritable danger — à moins d'avoir pris d'avance des dispositions spéciales — ne sera pas de s'élargir trop, mais de ne pas s'élargir assez » (1).

Dès lors, il préconise, comme Schlieffen, la marche en plusieurs colonnes largement espacées, qui permet seule un rapide déploiement initial sur le front correspondant. Il est ainsi conduit à s'occuper de la sûreté. Il considère que, chez nous, le rôle des détachements de protection immédiate, avant-garde, flanc-garde, a été, à la fois, exagéré et faussé dans l'offensive.

Nous demandons à cette sûreté immédiate ce qu'elle ne doit pas et ne peut pas donner, à savoir des renseignements permettant de baser sûrement les décisions du commandement. D'autre part, nous cherchons la sûreté de nos colonnes dans l'action extérieure de ces détachements, alors que, dans l'offensive surtout, il faut la chercher dans la capacité d'attaque, c'est-à-dire dans les dispositions prises pour permettre d'attaquer vite et fort (2). Notons que, sur ce point encore, Grandmaison se rapproche des idées de Schlieffen et même de Bernhardi.

De cette conception de la sûreté immédiate résulte une atrophie à peu près complète de la notion de l'offensive. Le chef attend pour décider l'emploi du gros d'être fixé sur les dispositions de l'ennemi; il ravale ainsi l'attaque au niveau moral de la défense, à qui toute initiative est

---

(1) *Loc. cit.*, p. 6.
(2) *Loc. cit.*, p. 18.

interdite. Pour éviter l'*idée préconçue*, nous cultivons l'*appréhension préconçue* (1). Nous n'attaquons plus, nous faisons de l'*offensive-défensive* ou de la *défensive-agressive*, et l'une vaut l'autre pour être battu. Ce serait, en effet, courir un danger grave qu'appliquer ces méthodes en face « d'une attaque large et brutale, sans arrière-pensée et allant droit son chemin », autrement dit devant les Allemands. C'est, continue Grandmaison, la rapidité de l'engagement qui nous assure contre la manœuvre de l'ennemi (2). « En réalité, la sûreté d'une troupe dans l'attaque est basée sur ce fait : un homme qu'on tient à la gorge et qui est occupé à parer les coups ne peut pas vous attaquer de flanc et par derrière. La valeur de la méthode dépend de la rapidité avec laquelle vous lui sautez à la gorge et de la solidité de votre étreinte » (3). Peut-être la comparaison n'est-elle pas d'une absolue justesse, mais la forme est originale.

Dans ces conditions, rien de surprenant à ce que Grandmaison recommande l'offensive sur tout le front : « L'habitude qui paraît se répandre de panacher son front et d'y mêler habilement la défense à l'offensive est la mort de toute offensive » (4).

Au lieu de cette méthode timide, faite pour paralyser tous les élans, notre engagement sera immédiat. Nous aborderons l'adversaire sur un front élargi d'avance, voisin du front de combat que peut comporter notre effectif. Il s'agira, en somme, de l'engagement simultané de plusieurs colonnes, exécutant, non pas une démonstration ou rien qui y ressemble, mais une attaque « pour de bon »,

(1) *Loc. cit.*, p. 24.
(2) *Loc. cit.*, p. 25.
(3) *Loc. cit.*, p. 27.
(4) *Loc. cit.*, p. 31.

avec les gros. Ces attaques simultanées sur un grand front n'excluront pas la constitution de réserves dont l'emploi sera, dans une certaine mesure, préconçu. Elles seront placées, en effet, le plus souvent, en arrière d'une ou des deux ailes et quelquefois les déborderont (1). Il est à peine besoin de faire observer le rapprochement de ces idées et de celles de Schlieffen.

Grandmaison n'est pas sans se rendre compte de cette similitude. Il compte néanmoins sur la lenteur du déploiement allemand, on ne sait trop pourquoi :

« Engagement en face des Allemands.

« Nous ne voulons pas leur laisser le temps de se ranger en bataille.

« Nos avant-gardes et, immédiatement derrière, nos gros seront offensifs sans délai, dans la direction de leur objectif.

« En revanche, nous gardons quelques réserves au début ».

C'est une guerre aventureuse que projette le colonel et il ne le dissimule pas. Il admet pleinement le *risque*, parce que ce risque accroît l'importance du succès — quand succès il y a.

Ses derniers mots sont qu'il faut cultiver « avec passion, avec exagération et jusque dans les détails infimes de l'instruction tout ce qui porte — si peu que ce soit — la marque de l'esprit offensif.

« Allons jusqu'à l'excès et ce ne sera peut-être pas assez » (2).

Telles sont les conférences qui ont donné lieu à de si violentes polémiques. En somme, ce sont des idées alle-

---

(1) *Loc. cit.*, p. 48.
(2) *Loc. cit.*, p. 68-69.

mandes et particulièrement celles de Schlieffen, qui forment la base de la doctrine de Grandmaison. Toutefois, il évite le schéma de l'attaque enveloppante *en tenaille*, à la manière d'Annibal, qui tenait tant au cœur du maréchal.

Il y a évidemment une part de vérité dans ce qu'il dit de l'extension obligée des fronts, des avantages de l'offensive vigoureuse et immédiate. Mais il semble que ses deux études encourent le reproche d'être trop dogmatiques, trop « livresques ». Elles gagneraient à être étayées sur des faits positifs et à ne pas procéder directement, comme elles paraissent, de raisonnements plus ou moins exacts, de spéculation pure.

Si, avant la guerre, la tendance générale était en faveur de l'offensive à outrance, il convient de noter que des voix se faisaient entendre pour combattre ces excès. Ainsi, le général Lanrezac montrait que la devise : *attaquer l'ennemi partout où on le rencontre*, si chère aux Allemands de 1870, est des plus dangereuses. Si chaque commandant d'unité subordonnée a le droit de *bourrer*, tête baissée, sur le premier adversaire à sa portée, le commandant en chef est incapable d'exercer la moindre action directrice (1).

Le général prévoit également la guerre de position, « où la pelle et la pioche joueront un rôle aussi important que le fusil et le canon » (2). Il admet la manœuvre en retraite aboutissant à un retour offensif de grande envergure (3). au « renversement des forces », selon la méthode inspirée

---

(1) *Dictionnaire militaire*, article *stratégie*, cité par G. Hanotaux, *Revue hebd.*, 22 juillet 1916, p. 459. Nous n'avons pas retrouvé ce passage dans le *Dictionnaire militaire*.

(2) *Dictionnaire militaire*, p. 2778.

(3) *Dictionnaire militaire*, p. 2779.

à Clausewitz par la campagne de 1812 et qui trouvera son application à maintes reprises dans la guerre actuelle.

De même, le colonel Colin, dans les *Batailles de l'Histoire*, expose très nettement le rôle de l'artillerie moderne, pratiquant la trouée par où passera l'infanterie. En ce cas, les munitions doivent affluer sans relâche, de façon qu'on puisse déchaîner « un véritable enfer » sur la position ennemie (1). N'est-ce pas encore là une vue prophétique?

IV

Les règlements édictés en France à la veille de la guerre portent l'empreinte des discussions, des divergences et des tendances générales qui viennent d'être signalées. Le plus important, sous ce rapport, est le décret du 28 octobre 1913 portant règlement sur la conduite des grandes unités (groupe d'armées, armée, corps d'armée et, dans une certaine mesure, corps de cavalerie).

Ce règlement, où l'on retrouve aisément nombre d'idées du colonel de Grandmaison, pose en principe cette affirmation empruntée à Clausewitz : La guerre vise l'anéantissement de l'adversaire. Mais il admet la possibilité et même la nécessité d'une solution rapide, au risque d'être bientôt démenti par les faits : « Dans la forme actuelle de la guerre... tout incite à rechercher une décision dans le plus bref délai possible, en vue de terminer promptement la lutte ». Il admet donc le « coup de tonnerre » à la manière de Napoléon : « La bataille décisive, exploi-

(1) Cité par G. Hanotaux, *loc. cit.* Au sujet des discussions entre les partisans de l'offensive à outrance et les modérés, à la veille de la guerre, voir général Malleterre, *op. cit.*, p. 88.

tée à fond... constitue l'acte essentiel de la guerre ». L'offensive, seule, peut conduire à des résultats positifs. Toutefois, le règlement ne s'approprie par les vues allemandes au sujet de l'idée préconçue : Dans le plan de manœuvre, « toute disposition serait prématurée, qui résulterait d'un jugement définitif arbitrairement porté sur les intentions de l'ennemi, tant que celui-ci reste libre de se déplacer » (1).

En matière de sûreté, il reproduit une idée de Grandmaison : « ...Le meilleur moyen, pour un chef, d'assurer sa liberté d'action est d'imposer sa volonté à l'ennemi par une offensive vigoureusement menée, suivant une idée directrice bien arrêtée » (2). Notons en passant que ce dernier membre de phrase contredit le passage cité précédemment au sujet de l'idée préconçue.

Un dispositif très ouvert facilite la marche et les manœuvres enveloppantes. Il se prête, par resserrement des intervalles, à une réunion ultérieure plus étroite en vue de la bataille. En principe, chaque corps d'armée dispose d'au moins une route de marche. On voit que le règlement se rapproche encore, en ce point, des idées allemandes.

Par suite de l'étendue du front de bataille, il est difficile de déplacer des masses importantes au cours de la lutte. Le commandant de l'armée détermine donc le plus souvent, à l'avance, la direction de l'action principale et les conditions de temps dans lesquelles elle se produira (3). Nouvelle confirmation de ce que nous venons de dire au sujet de l'idée préconçue.

(1) § 14.
(2) § 21.
(3) § 79.

Quant à la forme même des attaques, le règlement ne pose pas de règle immuable, bien qu'il laisse voir ses préférences. D'après lui, l'action principale peut viser une aile ou le front de l'adversaire. La direction portant sur une aile est d'ordinaire la plus avantageuse, car elle conduit à une attaque enveloppante. L'action sur le front est plus difficile et donne, en général, de moindres résultats (1).

Il semble que, dans ces conditions, on doive préférer, pour le mouvement préparatoire au déploiement, un dispositif large à un dispositif profond. Néanmoins, le règlement ne se prononce pas à cet égard et il n'a pas tort (2). Tel cas peut se présenter où un dispositif profond est indiqué, bien que, presque toujours, il y ait avantage à adopter une formation plus large.

Le règlement est suivi et non précédé, comme il serait naturel, d'un rapport explicatif, dans lequel ses rédacteurs insistent encore sur les avantages de l'offensive : « La conduite de la guerre est dominée par la nécessité de donner aux opérations une impulsion vigoureusement offensive... » Mais ils paraissent très opposés à la concentration sur le champ de bataille, si chère à Moltke et à Schlieffen : « Il faut se réunir d'abord et agir offensivement dès que les forces sont réunies ». Quant à l'offensive elle-même, elle est régie par les mêmes règles qu'en Allemagne : « La bataille une fois engagée doit être poussée à fond, sans arrière-pensée, jusqu'à l'extrême limite des forces ». Comme Grandmaison, la commission voit dans l'attaque à corps perdu le meilleur moyen d'assurer la sécurité de la colonne : « Une offensive vigoureuse contraint l'ennemi

(1) § 80.
(2) § 83.

à prendre des mesures de défense et constitue le plus sûr moyen de garantir le commandement aussi bien que les troupes contre tout danger de surprise ».

Il faut, avant tout, imposer à l'ennemi sa volonté : « A la guerre, toutes les décisions du commandement doivent être inspirées par la volonté de prendre et de conserver l'initiative des opérations ».

Enfin, la commission s'élève contre les funestes distinctions entre combat d'usure, combat démonstratif, combat traînant et combat pur et simple. « Pour l'exécutant, l'attaque doit, dans tous les cas, être menée avec la plus extrême vigueur et la ferme volonté d'aborder l'ennemi pour le détruire ». C'est affaire au chef de régler la répartition de ses forces, de façon que, naturellement, telle partie du front soit le théâtre d'un combat moins vigoureusement mené que sur telle autre.

Le décret du 2 décembre 1913 « portant règlement sur le service des armées en campagne » ne fait guère qu'appliquer les mêmes idées sur une plus petite échelle, puisqu'il ne vise pas les éléments au-dessus de la division d'infanterie.

Suivant le vœu du colonel de Grandmaison, il supprime la cavalerie de sûreté de première ligne ou plutôt il ne lui laisse comme attributions que le soin de renseigner le commandement; la protection des colonnes incombe aux détachements de sûreté (avant-garde, flanc-garde, etc.).

Il n'admet qu'une seule justification pour la défensive, à savoir « la nécessité d'économiser des troupes sur certains points, en vue de consacrer plus de forces aux attaques ».

Il fait une part notable à la fortification de campagne, sans prévoir encore le rôle qu'elle va jouer. D'après lui, les travaux de ce genre ont pour objet : de faciliter la progression des troupes vers l'ennemi; de permettre à une troupe attaquant et momentanément arrêtée sous le feu d'utiliser ou d'améliorer les abris naturels et d'en créer s'il le faut; d'augmenter la force de résistance d'une troupe placée sur la défensive, afin qu'on puisse réduire son effectif le plus possible au profit des troupes d'attaque.

Pour le chef, la résolution de combattre doit être antérieure à l'engagement. S'il est arrêté par des forces supérieures, il s'accroche au sol pour assurer la conservation du terrain conquis; l'unique pensée de tous doit être alors de reprendre le mouvement en avant.

La nécessité d'agir vite prime, en général, toute autre considération. Elle peut conduire le commandement à arrêter sa décision sans attendre d'être plus éclairé sur la situation. Sur ce point, les idées diffèrent peu en France et en Allemagne.

On voit, en résumé, que, dans les deux armées, règne la même volonté d'offensive énergique. Il n'y a de différences que dans les modalités de l'attaque. Chez nous, on admet la possibilité du succès pour l'attaque de front avec rupture, comme pour l'attaque d'aile; on n'attache pas à cette dernière, et surtout à l'attaque *en tenaille*, la valeur tout à fait prépondérante que lui prêtent Schlieffen et la généralité des Allemands. Peut-être y a-t-il en France tendance à presser l'engagement et à porter le gros en ligne, tandis qu'en Allemagne le combat préparatoire serait mené plus lentement? Mais le fond des idées est identique, nous le répétons. On peut donc prévoir que les premiers engagements de 1914 prendront souvent la forme de combats de rencontre entre deux adversaires attaquant à fond, sans regarder en arrière; de notre côté, nos tendances naturelles, accrues par celles résultant de l'étude des règlements et des publications les plus répandues, nous pousseront à précipiter encore nos attaques, sans tenir un compte suffisant de l'artillerie et des mitrailleuses. Il en résultera fatalement de lourdes pertes, mais les troupes garderont néanmoins le sentiment d'une supériorité morale à laquelle contribuera l'évidente justice de notre cause.

TABLE DES MATIÈRES

CHAPITRE IV

L'ATTENTAT DE SERAJEVO ET L'ULTIMATUM A LA SERBIE

CHAPITRE V

LES ADVERSAIRES EN PRÉSENCE

CHAPITRE VI

LES DOCTRINES DE GUERRE EN PRÉSENCE

Marc Imhaus et René Chapelot, imprimeurs, Nancy et Paris

www.ingramcontent.com/pod-product-compliance
Ingram Content Group UK Ltd.
Pitfield, Milton Keynes, MK11 3LW, UK
UKHW021056220726
13924UKWH00005B/2122